夏商西周时期的洛阳

郑福才 著

中州古籍出版社

图书在版编目(CIP)数据

夏商西周时期的洛阳/郑福才著. —— 郑州：中州古籍出版社，2015.1
ISBN 978 - 7 - 5348 - 5184 - 1

Ⅰ.①夏… Ⅱ.①郑… Ⅲ.①洛阳市 - 地方史 - 三代时期 Ⅳ.①K296.13

中国版本图书馆 CIP 数据核字(2015)第 012535 号

出版社：中州古籍出版社
（地址：郑州市经五路66号　邮政编码:450002）
发行单位：新华书店
承印单位：郑州新海岸电脑彩色制印有限公司
开本：700mm ×1100mm　1/16　　印张：17
字数：190 千字　　　　　　　　　　印数：1 - 1000
版次：2015 年 7 月第 1 版　　　　　印次：2015 年 7 月第 1 次印刷

定价:68.00 元
本书如有印装质量问题，由承印厂负责调换。

序

洛阳是中国古代河洛地区的中心城市，也是中国八大古都之一，国务院首批公布的历史文化名城。洛阳是中国古代建都时间最长的城市，原称"九朝古都"，今又称"十三朝古都"。洛阳是横跨欧、亚两洲的丝绸之路的东端起点，也是联系中国南北的隋唐大运河的中心。在唐宋以前的数千年中，古都洛阳对中国历史文化的发展产生了重大影响。如今，洛阳市又在努力创建华夏文明传承创新区。因此，深入研究洛阳悠久的历史，弘扬光辉灿烂的河洛文化，无疑是一件既有学术价值又有现实意义的事。

20世纪以来，洛阳及外地的历史、考古、方志等方面的专家学者对洛阳的历史文化进行了较为系统、深入的研究，有一批重要成果面世。就洛阳地方历史而言，李振刚、郑贞富二先生的《洛阳通史》是一部具有开创性的著作，但是规模较小，仅有30万字，应该是一部"洛阳简史"。徐金星等先生主编的《洛阳十三朝》分上、下两册，有90万字，较为系统全面，堪称一部"准"《洛阳通史》。但是迄今为止，尚没有一部真正意义上的多卷本《洛阳通史》面世。众所周知，断代史研究是撰写通史的基础，要编写通史必须深入进行各个断代的研究。郑福才副教授撰写的《夏商西周时期的洛阳》，就是关于洛阳断代史研究著述的有益尝试。

郑福才副教授毕业于郑州大学历史系，对于历史学科而言，可以说是科班出身。他又长期在洛阳理工学院（原洛阳大学）从事教学工作，在地方历史文化方面有较多的积累。他花费数年时间撰写的《夏商西周时期的洛阳》书稿，对于洛阳断代史研究而言，是一部可喜的学术成果。

夏、商、西周三代洛阳在全国的重要性，不亚于后世的东汉、曹魏、西晋诸代。夏、商、西周三代都曾在洛阳建都。偃师二里头遗址就是夏代后期的都城，而偃师尸乡沟商城遗址则是历史文献记载的"汤都西亳"，它是商代前期的都城，被学术界视为夏商分界的"界标"。西周王朝实行两京制，周武王建都于关中的镐京，称"宗周"；成王时又在河洛地区营建洛邑，称"成周"。号称"元圣"的周公姬旦不仅是洛邑的营建者，而且长期坐镇成周，制定了西周礼乐制度。周公的营建洛邑和制礼作乐都是西周历史上的重大事件，对中国历史文化的发展产生了重大影响。而以夏、商、西周三代的洛阳为研究对象，问题较多，难度较大，无疑是一项具有学术价值的课题。

粗读这部书稿，觉得它具有以下几个特点：

一、书稿虽以"洛阳"为名，但并不局限于洛阳一个城邑，而是涉及于洛阳周围地区，即古代的"三河"（河内、河东、河南）地区，又称河洛地区。这反映了作者视野的开阔。因为洛阳不是一座孤立的城市，它是河洛地区的中心，与周边地区有着千丝万缕的联系，对周边地区有重要影响。

二、书稿内容较为全面、系统，特别是对王朝历史有较多的关注。作者对于夏、商、西周王朝的政治沿革、经济兴衰、典章制度都倾注了较多的笔墨，可使读者通晓三代洛阳城的历史兴替，了解洛阳与三个王朝的关系。

三、书稿以资料翔实见长。作者坚持"论从史出"，用事实说话，广泛搜集和运用历史文献资料和考古资料，以从中引出可靠的结论。同时注意吸收20世纪以来学术界的相关研究成果，因而许多观点持之有故，言之成理。

有人说撰写学术著作是一项"遗憾"的事业，笔者对此也深有同感。尽管作者已经付出许多心力，但受各种局限，书稿仍难尽善尽美。这部书稿当然也是如此。笔者以为，作为一部洛阳夏、商、西周三代的断代史，内容似应更集中些，对洛阳城邑本身的兴衰状况应有更多的阐述。希望作者以后能够"咬定青山不放松"，继续从事这方面的研究，以取得更加骄人的研究成果。

应作者和出版社的邀约，作为书稿最早的读者，写出上述文字，是为序。

程有为

2014年11月29日

目　录

序 …………………………………………………………………… 1

第一编　夏代 …………………………………………………… 1

第一章　夏朝兴亡 …………………………………………… 2

一、禹与夏朝的建立 ……………………………………… 2

二、甘之战 ………………………………………………… 4

三、太康失国与羿代夏政 ………………………………… 7

四、羿浞之乱与少康中兴 ………………………………… 8

五、孔甲乱夏与夏桀灭亡 ………………………………… 12

第二章　夏代国家机构与方国、疆域 …………………… 15

第一节　夏代国家机构 ………………………………… 15

一、"夏后氏官百" ………………………………………… 15

二、刑法 …………………………………………………… 18

三、夏代军队 ……………………………………………… 19

第二节　夏朝盟邦方国 ………………………………… 19

一、姒姓封国 ……………………………………………… 20

二、异姓封国 ……………………………………………… 22

三、异姓族邦 ……………………………………………… 24

第三节 夏代疆域 ………………………………………… 26
一、《禹贡》 ……………………………………………… 26
二、《禹贡》"九州"与夏代人文地理区系 …………… 30
三、夏代疆域和中心统治区域 …………………………… 33

第三章 二里头文化与夏代文明 ………………………… 36
一、二里头文化 …………………………………………… 36
二、农业文明 ……………………………………………… 38
三、青铜文明 ……………………………………………… 41
四、建筑及其他手工业文明 ……………………………… 43
（一）、建筑业 ………………………………………… 44
（二）、纺织、制陶及玉器加工技术 ………………… 45
五、刻画符号与夏代汉文字 ……………………………… 49

第四章 夏都与河洛 ………………………………………… 53
一、禹都阳城 ……………………………………………… 53
二、启都阳翟 ……………………………………………… 54
三、太康、桀都斟鄩 ……………………………………… 55
四、相都商丘、帝丘、斟灌 ……………………………… 56
五、予都原、老丘 ………………………………………… 57
六、廑都西河 ……………………………………………… 58
七、夏墟与晋西南 ………………………………………… 59

第二编 商代 ………………………………………………… 60

第五章 商朝兴亡 …………………………………………… 61
第一节 商之先公 …………………………………………… 61
一、商之始祖 ……………………………………………… 61

二、先商世系 …………………………………… 62

三、先商"八迁" ………………………………… 63

四、商族的起源 ………………………………… 64

第二节　商汤建商 …………………………………… 66

一、"汤有七名" ………………………………… 66

二、商汤灭夏建商 ……………………………… 67

三、成汤都亳 …………………………………… 70

第三节　伊尹其人其事 ……………………………… 72

一、"生于空桑" ………………………………… 73

二、助汤灭夏建商 ……………………………… 75

三、"放太甲于桐" ……………………………… 80

第四节　中丁迁隞 …………………………………… 83

一、沃丁至中丁世系 …………………………… 83

二、中丁迁于隞 ………………………………… 84

三、九世之乱 …………………………………… 87

第五节　盘庚迁殷 …………………………………… 88

第六节　武丁中兴 …………………………………… 91

一、"与小人出入同事" ………………………… 91

二、"夜梦得圣人" ……………………………… 93

三、征伐不臣反叛氏族、方国 ………………… 95

四、"天下咸欢，殷道复兴" …………………… 98

第七节　从祖庚到帝乙 ……………………………… 103

一、祖庚至帝乙间的世系 ……………………… 103

二、祖甲改革 …………………………………… 104

三、武乙"射天" ………………………………… 106

四、"文丁杀季历" …………………………………………… 108

　　五、"帝乙归妹" ……………………………………………… 109

第八节　帝辛与商亡 ………………………………………………… 109

　　一、帝辛 ……………………………………………………… 109

　　二、商亡 ……………………………………………………… 116

第六章　商代的政治制度 ……………………………………………… 119

　一、王权与神权 ……………………………………………………… 119

　二、官制 ……………………………………………………………… 121

　　（一）、内服百官 …………………………………………… 121

　　（二）、外服侯伯 …………………………………………… 123

　三、军队 ……………………………………………………………… 123

　四、刑罚 ……………………………………………………………… 128

　五、平民与奴隶 ……………………………………………………… 129

　　（一）、平民 ………………………………………………… 129

　　（二）、奴隶 ………………………………………………… 129

第七章　偃师、郑州商城及殷墟甲骨文与商代农业、手工业文明 … 131

　一、商代农牧业文明 ………………………………………………… 132

　二、商代手工业文明 ………………………………………………… 136

第八章　商代文字与科学 ……………………………………………… 140

　一、甲骨文 …………………………………………………………… 140

　二、商代科学 ………………………………………………………… 144

　　（一）、历法 ………………………………………………… 144

　　（二）、天文学 ……………………………………………… 147

　　（三）、气象学 ……………………………………………… 149

　　（四）、医学 ………………………………………………… 151

第三篇　西周 ································· 153
　第九章　西周兴亡 ······························· 154
　　一、周族的兴起 ······························· 154
　　二、武王伐纣 ································· 157
　　三、周公东征 ································· 160
　　四、营建洛邑 ································· 161
　　五、成康之治 ································· 177
　　六、昭王南征与穆王远游 ······················· 181
　　七、西周中期列王 ····························· 185
　　八、厉王"专利"与共和行政 ··················· 187
　　九、宣王中兴 ································· 190
　　十、幽王之死与西周覆灭 ······················· 194

　第十章　西周典章制度 ··························· 198
　　一、分封制 ··································· 198
　　二、宗法制 ··································· 202
　　三、畿服制 ··································· 205
　　四、官制 ····································· 206
　　五、兵制 ····································· 212
　　六、法制 ····································· 217
　　七、井田制 ··································· 221

　第十一章　西周农业、手工业及商业的发展 ········· 226
　　一、农业的发展 ······························· 226
　　二、"工商食官"和工商业的发展 ··············· 232

　第十二章　西周的文化 ··························· 236
　　一、学校 ····································· 236

二、典籍 ……………………………………………… 238
　　（一）、《尚书》 ……………………………………… 238
　　（二）、《逸周书》 ……………………………………… 240
　　（三）、《诗经》 ……………………………………… 242
　　（四）、《周易》 ……………………………………… 243
三、礼乐 ……………………………………………… 244
　　（一）、礼仪 ……………………………………… 244
　　（二）、音乐 ……………………………………… 251

参考书目 ……………………………………………… 255
后记 ……………………………………………………… 259

第一编　夏代

夏朝是中国历史上的第一个统一王朝，从禹确立王位开始，到成汤灭夏桀为止，共传十四世十七王，"用岁四百七十一年"（《古本竹书纪年》），约公元前2070年至公元前1600年（"夏商周断代工程"《夏商周年表》）。

第一章　夏朝兴亡

一、禹与夏朝的建立

夏本是一个古老的部落，与我国远古时代的其他部落交错分布在河洛地区及其周边一带。禹是夏后氏部落的首领。

禹，姒姓（《史记·夏本纪》），"名曰文命"（《史记·夏本纪》），又称"夏禹"（《国语·郑语》《史记·夏本纪》）、"大禹"（《战国策·齐策》）、"伯禹"（《国语·周语下》）、"崇禹"（《逸周书·世俘解》）等。《史记·夏本纪》曰："禹之父曰鲧，鲧之父曰帝颛顼，颛顼之父曰昌意，昌意之父曰黄帝。"《世本》《大戴礼记·帝系》《帝王世纪》等皆言禹之父为鲧，鲧为颛顼之子。但《汉书·律历志》则云："颛顼五代而生鲧。"《史记·夏本纪·索隐》亦云："鲧既仕尧，与舜代系殊悬，舜即颛顼六世孙，则鲧非是颛顼之子。盖班氏之言近得其实。"说禹距颛顼已有六代，而非三代。无论是六代，还是三代，这都不影响禹之父为鲧的史实。更何况，"从仅有的文献资料来看，我们只能把夏族的先世追溯到鲧时代为止"，"鲧之前的先夏世系已很渺茫，所述多系后人追忆，令人难以置信"①。

---

① 詹子庆：《夏史与夏代文明》，上海科学技术文献出版社2012年，第62页。

鲧，《史记·夏本纪·索隐》："皇甫谧云：'鲧，帝颛顼之子，字熙'。又《连山易》云'鲧封于崇'，故《国语》谓之'崇伯鲧'。"崇即指崇山，崇山也即嵩山，也称崇高山、太室山、外方山，在今河南登封。《太平御览》卷三十九引韦昭注云："崇、嵩古通用。夏都阳城，嵩山在焉。"是说鲧的活动中心在登封。到禹之时，特别是在禹治理洪水成功以后，夏族活动区域在逐渐增大，活动中心也开始向嵩山之北的伊洛河一带转移。

当尧之时，"鸿水滔天"（《史记》卷二《夏本纪》），"泛滥于中国"（《孟子·滕文公下》），因此，治水就成为当时的大事。尧曾任用鲧治理洪水，但"九年而水不息，功用不成"。舜摄政后，也因此把鲧流放到羽山，任命鲧的儿子禹继续治水事业。

禹之治水，《尚书·禹贡》和《史记·夏本纪》中有比较详细记述，如《史记·夏本纪》云："禹乃遂与益、后稷奉帝命，命诸侯百姓兴人徒以傅土，行山表木，定高山大川。禹伤先人父鲧功之不成受诛，乃劳身焦思，居外十三年，过家门不敢入。薄衣食，致孝于鬼神。卑宫室，致费于沟淢。陆行乘车，水行乘船，泥行乘橇，山行乘檋。左准绳，右规矩，载四时，以开九州，通九道，陂九泽，度九山。令益予众庶稻，可种卑湿。命后稷予众庶难得之食。食少，调有余相给，以均诸侯。禹乃行相地宜所有以贡，及山川之便利。"经过13年的不懈努力，终于制伏了洪水，从此，九州统一，四方之宅皆可宁居。

禹，因治水有功，被舜荐之于天，17年后舜崩，禹受禅而得帝位，"国号曰夏后"（《史记·夏本纪》），建立了中国历史上第一个王朝。

《史记·夏本纪》载："帝禹立而举皋陶荐之，且授政焉，而皋陶卒。封皋陶之后于英、六，或在许。而后举益，任之政。十年，帝禹东巡狩，至于会稽而崩。以天下授益。三年之丧毕，益让帝禹之子启，而辟居箕山之阳。禹子启贤，天下属意焉。及禹崩，虽授益，益之佐禹日浅，天下未治。故诸侯皆去益而朝启,曰'吾君帝禹之子也'。于是启遂即天子之位,是为夏后帝启。"箕山,位于今河南登封东南。

二、甘之战

"父传子,家天下",虽然与当时社会发展的大环境相关,但它破坏了部落联盟中的军事民主制,因此一开始就遭到了一些盟邦方国的极力反对。

《史记·夏本纪》说,启即天子位,而"有扈氏不服,启伐之,大战于甘","遂灭有扈氏"。

有扈氏,姒姓,夏禹之后。《书·甘誓·正义》引《世本》云:"有扈氏,与夏同姓。"夏为姒姓。《史记·周本纪·正义》引《世本》云:"莘国,姒姓,夏禹之后。"《史记·夏本纪》曰:"太史公曰:禹为姒姓,其后分封,用国为姓,故有夏后氏、有扈氏、有男氏、斟寻氏、彤城氏、褒氏、费氏、杞氏、缯氏、辛氏、冥氏、斟(氏)戈氏。"有扈氏与夏后氏同为姒姓,是夏国邦盟中的一个同姓部族[①]。

有扈氏地望,《史记》三家注皆云在今陕西省户县。《集解》:"《地理志》曰扶风县鄠是扈国。"《索隐》:"《地理志》曰扶风县鄠是扈国。"《正义》:"《括地志》云:'雍州南鄠县本夏之扈国也。《地理志》云鄠县,古扈国,有户亭。《训纂》云户、扈、鄠三字,一也,古今字不同耳。'"鄠县,今作户县。

但顾颉刚、刘起釪先生则认为,有扈是生活在今河南东北部一带的"雇(hù)",为东夷"九雇"之一,故地在今郑州市以北黄河北岸的原

[①] 参见詹子庆:《夏史与夏代文明》,上海科学技术文献出版社2012年,第102页。

武一带①。原武,今河南原阳县。

甘的地望也说法不一。《史记·夏本纪·集解》引马融之言曰:"甘,有扈氏南郊地名。"《索隐》曰:"夏启所伐,鄠南有甘亭。"《水经注·渭水》:"渭水又东合甘水,水出南山甘谷……又北径甘亭西,在水东鄠县。昔夏启伐有扈,作誓于是亭。"是说甘在今户县南。

顾颉刚、刘起釪先生则认为,甘地在春秋时期为甘昭公的封邑,那儿有甘水和甘城,其地在今洛阳西南②。今洛阳市西南、宜阳县东端有甘水河。甘水河是洛河的一条支流,发源于宜阳樊村一带,向东流经伊川常川,又向北流经丰李以西,至小作注入洛河。今为季节性河流。

关于甘,郑杰祥先生有另外一种说法,认为"在今郑州市以西的古荥甘之泽或甘水沿岸"。他说:"根据文献记载,夏初都邑应在今河南登封、禹县县境,而有扈氏当在今河南原阳县西南,战争既在夏王朝和有扈氏之间进行,甘地则必在今登封和原阳县之间;而且根据当时夏王朝处于进攻、有扈氏处于防御的双方作战态势,甘地应在有扈氏的南郊,即今原阳县西南不远,推其地望,参看文献记载,我们主张甘地实在今郑州市以西的古代泲水沿岸。"③

甘之战,史籍记述不多,但出师前的誓词保存在《尚书》里,就是《甘誓》一篇。《甘誓》云:"大战于甘,乃召六卿。王曰:'嗟!六事之人,予誓告汝:有扈氏威侮五行,怠弃三正,天用剿绝其命,今予惟恭行天之罚。左不攻于左,汝不恭命;右不攻于右,汝不恭命;御非其马之正,汝不恭命。用命,赏于祖;弗用命,戮于社,予则孥戮汝!'"大意是说,在甘地将要大战,夏王启召集左右几位卿相大臣。王说:"啊!

---

① 顾颉刚、刘起釪:《〈尚书·甘誓〉校释译论》,《中国史研究》,1979年第1期。

② 《〈尚书·甘誓〉校释译论》,《中国史研究》,1979年1期。

③ 郑杰祥:《夏史初探》,中州古籍出版社1988年,第112—114页。

诸位将领，我发布誓词告诉你们。有扈氏上不敬天象，下不敬朝臣，上天要灭绝他的享国大命。现在我奉行上天的意志去惩罚他们。所有战车左边的战士，要是不好好完成左边的战斗任务，就是不奉行命令；战车右边的战士，要是不好好完成右边的战斗任务，也是不奉行命令；驾御战车的战士，要是不能胜任御车技术，也是不奉行命令。奉行命令的，胜利后在祖庙里给予嘉奖；不奉行命令的，就把你们在社坛里杀掉！"①

《甘誓》，《墨子·明鬼》引之作《禹誓》，内容虽相近，但区别也明显。《禹誓》曰："大战于甘。王乃命左右六人，下听誓于中军，曰：'有扈氏威侮五行，怠弃三正，天用剿绝其命。'有（又）曰：'日中，今予与有扈氏，争一日之命，且尔卿大夫庶人，予非尔田野葆土之欲也，予共行天之罚也。左不共于左，右不共于右，若不共命，御非尔马之政；若不共命，是以赏于祖而僇于社。'"似说征伐有扈氏的是禹而不是启。一些古籍的记载也印证了这一点，《庄子·人间世》说，"禹攻有扈，国为虚厉，身为刑戮"。《吕览·召类》云，"禹攻曹、魏、屈、骜、有扈，以行其教"。不知所依何据。也可能是禹先伐有扈，并使之臣服，到启即位后，有扈氏又发生叛逆，启再次征伐。当然这只是推测。对于这段历史，詹子庆先生则有比较明确的表述，他说："《甘誓》在流传中出现儒墨两个版本，当以早传者（《甘誓》）为准，墨子可能误将'禹伐三苗'当成伐有扈之战。况且后来司马迁作《史记》，系统整理历史，采用启伐有扈氏说，是一定有所依据的。""我们同意有扈氏活动中心在陕西户县一带，这是汉人旧注的意见，当有所本。夏建国后，夏后氏向西扩张，正遇上有扈氏向东发展，有扈氏对夏启继位不服，遂发生军事冲突。现代学者设想夏人势力不会达到陕西东部，因而把有扈氏和甘的地望锁定在夏的活动中心地区（豫西和豫中地区），才提出以上与汉代古注相左的

---

① 参阅慕平译注：《尚书》，中华书局 2009 年，第 80 页。

意见，分歧的由来盖出于此。"①

三、太康失国与羿代夏政

帝启死后，太康继位。启有五个儿子，"号五观"（《汉书·古今人表》）。《国语·楚语上》记："启有五观。"韦昭注："五观，启子，太康昆弟也。观，洛汭之地。"太康是启的长子。太康继位后，由阳翟（今河南禹州）迁居斟鄩（今河南巩义附近）②。相传他在位之时曾有"失国"之事。《史记·夏本纪》说："帝太康失国，昆弟五人，须于洛汭，作《五子之歌》。"《夏书·五子之歌》曰："太康尸位，以逸豫灭厥德，黎民咸贰。乃盘游无度，畋于有洛之表，十旬弗反。有穷后羿因民弗忍，距于河。厥弟五人御其母以从，徯于洛之汭。五子咸怨，述大禹之戒以作歌。"是说太康由于"以逸豫灭厥德"，使"黎民咸贰"而失国；有穷氏部落酋长后羿，则"因民弗忍"太康而代夏政。《五子之歌》载于《古文尚书》之中，"虽不足信，但征之先秦古籍，太康以逸豫为失国，则是可以相信的"③。

其实在帝启时，已有失德之举。启在平定有扈氏叛乱之后，便沉湎于淫逸享乐之中。《古本竹书纪年》曰："启登后九年，舞《九韶》。"④《墨子·非乐》引《逸周书·武观》曰："启乃淫溢康乐，野于饮食，将将铭苋磬以力。湛浊于酒，渝食于野，万舞翼翼，章闻于天，天用弗

---

① 詹子庆：《夏史与夏代文明》，上海科学技术文献出版社2012年，第102—103页。
② 詹子庆：《夏史与夏代文明》，上海科学技术文献出版社2012年，第105页。
③ 白寿彝总主编：《中国通史》第三卷《上古时代》（上），上海人民出版社1994年，第206页。
④ 《路史后纪》十三注引。

式。"《楚辞·离骚》云:"启《九辩》与《九歌》兮,夏康娱以自纵。"是说启窃《九辩》《九歌》于天,因以康娱自纵于下。所以,吕思勉总结说:"失德自启,而乱成于太康。盖始荒于饮食歌舞,又有嬖妾蛊惑,诸子争立之事。终至潜踪家巷,夷于氓庶。"①

太康"为羿所逐,不得反国"②。相传他失国之后,曾流亡到今河南太康一带,并将此地取名为阳夏,以寄托他复国的希望。太康县今存有太康陵。《帝王世纪》云:"太康无道,在位二十九年,失政而崩。"

四、羿浞之乱与少康中兴

羿,即后羿,为东方夷人有穷氏的首领。初居少昊之墟,即今山东曲阜。西迁至鉏,即今河南滑县。又迁至穷石。穷石,即穷谷。《晋地记》云:"河南有穷谷,盖本有穷氏所迁也。"具体何指不详。杨伯峻先生认为穷谷在今洛阳南③。郑杰祥先生认为在河南汜水。汜水古称穷渎即穷谷,地在郑州荥阳。他说:"《说文·水部》云:'汜,穷渎也。'《尔雅·释丘》也说:'穷渎,汜。'是汜水古代又称穷渎。……汜水所在,《山海经·中次七经》云:'苦山之首,曰休与之山。……又东三十里,曰浮戏之山。……汜水出焉,而北流注于河。'《水经注·河水》云:'又东过成皋县北。'郦道元注:'河水又东合汜水,水南出浮戏山,世谓之曰方山也。'《左传·成公四年》云:'士燮佐上军,以救许伐郑,取汜、祭。'杜预注云:'成皋县东有汜水。'成皋古称制地(《国语·晋语》),又称虎牢,即今河南荥阳县西汜水镇。汜水今仍称汜水河,发源于荥阳

---

① 吕思勉:《先秦史》,上海古籍出版社2005年,第89页。

② 《史记·夏本纪·集解》引孔安国语。

③ 杨伯峻:《春秋左传注·襄公四年》,中华书局1981年,第936页。

西南山区，北流经汜水镇旁侧注入黄河。此地于两汉西晋皆属河南郡，地处今河南滑县和巩县之间的要冲，且位于夏人活动中心嵩山的北麓，有穷氏西向灭夏必经此地，也正与有穷后羿'自鉏迁于穷石，因夏民以代夏政'的记载符合，汜水古称穷谷，可能因有穷部族曾徙居于此地而得名。"①

浞，即寒浞，也是东方夷人首领，寒氏居地在今山东潍坊市附近。

羿浞之乱，《左传》中有较为详细的记载。《左传·襄公四年》魏绛云："昔有夏之方衰也，后羿自鉏迁于穷石，因夏民以代夏政。恃其射也，不修民事而淫于原兽。弃武罗、伯因、熊髡、尨圉而用寒浞。寒浞，伯明氏之谗子弟也。伯明后寒弃之，夷羿收之，信而使之，以为己相。浞行媚于内而施赂于外，愚弄其民而虞羿于田，树之诈慝以取其国家，外内咸服。羿犹不悛，将归自田，家众杀而亨之，以食其子。其子不忍食诸，死于穷门。靡奔有鬲氏。浞因羿室，生浇及豷，恃其谗慝诈伪而不德于民，使浇用师，灭斟灌及斟寻氏。处浇于过，处豷于戈。靡自有鬲氏，收二国之烬，以灭浞而立少康。少康灭浇于过，后杼灭豷于戈。有穷由是遂亡，失人故也。"相死以后至少康复国这段历史，《左传·哀公元年》也有记载，吴大夫伍员曰："昔有过浇杀斟灌以伐斟鄩，灭夏后相。后缗方娠，逃出自窦，归于有仍，生少康焉，为仍牧正。惎浇，能戒之。浇使椒求之，逃奔有虞，为之庖正，以除其害。虞思于是妻之以二姚，而邑诸纶。有田一成，有众一旅，能布其德，而兆其谋，以收夏众，抚其官职。使女艾谍浇，使季杼诱豷，遂灭过、戈，复禹之绩。祀夏配天，不失旧物。"

羿浞之乱大约持续了40年②。

---

① 郑杰祥：《夏史初探》，中州古籍出版社1988年，第118－119页。

② 李学勤：《中国古代文明十讲》，复旦大学出版社2003年，第198页。

太康在位时，废田稷之官，不复务农。少康复国后即恢复农业生产。《今本竹书纪年》云："三年，复田稷"，"十一年，使商侯冥治水"。夏王朝呈现出一派"中兴"的景象。所以，《后汉书·东夷列传》曰："自少康已后，世服王化，遂宾于王门，献其乐舞。"

关于夏代初年的这段历史，李学勤先生曾有论述，他说："夏朝的创始人是禹，禹死后由儿子启继位。启有五个儿子，史称'五子'，其大儿子太康继位，但兄弟五人不团结。这时夏的附属国有穷氏后羿就乘机夺取了夏王朝的政权，这就是《左传》襄公四年所记载的后羿'因夏后氏以代夏政'。后羿首先废除了太康，立太康之弟仲康为夏王，但政权实际掌握在后羿的手中，仲康不过是傀儡而已。仲康死了之后，又立仲康的儿子相继位，但不久后羿赶跑了相，自己正式当了王，这就是所谓的'后羿代夏'。有关这段历史较为详细的记载见《左传》襄公四年杜预注。后羿任夏王之后，终日醉心于游猎活动，而任用寒浞治理朝政。但寒浞对羿怀有二心，勾结羿的'家众'，把羿杀了。于是寒浞又代羿而当了王。当时被后羿赶跑的仲康之子相正躲在夏人的同姓斟灌氏那里。寒浞以为这是对他政权的威胁，于是就派自己的儿子浇去剿灭了斟灌氏和斟寻氏，杀死了相。相的妻子后缗当时已怀孕，在紧急中从小洞逃跑到了她的娘家有仍氏处，生下了儿子。这就是后来的夏王少康。寒浞的儿子浇又欲杀少康，少康就逃奔到有虞氏那里，担任了有虞氏的庖正，并娶有虞氏之女为妻。当时，夏的遗臣靡在有鬲氏。少康就和有鬲氏联合起来，经过长期准备，最后消灭了浇及其兄弟豷，恢复了夏王朝的统治。少康继任了夏的王位，史称'少康中兴'。有关史事见《左传》哀公元年、《竹书纪年》（《后汉书·东夷传》注引）、《帝王世纪》等。"[①]

少康死后，其子予继承了王位。《夏本纪》称予，《古本竹书纪年》

---

① 李学勤：《中国古代文明十讲》，复旦大学出版社2003年，第199—200页。

称帝杼、帝宁。予继位后,先居原,今河南济源市西北原村。后迁到老丘,其地望在今开封境内。《世本》云:"杼作甲。"(《书·费誓》正义、《诗·叔于田》正义、《御览》三百五十三引)曾征伐东夷,至于东海。

予死,子槐继王位,《古本竹书纪年》称后芬。槐继承父业,继续向东方拓展疆域。《古本竹书纪年》云:"后芬即位,三年,九夷来御。""九夷",《太平御览》卷七八〇"四夷部"引《古本竹书纪年》:"曰畎夷、于夷、方夷、黄夷、白夷、赤夷、玄夷、风夷、阳夷。""来御",即御服、归服之意。《太平御览》卷八二"皇王部"引《古本竹书纪年》曰:"后芬立四十四年。"

槐死,子芒继位,《古本竹书纪年》称后荒。《北堂书钞》卷八九"礼仪部"引《古本竹书纪年》曰:"后荒即位,元年,以玄珪宾于河,命九(夷)东狩于海,获大鸟。"《太平御览》卷八二"皇王部"则引为:"后芒即位,元年,以玄珪宾于河,东狩于海,获大鱼。后芒陟位,五十八年。"后芒用玄珪宝玉沉于河中来祭祀河神。又受命于九夷,东狩于海,猎获到大鱼,这是吉祥的征兆。

芒死,子泄继位。《后汉书·东夷传》注引《古本竹书纪年》云:"后泄二十一年,命畎夷、白夷、赤夷、玄夷、风夷、阳夷。"又据《通鉴外纪》卷二引《古本竹书纪年》云:"后泄二十一年,加畎夷等爵命。"强化了对九夷的控制。

泄死,子不降继位。《太平御览》卷八二"皇王部"引《古本竹书纪年》云:"不降即位,六年,伐九苑。立十九年。"不降死,其弟扃继王位,扃之事史籍失载。

扃死,子厪继位,又称胤甲。《古本竹书纪年》云:"胤甲即位,居西河。"西河,尚难实指,当指晋西南运城某地。又云:"天有妖孽,十日并出。"旱灾严重。《通鉴外纪》卷二引曰:"十日并出,其年胤甲陟。"少康之后,历经予、槐、芒、泄、不降、扃、厪六世七王。这一时期，夏代处于稳定发展阶段①。

五、孔甲乱夏与夏桀灭亡

廑死，孔甲继位。孔甲是帝不降的儿子。《史记·夏本纪》曰："帝孔甲立，好方鬼神，事淫乱。夏后氏德衰，诸侯畔之。"

《国语·周语下》引卫国大夫彪傒的话说："昔孔甲乱夏，四世而陨。"孔甲扰乱夏政，传了四代就灭亡了。

关于孔甲，《史记·夏本纪》又曰："天降龙二，有雌雄，孔甲不能食，未得豢龙氏。陶唐既衰，其后有刘累，学扰龙于豢龙氏，以事孔甲。孔甲赐之姓曰御龙氏，受豕韦之后。龙一雌死，以食夏后。夏后使求，惧而迁去。"此事《左传·昭公二十九年》有更详细的记载，大意是说：夏后孔甲顺服天帝，天帝赐给他乘龙，黄河、汉水各两条，各有一雌一雄。孔甲不能饲养，又没有找到善于驯养龙的豢龙氏。陶唐氏已经衰落，其后代刘累从豢龙氏学到了驯养龙的本领，以此事奉孔甲，能够饲养这几条龙。孔甲嘉奖他，赐氏叫御龙，用他代替豕韦的后代。龙中一条雌的死了，刘累偷偷地剁成肉酱给孔甲吃，孔甲吃了，后来又让刘累再拿些来吃。刘累害怕而迁移到鲁县（今河南鲁山），范氏就是他的后代②。相传刘累居住于今河南鲁山县境内的邱公城。21世纪初考古工作者在今鲁山境内的昭平湖景区发现有刘累故邑。

孔甲死后，"子帝皋立。帝皋崩，子帝发立。帝发崩，子帝履癸立，是为桀"（《史记·夏本纪》）。

---

① 参阅詹子庆：《夏史与夏代文明》，上海科学技术文献出版社2012年，第112—114页。

② 参阅杨伯峻、徐提：《白话左传》，岳麓书社1993年，第413页。

皋、发为夏王时，史籍记载很略。关于皋，《古本竹书纪年》只说"后昊立三年"（《太平御览》卷八二"皇王部"引）。《左传·僖公三十二年》曰："殽有二陵焉：其南陵，夏后皋之墓也；其北陵，文王之所辟风雨也。"殽，即殽山。南陵，在今三门峡市渑池县附近。关于发，《古本竹书纪年》曰："后发一名后敬，或曰发惠。"（《太平御览》卷八二"皇王部"引）"后发即位，元年，诸夷宾于王门，再保庸会于上池，诸夷入舞。"（《北堂书钞》卷八二"礼仪部"引）诸夷又来夏朝拜，并献夷舞致贺。

桀，为夏王朝第十七位国王，也是我国历史上著名的亡国之君，史籍记载颇多。

说桀沉湎于酒色，荒淫无度。《太平御览》卷一三五"皇亲部"引《古本竹书纪年》曰："后桀伐岷山，岷山女于桀二人，曰琬、曰琰。桀受二女，无子，刻其名于苕华之玉，苕是琬，华是琰。而弃其元妃于洛，曰末喜氏。末喜氏以与伊尹交，遂以间夏。"《国语·晋语一》载晋国大夫史苏之言曰："昔夏桀伐有施，有施人以妹喜女焉，妹喜有宠，于是乎与伊尹比而亡夏。"《国语·晋语一》是说，从前夏桀讨伐有施国，有施人向夏桀进献妹喜，妹喜受到夏桀宠爱，于是妹喜与伊尹比功而灭亡夏朝。《史记·司马相如传·集解》、《艺文类聚》卷八三"宝玉部"、《太平御览》卷八二"皇王部"等均有类似记载。

桀兴土木，劳民伤财。《文选·东京赋》注引《古本竹书纪年》曰："夏桀作倾宫、瑶台，殚百姓之财。"《太平御览》卷八二"皇王部"引《古本竹书纪年》曰："桀倾宫，饰瑶台，作琼室，立玉门。"

夏桀无道，诸侯叛之。《左传·昭公四年》曰："夏桀为仍之会，有缗叛之。"仍、缗，皆为国名。《今本竹书纪年》云："会诸侯于仍，有缗氏逃归，遂灭有缗。"《左传·昭公十一年》曰："桀克有缗以丧其国，纣克东夷而陨其身。"是说夏桀召集"仍之会"，而有缗氏反叛没有来会同朝见，所以夏桀发兵攻打，虽战胜了有缗氏，但丢掉了国家。实际上，诸侯叛夏早在孔甲时期就已开始了，此时这一现象只是更加严重罢了。

关于夏桀，《史记·夏本纪》曰："帝桀之时，自孔甲以来而诸侯多畔夏，桀不务德而武伤百姓，百姓弗堪。""汤修德，诸侯皆归汤，汤遂率兵以伐夏桀。桀走鸣条，遂放而死。""汤乃践天子位，代夏朝天下"。

第二章　夏代国家机构与方国、疆域

第一节　夏代国家机构

夏朝是在尧舜邦盟发展的基础上逐步建立起来的。邦盟，即盟邦联合体，也称部族联合体，是尧舜时代社会结构的特点。盟主，也即文献中所谓的"帝"，都以禅让的方式继位，如尧禅位于舜，舜禅位于禹。但到了夏禹时期，社会发生了剧变，盟主成了国王，禅让制变成了世袭制，"公天下"变成了"家天下"，夏王成了"天下共主"。夏禹所建立的夏王国，已具备了早期国家形态，出现了国家机构的雏形，已有了设官分职、刑法、军队和赋役。

一、"夏后氏官百"

"夏后氏官百"，见于《礼记·明堂位》，原文为"有虞氏官五十，夏后氏官百，殷二百，周三百"。此说可能并非实指，是"周人对上古官职推测的一个约数"①，但基本反映了当时官僚机构小又简单的特点。

从古文献记载看，夏代的官职有六卿、车正、牧正、稷、瞽、遒人、

---

① 孟世凯：《夏史与夏代文明》，上海科学技术文献出版社2012年，第133页。

官占等。

"六卿",也称"六事之人",为夏王左右大臣。此职见于《尚书·甘誓》:"大战于甘,乃召六卿。王曰:'嗟!六事之人,予誓告汝。'"郑玄注云:"六卿者,六军之将。周礼六军皆命卿,则三代同矣。"是说六卿为六军的领军,一卿统领一军。实际上,由于上古时代官职文武不分、官无定职,六卿不仅是领军,还是夏王左右的辅佐大臣。

"车正",是夏王朝宫内负责出行和服饰的礼官。此职见于《左传·定公元年》:"薛之皇祖奚仲居薛,以为夏车正。"杜预注云:"皇,大也。奚仲为夏禹掌车服大夫。"关于车正的职司,或曰为夏朝"专司造车"的职官①。

"牧正",即牧官之长。此职见于《左传·哀公元年》:"昔有过浇杀斟灌以伐斟鄩,灭夏后相,后缗方娠,逃出自窦,归于有仍,生少康焉,为仍牧正。"这里是说,有过国的国君浇灭亡了夏后相,相的妻子后缗正怀着孕,从城墙的小洞里逃出去,回到娘家有仍国,生了少康。少康长大后做了有仍国的"牧正"。杜注云:"牧正,牧官之长。"

"稷",也称"后稷",是主管农业的官。此职见于《国语·周语上》:"昔我先王世后稷,以服事虞、夏。及夏之衰也,弃稷弗务,我先王不窋用失其官,而自窜于戎狄之间,不敢怠业,时序其德,纂修其绪,修其训典,朝夕恪勤,守以敦笃,奉以忠信,奕世载德,不忝前人。"自周始祖弃开始,至不窋时止,周人的先祖就一直世守"稷"官。

瞽,是乐师。此职见于《左传·昭公十七年》:"《夏书》曰:'辰不集于房,瞽奏鼓,啬夫驰,庶人走。'"杜注云:"瞽,乐师。"《周礼·春官·宗伯》有"瞽矇"一职,是"主诵诗,并诵世系"的礼官。

遒人,为行令之官。此职见之《左传·襄公十四年》:"《夏书》曰:

---

① 晁福林:《夏商西周社会史》,北京师范大学出版社2010年,第213页。

'遒人以木铎徇于路。官师相规，工执艺事以谏。'"杜注云："遒人，行令之官也。木铎，木舌金铃。徇于路，求歌谣之言。"《夏书》的意思是说，宣令的官员摇着木铎在大路上巡行，官师小吏规劝，工匠呈献技艺以作为劝谏。

"官占"，占筮之官。此职见于《左传·哀公十八年》："《夏书》曰：'官占，唯能蔽志，昆命于元龟。'"杜注云："官占，卜筮之官。蔽，断也。昆，后也。言当先断意，后用龟也。"《左传·正义》引孔安国云："官占之法，先断人志，后命于元龟。"孟世凯先生说："当时夏王在决断国之大事前都要由卜筮之官（官占）来进行卜筮活动。"①②

除上述以外，夏王朝还有士、庖正、啬夫、官师、工等官职。

夏代官职中有一些是世官，如上述的稷官，周人世守其职。还有羲氏、和氏等。羲氏、和氏是主管天文历法的官。此职见于《史记·夏本纪》："帝中康时，羲、和湎淫，废时乱日。胤往征之，作《胤征》。"据《史记·五帝本纪》，早在帝尧时，尧就"命羲、和，敬顺昊天，数法日月星辰，敬授民时"。"分命羲仲，居郁夷，曰旸谷。敬道日出，便程东作。日中，星鸟，以殷中春。其民析，鸟兽字微。中命羲叔，居南交，便程南为，敬致。日永，星火，以正中夏。其民因，鸟兽希革。申命和仲，居西土，曰昧谷。敬道日入，便程西成。夜中，星虚，以正中秋。其民夷易，鸟兽毛毨。申命和叔，居北方，曰幽都，便在伏物。日短，星昴，以正中冬。其民燠，鸟兽氄毛。岁三百六十六日，以闰月正四时。"《集解》引孔安国曰："重黎之后，羲氏、和氏世掌天地之官。"《正义》引《吕刑传》云："重即羲，黎即和，虽别为氏族，而出之重黎

---

① 参阅李学勤主编：《中国古代文明与国家形成研究》，第360—363页，云南人民出版社1997年。——原文注。

② 孟世凯：《夏史与夏代文明》，上海科学技术文献出版社2012年，第135页。

也。"羲氏、和氏"世掌天地之官"的现象，一直持续到周代。

二、刑法

夏代已有了刑法。《尚书·吕刑》序曰："吕命穆王训夏《赎刑》，作《吕刑》。"郑玄注云："穆王远取夏法"，"故吕侯度时制宜，劝王改从夏法"。这是说夏代的《赎刑》流传到周代，并作为周制定《吕刑》时的重要参考。

关于夏代刑法，《左传》中也有记述，如昭公六年云："夏有乱政而作《禹刑》。"又，昭公十四年云："《夏书》曰：'昏、墨、贼，杀。'皋陶之刑也。"上述所记均为晋国大夫叔向所说。其意是说，夏朝有违犯政令的人，就制定了《禹刑》；《夏书》说，"昏、墨、贼，处死"，这是皋陶所制定的刑法。至于"昏、墨、贼"三种死罪的罪名，叔向解释为："己恶而掠美为昏，贪以败官为墨，杀人不忌为贼。"字面的意思是，自己有了罪恶而掠取别人的美名就是昏，贪婪而败坏职责就是墨，杀人而没有顾忌就是贼。杜预注云："掠，取也"；"昏，乱也"；"墨，不洁之称"；"忌，畏也"。用现在的话说就是，"昏"为抢劫罪，"墨"为贪污罪，"贼"为杀人罪[①]。

夏代还设有监狱。《今本竹书纪年》记，帝芬"三十六年，作圜土"。"圜土"即监狱。夏桀时，监狱又称为"夏台"。《史记·夏本纪》云：帝桀之时，曾"召汤而囚之夏台，已而释之"。"夏台"，《索隐》云："狱名。夏曰均台。皇甫谧云'地在阳翟'是也。"阳翟，今河南禹州。

---

① 孟世凯：《夏史与夏代文明》，上海科学技术文献出版社2012年，第137页。

三、夏代军队

夏代军队已有国家和地方之分,国家军队直属于夏王,地方军队隶属于方国侯伯,"天下共主"的夏王是全国最高的军事统帅。

从《尚书·甘誓》看,车战可能是夏代战争的重要形式。《尚书·甘誓》:"大战于甘,乃召六卿。王曰:'嗟!六事之人,予誓告汝:有扈氏威侮五行,怠弃三正,天用剿绝其命,今予惟恭行天之罚。左不攻于左,汝不恭命;右不攻于右,汝不恭命;御非其马之正,汝不恭命。用命,赏于祖;弗用命,戮于社,予则孥戮汝!'"关于《甘誓》,《史记·夏本纪》解释说:"有扈氏不服,启伐之,大战于甘。将战,作《甘誓》。""左不攻于左","右不攻于右",《史记·夏本纪·集解》引郑玄曰:"左,车左;右,车右。"孙星衍《尚书今古文注疏》卷四疏:"《鲁颂·闷宫》笺云'兵车之法,左人持弓,右人持矛,中人御'是也。"是说夏代战车上配备左、中、右三个战士。"左为车左,持弓箭主射。右为车右,持矛主击、刺,为勇力之士。御居中为驾车使马的驭手。"[①]

从文献记载看,夏代的国家机构还十分简单,还很不完善,这主要是由于夏代尚处于国家初期,处于典章制度的初创时期。

第二节 夏朝盟邦方国

禹所建立的夏朝,尚有诸侯邦国联盟的特点,王畿内外方国林立。《吕氏春秋·用民》云:"当禹之时,天下万国。"《左传·哀公七年》记:"禹合诸侯于涂山,执玉帛者万国。"涂山,今安徽怀远。这里的万

---

① 孟世凯:《夏史与夏代文明》,上海科学技术文献出版社2012年,第136—137页。

国并非实指，可能只是个估计的约数，但它确实反映了夏是以夏后氏为盟主的松散的诸侯邦国联盟的实质。

"天下万国"难以一一论及，笔者仅选择文献上有记载且与夏关系密切者分类简述之。

一、姒姓封国

《史记·夏本纪》曰："禹为姒姓，其后分封，用国为姓，故有夏后氏、有扈氏、有男氏、斟寻氏、彤城氏、褒氏、费氏、杞氏、缯氏、辛氏、冥氏、斟氏。"共十二姓十二国。

有扈氏，"甘之战"中已有叙述，其地在今陕西户县。

有男氏，或称有南氏，古时男、南同音通用。有男氏，可能因居住在南地而得名。其地望可能在今南阳和汉水以北。

斟寻氏，故地原在河南巩义市西南稍柴遗址附近，后举族东迁至今山东潍坊一带。斟寻氏，《集解》引徐广曰："一作'斟氏、寻氏'。"

彤城氏，《史记·夏本纪·索隐》按云："周有彤伯，盖彤城氏之后。"其地望在今陕西渭南华县以北。

褒氏，《史记·周本纪·正义》引《括地志》云："褒国故城在梁州褒城县东二百步，古褒国也。"即今陕西汉中北褒城。

费氏，《世本》作弗氏，其地望在今偃师市缑氏镇东南。《左传·成公十三年》记，晋厉公派遣吕相去和秦国断绝外交关系，吕相斥责秦国"伐我保城，殄灭我费滑"。杜预注："费滑，滑国都于费，今缑氏县。"在今缑氏镇东南约10公里发现有春秋滑城遗址。

杞氏，其地原在今河南杞县一带，大概最晚自春秋时起，杞国就迁都于今山东新泰，其间虽有迁徙，但直到楚灭杞时，仍都于新泰。《左传·襄公二十九年》引叔侯曰："杞，夏余也，而即东夷。"

缯氏，缯与鄫通用。《世本》云："夏少康封少子曲烈于鄫，春秋时为莒所灭。"缯原在今河南方城县北，后迁至今山东枣庄峄城一带。

辛氏，又称有莘氏、有侁氏、莘，因立国于辛地而称辛氏。但辛地今在何处，历来分歧较大，或曰今河南开封陈留镇东，或曰今河南汝南县境（春秋时期蔡国之邑），或曰今河南陕县（春秋时期虢国之邑），或曰今山东曹县西北（春秋时期曹国之邑），或曰今山东莘县北（春秋时期卫国之邑）。

辛地虽有多处，但禹夏之辛氏可能在今豫西一带。《大戴礼记·帝系》云："鲧娶于有莘氏之子，谓之女志氏，产文命"，"鲧产文命，是为禹"。《史记·夏本纪·索隐》按："《系本》'鲧取有辛氏女，谓之女志，是生高密'。宋衷云'高密，禹所封国'。"是说辛氏与夏后氏有着亲缘关系。鲧封于崇，今河南登封。有莘氏当与崇不远。相传商初名相伊尹就出自有莘氏。《孟子·万章上》云："伊尹耕于有莘之野。"《水经注·伊水》云："有莘氏采桑于伊川，得婴儿于空桑中，言其母孕于伊水之滨……殷以为尹，曰伊尹也。"伊尹以伊水得姓。伊水，即今洛阳伊河，伊川处伊河之滨，与崇为邻，在崇的西边。这是说有莘氏活动于今河南嵩县与伊川一带。据明万历《嵩县志》记载，嵩县"在商时为有莘之国"。

又，《左传·庄公三十二年》记："秋七月，有神降于莘。"杜预注："莘，虢地。"春秋时期的虢地，即西周初封文王弟仲之虢国，始封之虢在今陕西宝鸡虢镇，后东迁于上阳，被称为南虢。南虢的都城在上阳。上阳城在今河南三门峡市李家窑遗址一带。考古工作者自1987年以来对李家窑遗址做过初步发掘，并基本认定此遗址就是《左传·庄公三十二年》中所记载之莘地，也就是夏、商时期的有莘氏的故地。此地与陕县硖石镇在夏代可能同属有莘氏的疆土范围之中，也是属于"河洛之间"

的地区范围之内①。

冥氏，冥也作鄍，其地在今山西平陆县东北。《左传·僖公二年》荀息云："冀为不道，入自颠軨，伐鄍三门。"杜预注："鄍，虞邑。河东大阳县东北有颠軨坂。"《括地志》曰："故鄍城在陕州河北县东十里，虞邑也。"河北大阳、陕州河北，即今山西平陆县东北。

斟戈氏，也即斟灌氏，"《左传》、《系本》皆云斟灌氏"②。其故地初在"东郡灌县"③，即今河南清丰、范县和山东莘县之间，后举族东迁至今山东寿光市一带。《括地志》云："斟灌故城在青州寿光县东五十四里。"

二、异姓封国

夏王国内部还有众多异姓封国，如己姓昆吾，嬴姓葛，姜姓吕，偃姓英、六，任姓薛等。他们多为名门后裔，与夏王朝保持着密切而稳定的关系。

昆吾，己姓，夏伯诸侯，为祝融之后，以制陶著称，在夏启时就已存在，夏亡之前为商所灭。其地原在今河南许昌，后迁至今河南濮阳。《左传·昭公十二年》记楚灵王曰："昔我皇族伯父昆吾，旧许是宅。"杜预注："昆吾尝居许地，故曰旧许是宅。"旧许即许国故都，在今河南许昌。《左传·哀公十七年》云：卫庄公梦见有人"登昆吾之观"、"昆吾之虚"。杜预注："卫有观在古昆吾氏之虚。今濮阳城中。"《世本》亦云："昆吾者，卫是也。"《史记·楚世家·正义》引《括地志》云："濮

---

① 孟世凯：《商史与商代文明》，上海科学技术文献出版社2012年，第49页。

② 《史记·夏本纪·索隐》。

③ 《水经注·巨洋水》引薛瓒《汉书集注》。

阳县，古昆吾国也。昆吾故城在县西三十里，台在县西百步，即昆吾墟也。"在今河南濮阳东 25 里。

己姓国中还有顾，为昆吾的分支，地望在今河南范县一带。

葛，夏方伯诸侯，伯益之后。伯益，嬴姓，曾佐禹治水有功。禹死曾授政于益，但启"攻益而自取"。伯益后裔主要西迁于秦，先祖曾为夏末御官，后"去夏归国，为汤御，以败桀于鸣条"[1]。"同时夏商时期在山东、河南留下一些嬴姓封国。如：葛（今河南商丘宁陵北）、费（嬴姓，非姒姓费，今山东鱼台东南）、黄（今河南潢川西）、江（今河南正阳西南）、廉（今晋南）、谭（今山东章丘）等。"[2]

葛为商汤所灭。《孟子·梁惠王下》曰："汤一征，自葛始。"《史记·殷本纪·集解》引《孟子》曰："汤居亳，与葛伯为邻。"葛的地望，《集解》又引《地理志》曰："葛，今梁国宁陵之葛乡。"其故地在今河南宁陵县北。

吕、申，姜姓，为"炎帝之裔，伯夷之后"。《史记·齐太公世家》云："太公望吕尚者，东海上人。其先祖尝为四岳，佐禹平水土甚有功。虞夏之际封于吕，或封于申，姓姜氏。夏商之时，申、吕或封枝庶子孙，或为庶人，尚其后苗裔也。本姓姜氏，从其封姓，故曰吕尚。"吕的地望在今河南南阳市西，春秋初年被楚所灭。申，在今陕西、山西之间，周宣王时一部分迁于谢（故城即今河南南阳），春秋时被楚所灭。故《史记·齐太公世家·索隐》曰："《地理志》申在南阳宛县，申伯国也。吕亦在宛县之西也。"

英、六，偃姓，为皋陶之后。皋陶，虞夏时人，与尧、舜、禹同为"上古四圣"。《史记·夏本纪》云："帝禹立而举皋陶荐之，且授政焉，

---

[1] 《史记·秦本纪》。

[2] 詹子庆：《夏史与夏代文明》，上海科学技术文献出版社 2012 年，第 182 页。

而皋陶卒。封皋陶之后于英、六，或在许。"英、六或曰蓼、六。《史记·陈杞世家·索隐》云："蓼、六，本或作英、六，皆通。然蓼、六皆咎繇之后也。据《系本》，二国皆偃姓，故《春秋》文五年《左传》云楚人灭六，臧文仲闻六与蓼灭，曰'皋陶、庭坚不祀忽诸'。杜预曰'蓼与六皆咎繇后'。《地理志》云六，故国，皋陶后，偃姓，为楚所灭。又僖十七年'齐人徐人伐英氏'。杜预又曰'英、六皆皋陶后，国名'。是有英、蓼，实未能详。或者英后改号曰蓼也。"六的地望在今安徽六安。英或曰在六安以西。许，即今河南许昌。

薛，为黄帝后裔，"奚仲之后，任姓，盖夏、殷所封，故《春秋》有滕侯、薛侯"（《史记·陈杞世家·索隐》）。《左传·定公元年》云："薛之皇祖奚仲居薛，以为夏车正。奚仲迁于邳，仲虺居薛，以为汤左相。"薛的地望在今山东滕州市南薛城境内。

三、异姓族邦

除封国外，夏王国还存在众多与之结盟的异姓族邦，如有鬲氏、有仍氏、有虞氏、韦、商、周等。

有鬲氏，国名。《路史·国名纪》卷二引《郡国县道纪》曰："古鬲国，偃姓，皋陶后。"其故城在今山东德州市东南。

有仍氏，"国名，后缗之家"①。后缗是夏王相的妻子。寒浞杀相后，"后缗方娠，逃出自窦，归于有仍，生少康焉，为仍牧正"②。仍的地望，《史记·吴太伯世家·索隐》云："东平有任（城）县，盖古仍国。"其故地在今山东泰安东平县。

---

① 《史记·吴太伯世家·集解》。

② 《左传·哀公元年》。

有虞氏，《左传·哀公元年》说：浇欲杀少康，少康"逃奔有虞，为之庖正，以除其害。虞思于是妻之以二姚，而邑诸纶"，并协助少康"复禹之绩"。有虞氏的地望在今河南虞城县境内。

韦，又称豕韦，彭姓，故地在今河南滑县东南。《左传·襄公二十四年》杜预注："豕韦，国名。东郡白马县东南有韦城。"

商、周。"夏商周三族几乎是同时在中华大地上兴起的部族。夏族在豫西、晋南最早崛起，进入文明社会，建立了第一个王国。与此同时，在偏东方向有商族兴起，在偏西方向有周族崛起。他们先后建立了夏商周三代王朝。张光直先生论述得好，他认为：'夏商周都是自黄帝下来一直平行存在的三个集团'，'夏商周三代的关系，不仅是前仆后继的朝代继承关系，而且一直是同时的列国之间的关系'①。这一论述把我国古代早期国家实际存在的邦国林立状况，分析得十分透彻。"②

商，始祖契，至汤时，已十四世，其活动地域较广，《史记·殷本纪》云："自契至汤八迁。"大致在今豫东、鲁西南和豫北、冀南地区。

周，始祖弃，有夏一代周族的活动地域大致在今关中西部和陇东一带。

夏王朝还有很多盟邦方国，但因文献失载无法——述及。

夏代封国或盟邦，都承认夏王是"天下共主"，并受中央的制约，政治上与夏朝结盟，军事上听夏王指挥，经济上承担纳贡义务，还要定期朝见夏王。但由于夏王朝的政权性质还具有松散的诸侯邦国联盟的特点，因此各盟邦方国都具有相对的独立性，它们与夏王朝的关系也表现出或即或离、时臣时叛的现象。"但从总的趋势看，夏王朝与诸邦的结盟关系

---

① 张光直：《中国青铜时代》，生活·读书·新知三联书店1999年，第68、70页。
② 詹子庆：《夏史与夏代文明》，上海科学技术文献出版社2012年，第183页。

仍然一直持续到夏的灭亡"①。

第三节 夏代疆域

一、《禹贡》

《尚书·禹贡》是目前我国最早记载疆域地理的一篇古文献,包括九州、导山导水和五服三部分内容,共1100余字,记述了禹疏九河、划别九州、任土作贡的传说,是研究夏史非常重要的文献资料,更是研究夏代疆域最重要的文献依据。

《书序》曰:"禹别九州,随山浚川,任土作贡。"关于大禹划分九州疆界的情况,《尚书·禹贡》中有详细记述,云:"禹敷土,随山刊木,奠高山大川。

"冀州:既载壶口,治梁及岐。既修太原,至于岳阳;覃怀底绩,至于衡漳。厥土惟白壤,厥赋惟上上错,厥田惟中中。恒、卫既从,大陆既作。岛夷皮服,夹右碣石入于河。

"济、河惟兖州。九河既道,雷夏既泽,灉、沮会同。桑土既蚕,是降丘宅土。厥土黑坟,厥草惟繇,厥木惟条。厥田惟中下,厥赋贞。作十有三载,乃同。厥贡漆、丝,厥篚织文。浮于济、漯,达于河。

"海岱惟青州。嵎夷既略,潍、淄其道。厥土白坟,海滨广斥。厥田惟上下,厥赋中上。厥贡盐、绨,海物惟错。岱畎丝、枲、铅、松、怪石。莱夷作牧,厥篚、檿丝。浮于汶,达于济。

"海、岱及淮惟徐州。淮、沂其乂,蒙、羽其艺,大野既猪,东原厎

---

① 詹子庆:《夏史与夏代文明》,上海科学技术文献出版社2012年,第140页。

平。厥土赤埴坟,草木渐包。厥田惟上中,厥赋中中。厥贡惟土五色,羽畎夏翟,峄阳孤桐,泗滨浮磬,淮夷蠙珠暨鱼,厥篚玄纤缟。浮于淮、泗,达于河。

"淮海惟扬州。彭蠡既猪,阳鸟攸居。三江既入,震泽厎定。筱荡既敷,厥草惟夭,厥木惟乔。厥土惟涂泥,厥田惟下下,厥赋下上上错。厥贡惟金三品,瑶琨筱荡,齿革羽毛惟木,鸟夷卉服,厥篚织贝,厥包橘柚锡贡。沿于江海,达于淮、泗。

"荆及衡阳惟荆州。江、汉朝宗于海,九江孔殷,沱、潜既道,云土梦作乂。厥土惟涂泥,厥田惟下中,厥赋上下。厥贡羽毛齿革惟金三品,杶榦栝柏,砺砥砮丹,惟菌簵楛。三邦厎贡厥名,包匦菁茅,厥篚玄纁玑组,九江纳锡大龟。浮于江、沱、潜、汉,逾于洛,至于南河。

"荆河惟豫州。伊、洛、瀍、涧既入于河,荥波既猪,导菏泽,被孟猪。厥土惟壤,下土坟垆。厥田惟中上,厥赋错上中。厥贡漆、枲、絺、纻,厥篚纤纩,锡贡磬错。浮于洛,达于河。

"华阳黑水惟梁州。岷、嶓既艺,沱、潜既道,蔡、蒙旅平,和夷厎绩。厥土青黎,厥田惟下上,厥赋下中三错。厥贡璆铁银镂砮磬,熊罴狐狸织皮。西倾因桓是来,浮于潜,逾于沔,入于渭,乱于河。

"黑水西河惟雍州。弱水既西,泾属渭汭,漆、沮既从,沣水攸同。荆、岐既旅,终南、惇物,至于鸟鼠。原隰厎绩,至于猪野。三危既宅,三苗丕叙。厥土惟黄壤,厥田惟上上,厥赋中下。厥贡惟球琳琅玕。浮于积石,至于龙门西河,会于渭汭。织皮昆仑、析支、渠搜,西戎即叙。"

作为我国最早地理著作的《禹贡》,一直都是"争议最大的学术公案",争论的焦点主要集中在《禹贡》的写作年代和对"九州"概念的理解上。

《禹贡》的写作年代,有西周、春秋、战国等几种不同说法。主张西周说的，有王国维、辛树帜、詹子庆等。王国维先生认为："《禹贡》文字稍平易简洁，或系后世重编，然至少亦必为周初人所作。"① 詹子庆先生认为："《禹贡》中的基本素材是古老、真实的，是夏代留传下来的"，"很可能是西周晚期写作完成的，后来在流传过程中，夹杂了一些春秋战国时代的内容"。"拿《禹贡》与《诗经》、《左传》、《国语》以及《尚书》其他篇章相对照，不难发现，其中有关大禹治水的描述都那么雷同，如'禹平水土''随山刊木''画为九州''任土作贡'等已成为当时的流行用语，这大概从夏代以来直到西周时代都这么表述"②③。

主张春秋说的，有王成祖、金景芳等。王成祖先生认为：《尚书》是春秋末孔子编纂成书的，因此《禹贡》到战国时代已流传于世了，所以战国成书说不能成立；西周成书说也不符合历史事实，《禹贡》中所提到的赋制等内容比西周要晚，因此《禹贡》成书于春秋时代比较确当④。金景芳先生也认为："《禹贡》固然不可能是夏代人所作，也不会是周初的作品，因为《禹贡》的文风与《周书》之《大诰》《康诰》有很大的不同，倒是与《周礼》极相似，很可能是周室东迁后不久某一位大家所

---

① 王国维：《古史新证》，清华大学出版社1994年，第3页。

② 《禹贡》："禹敷土，随山刊木，奠高山大川。""九州攸同，四隩既宅，九山刊旅，九川涤原，九泽既陂，四海会同。""禹锡玄圭，告厥成功。"《书序》："禹别九州，随山浚川，任土作贡。"《尚书·吕刑》："禹平水土，主名山川。"《诗经·商颂·长发》："禹敷下土方。"《左传·襄公四年》："芒芒禹迹，画为九州，经启九道。"《国语·周语下》：伯禹"高高下下，疏川导滞，钟水丰物，封崇九山，决汨九川，陂障九泽，丰殖九薮，汨越九原，宅居九隩，合通四海。""帅象禹之功……皇天嘉之，祚以天下……"——原文注。

③ 詹子庆：《夏史与夏代文明》，上海科学技术文献出版社2012年，第21、152页。

④ 王成祖：《中国地理学史·〈尚书禹贡〉在地理学史上的地位》，商务印书馆，1982年。

作"①。

主张战国说的,有顾颉刚、陈梦家、史念海、李民等。顾颉刚先生认为:"我们可以猜测,《禹贡》是公元前第三世纪前期的作品,较秦始皇统一的时代约早六十年。""在《禹贡》里,东南方只到震泽(即今太湖),南方只到衡山,北方只到恒山,可见作者的地理知识仅限于公元前280年以前七国所达到的疆域。"因此,"九州说只有到了战国中期才有出现的可能,是具有先进的大统一理想的作者依据战国诸雄分野而托古假设出来的"②。

上述几种说法,虽各有所据,很难统一,但综合来看,《禹贡》成书于西周似更贴近史实,新的发现也支持这一说法。李学勤先生根据一件西周中期青铜器上的铭文内容判定《禹贡》和《尚书序》等是有史实依据的。他说:"在2002年的时候,我们在北京看到一件青铜器,这件青铜器有人说是河南出的,是西周中期的,铭文里面详细叙述了大禹的情况。它一开头就说:'天命禹敷土,随山浚川。'我看到这句话的时候大吃一惊。大家知道,'禹敷土'这三个字是见于《尚书·禹贡》,而'随山浚川'见于《禹贡》的序。序比《禹贡》要晚,可是这四个字,其他古书里都没有,只是在《尚书序》里面才有,所以这里明确证明了《禹贡》和《尚书序》是有根据的。在这个发现以后,有人说我们可以把禹的传说上推到西周,当然这是没有问题的。这件遂公盨现在在北京保利艺术博物馆。这件东西的存在从文体、内容上证明了《尚书》的头几篇,包括《尧典》《皋陶谟》《禹贡》这几篇,是有根据的。这几篇有根据,那么我们古史的很大一段就活了。""这是一个很重要的问题,尧舜禹的

---

① 金景芳、吕绍纲:《〈尚书·虞夏书〉新解》,辽宁古籍出版社1996年,第290页。

② 顾颉刚:《禹贡注释·序言》,收入中国科学院地理研究所编辑:《中国古代地理名著选读》,第一辑,科学出版社1959年。

历史根据是《尚书》的记载，春秋时代孔子这么讲，诸子百家也这么讲，用的就是这几篇，而这几篇也陆续得到证明。"①

二、《禹贡》"九州"与夏代人文地理区系

《禹贡》"九州"概念，可能在夏代就已实际存在，但夏代九州并非行政区划，而是自然形成的人文地理区系。九州作为区划名称大概始于西周时期，到春秋、战国，九州区划则与诸侯国的疆域相吻合。西汉以后九州已成为定说，有了特定的含义。

《禹贡》九州为夏代人文地理区系是有史实根据的。邵望平先生从考古学的角度说明了这一点。她说："黄河、长江流域龙山时代是文明的奠基期，而龙山文化圈恰恰与《禹贡》'九州'的范围大体相当。""总的看来，说《禹贡》'九州'是黄河、长江流域公元前第2000年间已自然形成的人文地理区系当不致十分谬误。""夏文化仍在探索中，现被泛指为龙山文化的诸遗存中，也许就有属于夏王朝及夏代邦国的遗存。""诸如此类的内容都使笔者不断然否定'九州'概念源出夏代之可能。""'九州'部分是有三代史实根据的。""'九州篇'的蓝本很可能出自商朝史官之手，是商人对夏代的追记。当然也有可能是西周初年对夏商的追记。'九州篇'蓝本的出现不迟于西周初年。""而含有三个部分的《禹贡》倒可能是春秋、战国时期学者修订、补缀、拼凑，又经后世几番折腾才成为现今这个样子的。'九州'基本内容之古老、真实，绝不是后人单凭想像所能杜撰出来的。"②

---

① 李学勤：《通向文明之路》，商务印书馆2010年，第43—44页。
② 邵望平：《〈禹贡〉"九州"考古学研究》，收入《考古学文化论集》，文物出版社1989年。

近几十年的考古发现也为人文地理区系含义的"九州"说提供了更为翔实的依据。现分述如下①：

冀州，处"九州"之首。冀，原为古国名，"其地在今山西河津附近，后扩而大之衍为中土之野"。其四至范围，《禹贡》中没有注明，大致包括今晋南、晋中、豫北和冀中南地区。文中提到的壶口、梁、岐、太原、岳阳等地名，多系晋南地区。覃怀、衡漳在今豫北一带。岛夷，古谓东北夷，生活在今渤海湾偏北一带。碣石，山名，在今河北昌黎县城北。古冀州发现了襄汾陶寺文化和二里头文化东下冯类型。前者属唐尧文化，后者属夏文化范畴。此外还发现了河北龙山文化的遗存。

"济、河惟兖州。"济，济水，源出河南济源市，故道过黄河而南、东流至山东与黄河并行入海。河，黄河，这里是指黄河北流段，在今天津渤海西岸入海。兖州在济水与黄河之间，包括今河南东北、山东西北和河北东南一带。据《光明日报》1978年2月28日报道，在今河北黑龙港地区发现有九条古河道，刘起釪先生认为这可能就是"禹疏九河"的"九河"②。在今兖州地区发现有属于夏代东夷文化的岳石文化的遗存，碳十四测定为公元前1890—前1670年之间。

"海、岱惟青州。"海，指渤海，或曰黄海。岱，即泰山。渤海、黄海与泰山之间为青州，即胶东半岛。《禹贡》中所提及的嵎夷，生活在淄博与潍坊之间。莱夷活动于莱州至蓬莱一带。二者均为东夷族的分支，但不在"九夷"之列。山东夷国林立，支系甚多。诸夷之中多有夏朝盟邦。如夏的同姓斟灌氏的地望就在今寿光、潍坊地区，而夏的另一同姓斟寻氏原在今巩义西南，后迁到潍坊。

---

① 以下参见或转引詹子庆：《夏史与夏代文明》，上海科学技术文献出版社2012年，第156—160页。

② 刘起釪：《〈禹贡〉兖州地理丛考》，《文史》，第三十辑。

"海、岱及淮惟徐州。"海即黄海，岱即泰山，淮即淮河。徐州在黄海、泰山与淮河之间，即今苏北、皖北、鲁南一带。淮河因淮夷而得名，淮夷原住在潍水，后南迁至现在的淮河流域，并把其名带于此地。"而徐州之名亦因徐人居处而得称，徐人是淮夷一支，是皋陶氏的后代。禹导淮，同时娶涂山女，即徐人之女，夏与徐淮夷联姻，夏人势力到达淮河流域。鲧殛羽山的传说，此羽山在今江苏赣榆县西南。后桀奔南巢，地望应在今安徽巢县。这两个传说都与徐州有关，可见夏国势力到达徐州，也非古人的凭空想象。"[1] 江淮地区受夏文化影响已得到考古发掘的佐证。现已发现若干具有二里头文化特征的遗物，如：肥东吴大墩遗址出土的圆腹罐、深腹盆，霍邱小堌堆遗址出土的瓮形鼎，肥西出土的铜铃、铜斝等。

"淮、海惟扬州。"海即黄海，或曰还指东海，地在今苏南、皖南和赣东一带。《禹贡》中提到的彭蠡、震泽皆为湖名，前者指江西北部的鄱阳湖，后者指江苏南部太湖。岛夷，古族名，系东夷一支。这里也受到二里头文化影响，发现了不少具有二里头文化的元素的遗物，如上海马桥遗址第4层出土的盆、觚、三足皿、管流鬶等[2]。

"荆及衡阳惟荆州。"荆，荆山，在今湖北南漳县西南。衡阳，即衡山之南，在今湖南衡山县境。在今江汉和峡江地区出土有许多含有二里头文化元素的遗物，如：湖北宜昌白庙遗址出土的圆腹罐、觚，宜都红花套、毛溪套出土的陶盉，秭归朝天嘴出土的陶鬶、盆，江陵荆南寺出土的圆腹罐、刻槽盆等。

"荆、河惟豫州。"荆即荆山，河即黄河。荆山以北、黄河以南为豫州，包括今豫西、豫南、豫东和鄂北等地。《禹贡》中提到的伊、洛、

---

[1] 詹子庆：《夏史与夏代文明》，上海科学技术文献出版社2012年，第157页。

[2] 中国社会科学院考古研究所编著：《中国考古学·夏商卷》，中国社会科学出版社2003年，第134页。

瀍、涧四水,均在今洛阳市及其以东交汇,夏的统治中心正在这四水之间,这里发现了河南龙山文化和二里头文化的丰富遗存。

"华阳、黑水惟梁州。"华阳即华山之阳,在今陕西华阴县南。黑水,今金沙江。梁州地处华山与金沙江之间,包括陕南、成都平原和云贵北部地区。夏时,中原文化的影响尚不及云贵一带,但已影响到川、渝地区,三星堆遗址便是其例。三星堆遗址出土的陶盉和玉璋、玉圭、玉戈,其文化源头都能追寻到二里头文化中去。

"黑水、西河惟雍州。"此黑水旧无定说。《括地志》以为出伊吾县,即今新疆哈密北。今人多以为当指河西走廊一带水系,现已不存在。西河,指冀州西方之黄河,即今山西河曲以南至陕西潼关以北的黄河河段。梁州在今陕、甘、青一带。《禹贡》中提及的弱水、鸟鼠、三危、积石等水名或地名皆在今甘肃境内。"在甘青高原的齐家文化中,也可见到一些二里头文化因素,如甘肃天水出土的象鼻陶盉、甘肃临夏出土的陶盉等,都与二里头文化的同类器物近似。"①

可见,夏的势力或影响已达到了《禹贡》"九州","九州"之内皆有二里头文化的遗址、遗物或元素的发现,即使边远的扬州、梁州、雍州等也不例外。

三、夏代疆域和中心统治区域

夏的势力或影响虽说已达到《禹贡》九州,但九州并非都是夏王朝的疆土。疆域有四至,但夏的疆土四至有些还很缺乏,所以就目前而言,夏的疆域还很难说得清楚,只能说个大概:夏王朝主要活动在黄河中下

---

① 中国社科院考古研究所编著:《中国考古学·夏商卷》,中国社科出版社2003年,第135页。

游地区，势力所及东起山东、江苏，西至山西、陕西，南到湖北，北达河北、天津；影响所至东南到江浙，西南抵川渝，西北至甘青；活动中心在豫西和晋南，核心地区在洛阳，也即伊洛之间。《史记·孙子吴起列传》曰："夏桀之居，左河济，右泰华，伊阙在其南，羊肠在其北。"是说夏桀的居处东临河济（黄河、济水交汇处，今河南郑州市以西荥阳市境内），西至华山，南起伊阙（今洛阳龙门），北抵太行或太原（羊肠，一说太原晋阳北，一说上党壶关，或曰在今河南林州红旗渠附近）。

除了河洛地区是夏朝的活动中心外，山东也是夏朝活动比较多的地区。关于此，李学勤先生有十分精辟的阐述。他说："近几十年来，由于考古工作的进展，大家对夏王朝中心地区的认识有一个占优势的观点，就是认为应该在豫西晋南，即山西的南部和河南的西部，而它的中心一般认为在洛阳地区。这种说法的提出是由于考古学上在那里发现了二里头文化，二里头文化的时代正好在龙山文化之后，商文化之前，与夏的年代基本相当，而且据古书记载，这里正好是夏朝的一个活动中心，于是学者们普遍认为二里头文化就是夏文化。"但是"有穷氏、寒浞氏、有鬲氏、斟灌氏、有仍氏等等夏的属国都在山东"，这一史实表明，"除了豫西地区是夏朝的活动中心外，山东也是夏朝活动比较多的地区。夏朝的统治区域原是相当宽广的，并不是我们原来想像的只在豫西晋南这一小块"。"山东为什么不可能有夏的文化呢？考古学文化不一定和王朝完全相对应。例如商代，纯粹典型的商文化范围并不大，如商代晚期典型的殷墟文化基本上不能越过河南以南，湖北地区就没有。可是你不能认为那个地区不受到商文化的影响。事实上，商文化的影响已超过长江到了南方很远的地方，如江西赣江流域的吴城和新干大洋洲的商代大墓即是显例。因此，我们可以有这样一种观念：在夏商周时期，其王朝的区域与考古学文化不是完全等同的。往往出现的情况应该是王朝的范围大于典型的考古文化。就夏代而言，完全有可能的一种情况是，在东方的山东地区有一支夏代的文化，这支文化在一定意义上属于夏朝的范围之内"。"山东地区的考古文化自成序列，即北辛文化—大汶口文化—山东龙山文化—岳石文化。不少学者认为，这一序列文化属于东夷，其中岳石文化是由夷人构成的文化。岳石文化的年代已进入了夏代纪年，岳石文化向西的分布已经达到豫东地区。所以，豫西地区的夏与山东地区的夷人一定存在着关系。古本《竹书纪年》对这方面有较多的记载。帝相时，曾征伐淮夷和风夷、黄夷，其时'于夷来宾'。帝少康时，'方夷来宾'。帝杼时'征伐东海，至于王寿'。帝芬时，畎夷、于夷、方夷等'九夷来御'。帝芒时'命九夷'。帝泄时'命畎夷、白夷'等六夷。至帝发时，仍有'诸夷宾于王门'。由此看来，对诸夷的统治确实是夏代的大事，夏朝应包括夷人区域。前述的有穷氏、寒氏等，在当时应该是夏朝的重要支柱，夏朝的统治在相当程度是建立在对夷人的统治基础之上，鲁西至潍坊一带是夏朝的重要地区。这样，我们就可以看到，夏朝不是一个夷夏东西的问题，而是夷本身在夏朝的范围之内。近几十年来，山东地区已发现了不少龙山时代的古城，如章丘城子崖、邹平丁公等。将这些古城排列起来，主要集中在鲁西南、鲁西北直到潍坊一带。这些地区应该就是我们所说的有穷氏、有鬲氏、寒氏、斟灌等发展的历史基础。因此我们主张，研究夏代不能忽视山东"①。

---

① 李学勤：《中国古代文明十讲》，复旦大学出版社 2003 年，第 201—203 页。

第三章　二里头文化与夏代文明

夏代文明主要反映在考古发掘资料和传说文献上，二里头文化则是其中最为可靠的依据。

一、二里头文化

二里头文化源于1959年发掘的偃师二里头遗址，于20世纪70年代被正式定名。其分布中心在今河南洛阳、郑州地区和山西运城、临汾一带，主要分为二里头类型和东下冯类型。二里头文化经碳14测评在前1880—前1529年之间，分为一、二、三、四期。多数学者认为二里头文化属于夏文化，二里头遗址可能就是夏都斟鄩。

二里头遗址位于偃师市西南约9千米，南邻洛河故道，北部被今洛河切断，以二里头村为中心，包括圪垱头、四角楼、寨后、辛庄等5个自然村，东西长约2千米，南北宽约1.5千米，总面积约375万平方米，先后发掘面积5万多平方米，已发掘出宫城、道路网、宫殿（共30多座宫殿建筑基址，其中有两座规模最大）、宗庙礼仪性建筑、祭祀性建筑、中小型各类房屋建筑、夯土基址、窖穴、灰坑、水井、墓葬群（有墓穴400余座）、青铜冶铸作坊、制骨作坊、陶窑和大量青铜器、玉器、陶器等。

东下冯遗址位于夏县东下冯村青龙河畔，面积约25万平方米。该遗址的发掘工作始于1974年。遗址可分为六期，其中一至四期属二里头文化东下冯类型遗存。已发掘出房屋（窑洞式、半地穴式和地面建筑）、灰坑、墓葬、水井、"回"字形围沟、陶窑，出土了大量陶器、青铜器和铜炼渣、铸铜用的石范等①。

"二里头类型的影响范围向西突入陕西关中东部、丹江上游的商州地区，南及豫鄂交界地带，东达豫东平原，方圆千余里的地域内，都有二里头文化的遗址和遗迹。东下冯类型的分布范围主要是在运城地区和临汾地区，在上党地区也有所发现，至于晋中地区属于夏纪年范围内的文化性质，还有待于继续研究。"②

已发现的二里头文化遗址，比较著名的有登封王城岗、郑州洛达庙、偃师二里头、陕县七里铺、渑池鹿寺和郑窑、洛阳矬李及东干沟、巩义稍柴、汝州煤山、新密新砦、济源庙街、夏县东下冯、垣曲商城等。

但由于二里头文化的年代和文献记载的夏代纪年之间（"夏商周断代工程"以公元前2070年作为夏的始年）存在190年的差距，因此一些学者认为，二里头文化可能只是夏代中、晚期的夏文化，而早期夏文化则应在嵩山南北的河南龙山文化晚期遗存中寻找。碳14测年，河南龙山文化晚期的年代在公元前2190—前1965年之间。与二里头文化一期之间仍存在缺环的问题。河南新密新砦遗址的发现，使缺环问题迎刃而解。新砦遗址位于郑州新密市东南刘寨镇境内，是一处夏代早期城址，面积约70万平方米，经碳14测年约为公元前2000—前1900年，介于二者之间。新砦遗址二期，上接河南龙山文化晚期（新砦一期），下连二里头文化一期，填补了二者之间的一段空白，将河南龙山文化晚期与偃师二里头文

---

① 詹子庆：《夏史与夏代文明》，上海科学技术文献出版社2012年，第186页；中国社会科学院考古研究所、中国历史博物馆、山西省考古研究所：《夏县东下冯》，文物出版社1988年。

② 詹子庆：《夏史与夏代文明》，上海科学技术文献出版社2012年，第188页。

化一期之间的缺环紧密衔接起来。新砦遗址可能是启都夏邑。

从文化传承关系看，二里头文化是由河南龙山文化演进而来的，下延发展为郑州二里岗文化、偃师商城文化，前后文化联系密切，基本反映了夏代河洛历史文化发展的脉络。

二、农业文明

我国原始农业起源很早。"到新石器时代中期则已发现了较发达的农业遗存，而且形成了南北两大农业经济文化区，即华北的旱地农业经济文化区和华中、华南的水田农业经济文化区。以此推测，新石器时代早期也应有农业和养畜业的萌芽。"[①] 到新石器时代晚期，在中原地区，尤其是河洛地区，农业则有了较快的发展。夏代的农业生产就是在此基础上发展起来的。

夏代中原地区以旱作农业为主，主要种植黍粟等作物，但稻作分布比现在为广。黍，原产我国黄河流域，新石器时代遗址中已有发现。《夏小正》中有种黍、穋黍的记载。黍，耐旱，耐碱，与杂草竞争力强，尤其适宜在新垦田中种植，在农垦之初种植特别普遍。它好吃，但产量低，不及粟。粟，亦称禾、稷等，耐旱，被公认原产于我国黄河流域。从考古材料看，早在距今七八千年即已成为黄河中下游地区的主要粮食作物[②]。稻，有籼稻和粳稻两个基本亚种。我国是粳稻的起源地，早在距今7000年前，长江中下游地区已出现了发达的稻作文化，种稻成为江南地区农业的特点。《史记·夏本纪》说：夏禹治水后在北方地区发展水稻生产。《周礼·职方氏》云：除荆、扬宜稻外，青、幽、兖、豫、并亦兼宜

---

① 严文明：《史前考古论集》，科学出版社1998年，第351页。

② 参阅白寿彝总主编：《中国通史》第三卷《上古时代》（上），第604—606页。

稻。黄河流域稻作分布之广泛仅次于黍稷。古代黄河中游地区气候要比今天温暖湿润，宜种水稻的下隰地较多。"竺可桢研究表明，在近5000年中的最初2000年，即从仰韶文化到安阳殷墟，大部分时间的平均气温高于现在2℃左右，一月份温度比现在高3—5℃。"① 二里头遗址出土了炭化的大米粒和一口腹部刻有一穗水稻图像的陶尊，说明当时人们对水稻已不陌生。

夏代农业已摆脱了原始状态，进入耒耜阶段，但农业工具仍以石器为主，目前为止，还不能确认青铜农具的使用。

二里头、东下冯遗址中所发现的农具都以石器为主，有石斧、石铲、石刀、石镰、石锛。另有骨铲、蚌铲、蚌镰、陶刀等。在房基、灰坑和墓葬的壁土上发现有木耒的印痕。耒痕的发现和铲形器的出土，说明此时的农业已进入了耒耜阶段，粮食的产量已大有提高，这与文献上所说的"禹、稷躬稼而有天下"（《论语·宪问》）、"咎繇（皋陶）作耒耜"（《太平御览》引《世本》）相吻合②。

夏代酿酒流行。酿酒是淀粉发酵糖化酒化的过程，这一化工技术最初可能是由粮食储存中的发酵现象得到启示而产生的。用谷物酿酒有可能始于新石器时代晚期，到夏代时已开始成批成规模生产③。《初学记》卷二十六引《世本》曰："仪狄始作酒醪辨五味。"仪狄，《书·正义》引《世本》注曰："夏禹之臣。"《尚书·酒诰·正义》引《世本》曰："杜康造酒。""仪狄造酒。"《北堂书钞》酒食部、《太平御览》卷八百四

---

① 詹子庆：《夏史与夏代文明》，上海科学技术文献出版社2012年，第189页；竺可桢：《中国近五千年来气候变迁的初步研究》，《考古学报》，1972年第1期。

② 参阅詹子庆：《夏史与夏代文明》，上海科学技术文献出版社2012年，第190页。

③ 参阅白寿彝总主编：《中国通史》第三卷《上古时代》（上），上海人民出版社1994年，第672页。

十三引《世本》曰："少康作秫酒。"少康，"杜康也"（《说文解字》），为夏王朝的第六任国王，被后人尊称为酒祖。今洛阳汝阳有杜康村，也即杜康故里，传说为杜康造酒处。明万历《直隶汝州全志》云："杜康村，（伊阳）城北五十里，杜康造酒处。"① 杜康酿的酒称秫酒。秫酒因以黑秫（高粱的一种）为原料酿造而成，故名。

夏人饮酒之风盛行。《尚书大传》云："夏人饮酒，醉者持不醉者，不醉者持醉者相和而歌。"二里头遗址中大量夏代酒器的出土也印证了这一点。二里头遗址发现的酒器品种繁多，有壶、尊、罍、盉、爵、觚、斝、角、杯等。陶酒器出土量大，器形多很精美。而铜盉、铜爵则较单薄粗糙。酒器的大量出土，还从一个侧面说明了当时农业生产的发展。酒的原料来自粮食，只有余粮才能用来酿酒②。

在农业发展的基础上，夏代家畜饲养业也有所发展。二里头遗址中发现了不少兽骨，其中以牛骨最多，猪、羊、狗、鹿次之。东下冯遗址中，猪骨最多，"牛羊次之，狗最少"③。

此外，渔猎经济也是夏人生活的重要来源。二里头遗址发现了很多鱼钩、鱼镖、网坠和镞。鱼钩有骨鱼钩、蚌鱼钩和铜鱼钩。镞有铜镞、骨镞、石镞等，形式多样。镞既可能是兵器，也可能是狩猎工具，其性质不易确定。从东下冯遗址出土的情况看，骨镞占绝对多数，石镞较少，铜镞8枚。二里头遗址发现铜镞16枚。铜镞是一次性消耗品，它的出现反映青铜制造业的发展已达到一定的规模和水平。

---

① 转引自徐金星等：《洛阳五千年》（上），光明日报出版社2006年，第44页。

② 詹子庆：《夏史与夏代文明》，上海科学技术文献出版社2012年，第190—191页。

③ 中国社会科学院考古研究所、中国历史博物馆、山西省考古研究所：《夏县东下冯》，文物出版社1988年，第209页。

三、青铜文明

大约从公元前 3500 年开始，也即仰韶文化后期，我们的祖先已经知道了铜，并且已会制造简单的小件铜器，如小刀、锥、凿、钻等小型工具，或指环、手镯、吊坠之类装饰品。"1973 年在陕西临潼姜寨仰韶文化遗址一处房屋居住面上，找到一件半圆形黄铜片，该房屋有关碳 14 年代经校正为公元前 4700 年。这是已知中国最早的铜制品。1975 年，甘肃东乡林家马家窑文化遗址出土一件青铜刀，地层的碳 14 年代经校正约公元前 3000 年。这件小刀是用合范铸成的，是已知中国最早的青铜器物。"① 但从成分来看，这些铜器大多数都属于红铜，即比较纯的铜，其中至少有一部分是从天然铜块制造出来的；有些则含有很多杂质，包括锡、铅、锌、铁及某些非金属物质，故有些表现为青铜（铜和锡的合金）甚至黄铜（铜和锌的合金）的性状。但是那多半不是人们有意制造的合金，而是矿石本身不纯所致。"这种状况大约一直继续到夏代以前。"② 这中间经历了跨度近 600 年的龙山时代（约公元前 2600—前 2000 年）。在龙山时代诸文化遗存中，发现的铜器或冶铜、铸铜遗迹更多，如山东胶县三里河的两段残铜锥、河南郑州董砦的方形小铜片、登封王城岗的一件残铜器片、汝州煤山的炼铜坩埚残片、山西襄汾陶寺的铜铃等，但这些铜器仍主要限于小件器物，如手工工具、梳妆用具、装饰品、乐器等，使用范围还十分有限，且发现也十分零星分散。

二里头文化时期，青铜冶铸技术已发生了质变，青铜器已经趋向于

---

① 李学勤：《中国古代文明十讲》，复旦大学出版社 2003 年，第 152 页。

② 白寿彝总主编：《中国通史》第二卷《远古时代》，上海人民出版社 1994 年，第 212 页。

成熟了。

二里头文化出土的青铜器数量较大,据《夏史与夏代文明》统计,仅二里头遗址出土的青铜器就有18个种类104件,其中容器有爵13件、斝3件、盉1件、鼎1件,它们可能又为礼器;兵器有钺1件、戈2件、刀36件、镞16枚;乐器有铃5件;装饰品有兽面纹版饰3件、圆形牌饰3件、泡1件;工具有锥5件、凿7件、锛2件、锯1件、纺轮1件;渔具有鱼钩3件。还发现镬范,可能已经使用了铜镬。

在其他遗址也发现了20余件二里头文化青铜器,其中夏县东下冯遗址出土的青铜器制品有镞8件、凿2件、刀1件、残器3件(似为爵、刀残件)[①]。

二里头遗址还发现了青铜冶铸作坊。该作坊位于遗址的东南部,初步估算面积接近1万平方米,已清理出3座浇铸场,出土有陶范、石范、坩埚残片、铜渣、铜矿石(孔雀石)等相关遗物。

这些青铜器制品,多为单范或合范铸成,主要是铜锡合金,也有铜铅合金、铜锡铅合金。"经电子探针定量分析,其中一件铜爵的含铜量为92%、含锡量为7%。另一件铜爵,经化学分析,含铜量为91.89%、含锡量为2.62%、含铅量2.34%,锡铅合计不足5%。尽管如此,它们已是青铜。"[②] 青铜镞和铜镬范的出现,说明当时已能成批生产中、小型工具。器表饰有云纹、弦纹、乳钉或镂空装饰,特别是镶嵌绿松石兽面纹铜牌饰的出土,表明当时的青铜器铸造工艺已达到较高水平。当然,和商代相比,夏代青铜器还显得比较原始,器形比较单薄,制作也比较粗

---

① 詹子庆:《夏史与夏代文明》,上海科学技术文献出版社2012年,第192—193页;中国社会科学院考古研究所:《中国考古学·夏商卷》,中国社会科学出版社2003年,第109—110页。

② 詹子庆:《夏史与夏代文明》,上海科学技术文献出版社2012年,第193页。

糙。

对于二里头文化的青铜器成就,李学勤先生指出:"二里头文化的青铜器,在工具、装饰品之外已经有了容器,如爵、角、鼎等,又有较大的兵器,如戈、戚等。容器都是用合范法铸造的,器胎很薄,形制相当复杂。在器物上亦出现了三角纹、弦纹等纹饰。此外还有引人注目的镶嵌绿松石的技术,特别是一种长形的饰牌,用绿松石嵌成美观的饕餮纹。这些技术充分表明二里头文化已经进入真正的青铜时代了。"[1]

"我们称夏代跨进了青铜时代,不仅有以上那些考古资料证据,还有文献上的传说依据。"[2]《左传·宣公三年》曰:"昔夏之方有德也,远方图物,贡金九牧,铸鼎象物,百物而为之备,使民知神奸。"《墨子·耕柱》曰:"昔者夏后开使蜚廉折金于山川,而陶铸之于昆吾。"夏后开,即夏启,汉代人避景帝(刘启)讳而改。折金,即采金,指开发金属矿藏。是说从前夏后派蜚廉到山川采金,在昆吾铸了鼎。《越绝书》卷十一记风胡子对楚王之言曰:"时各有使然。轩辕、神农、赫胥之时,以石为兵,断树木为宫室,死而龙臧。夫神,圣主使然。至黄帝之时,以玉为兵,以伐树木为宫室,凿地。夫玉,亦神物也,又遇圣主使然,死而龙臧。禹穴之时,以铜为兵,以凿伊阙,通龙门,决江导河,东注于东海。天下通平,治为宫室,岂非圣主之力哉?当此之时,作铁兵,威服三军。天下闻之,莫敢不服。"不同时代使用不同材料的兵器,夏禹以铜为兵。

四、建筑及其他手工业文明

除青铜冶铸业外,夏代其他手工业,如建筑、纺织、制陶、玉石加

---

[1] 李学勤:《中国古代文明十讲》,复旦大学出版社2003年,第152页。
[2] 詹子庆:《夏史与夏代文明》,上海科学技术文献出版社2012年,第194页。

工等都有所突破和大的发展。

(一)、建筑业

远古时代，我国的先民或巢居树上或穴居洞中。仰韶文化前期在黄土高原已普遍建造半地穴式房屋，顶盖用树枝和茅草构筑，室内偏门处设有火塘，供做饭和取暖使用，沼泽地带则有干栏式建筑。仰韶文化后期（约公元前3500—前2600年），房屋的建筑结构发生了新的变化，河南、湖北等地出现了许多分间式房屋，郑州大河村遗址曾发现两间的房屋两座，四间的也是两座，其中有一处为两间连套房，中间有门道相连。甘肃秦安大地湾中还发现了类似殿堂的大型房屋建筑。龙山时代建筑技术又有大的突破，发现了许多夯土的房基和用石灰、土坯砌墙的房子，并出现了水井和小型的城堡。

二里头文化时期，建筑技术又有质的飞跃，突出反映在夏都斟鄩也即城市的建筑和规划上。二里头遗址是夏都斟鄩的故迹。

斟鄩的宫城位于二里头遗址中东部，平面略呈长方形，面积为10.8万平方米，形制规整方正，保存完好的东北角呈直角。目前已发现两组排列有序的宫殿建筑群，它们分别以1号、2号大型宫殿基址为核心，每组都有明确的中轴线。宫殿区四周有环城大道，宽为10—20米左右，纵横交错略呈"井"字形。据测定，二里头宫城建于距今约3600年前，是迄今为止可以确认的我国最早的宫城，开创了我国古代都城规划制度的先河[1]。

宫殿区位于遗址中部，至今已发现30多座宫殿建筑基址，其中大型的有8座，即1、2、3、4、5、6、7、8号建筑基址。1号宫殿基址位于遗址中部，平面略呈正方形，东西长108米，南北宽100米，面积1万1千余平方米，基本上是坐北朝南。正殿位于基址中部偏北，东西长36米，

---

[1] 徐金星、吴少珉：《河洛文化通论》（下），光明日报出版社2006年，第744页。

南北宽25米，是一座面阔8间、进深3间、四坡出檐式的建筑。殿堂四周有排列整齐的柱穴，南北各9个，东西各4个，间距3.8米，每个柱穴的前侧还有2个小柱穴，支撑殿堂的屋顶出檐。殿堂前（南）为庭院，面积约5000平方米。殿堂及庭院四周有围墙和廊庑建筑。南墙中部有大门，宽34米，其间有3条通道。东北角有便门2个。1号宫殿建于二里头文化的第三期，毁于第四期。

2号宫殿基址位于1号宫殿东北约150米处，平面呈长方形，南北长72.8米，东西宽58米，面积约4200平方米。其形制结构大体与1号宫殿相近，殿堂也是建在基址北部的长方形台基上，但规模比1号宫殿小了一半以上。另外，宫殿北面有一座大墓，墓内殉葬一狗，裹在红漆木匣内。2号宫殿建于二里头文化三期，使用至郑州二里岗早商文化时期。

3号宫殿基址部分被2号基址所覆压，其年代比1号宫殿建筑基址早百年左右，是目前我国发现的年代最早的大型宫殿建筑基址。该基址已探明长150米，主体部分至少有三重庭院组成，院内还发现有成排的贵族墓，出土了数十件珍贵的随葬品。此外，在东西并列的3号和5号宫殿基址之间发现有长达百米的木结构排水暗渠。

已发掘的二里头宫殿基址，规模宏大，布局严谨，主次分明，设施完备，开创了中国古代宫殿建筑的先河，直接影响着此后中国古代都城建筑的连续演变。

二里头宫城及宫殿基址的发现，"使学者们更加坚信，这里无疑具有王都气派，同时也反映出夏代的建筑技术，包括规模、形制、结构、用材、工艺等方面都达到一定水平"[①]。

(二)、纺织、制陶及玉器加工技术

纺织业在我国产生很早。仰韶时代前期已经有了麻布。半坡、庙底

---

① 詹子庆：《夏史与夏代文明》，上海科学技术文献出版社2012年，第198页。

沟类型遗址中都发现了一些布纹印痕。华县元君庙陶器上的布痕，经线清晰，纬线模糊，每平方厘米经纬线各12根，粗细均匀，线径约0.84毫米。采用平纹织法。龙山时代麻布仍然是平纹织法，但有时经纬线粗细不同，纹理更加细密。如山西陶寺铜铃上的包布每平方厘米为16×20根，甘肃永靖大何庄齐家文化陶罐上的麻布每平方厘米是30×30根，良渚文化中最细的麻布每平方厘米是20×30根。龙山时代纺织业的进步还表现在丝织品的出现。"浙江吴兴钱山漾良渚文化遗址中曾发现有丝带、丝线和绢片。丝带分10股，每股单纱3根，编成两排平行的人字形纹，宽约0.5厘米。绢片系平纹织法，经纬粗细相仿，捻回方向为S型，织物密度为每平方厘米47×47根，这已经是很细的丝织物了。"[①] 这也是迄今为止我国发现的最早的蚕丝织品。

夏代纺织业正是在此基础上发展起来的。二里头文化的墓葬中，发现了不少附着在铜铃、铜牌、玉圭、玉戈、玉刀等随葬品上的纺织品残片，或带有纺织品脱落后遗留下的痕迹。夏人在用铜器、玉器作为随葬品入葬时，常常有用纺织品包裹的习惯。据研究者分析，附着在这些器物上的纺织品，纤维较粗的可能是麻布，较细的可能是蚕丝织品。此外，二里头文化遗址还出土了不少的纺轮。这些都说明夏人已经掌握了纺织技术，并加以比较广泛的应用。

制陶业在我国的出现也很早。仰韶文化前期，人们已能烧制红陶和灰陶，并能在坯胎上作画，焙烧后成为彩陶。半坡类型陶器几乎全为红色，只有少数呈灰黑色。陶质为夹砂、细泥两种，胎壁较厚，一些器物外壁的显眼部位，还著有黑色彩绘或戳印装饰。庙底沟类型陶器较半坡类型进步，器物种类增加了釜、灶、鼎，出现了篮纹。仰韶后期，陶器生产发生了显著变化，出现了快轮制坯、密封饮窑以及大量黑陶、红陶，

[①] 白寿彝总主编：《中国通史》第二卷《远古时代》，上海人民出版社1994年，第308页。

彩陶逐渐减少甚至绝迹。

龙山时代，已广泛使用快速拉坯和北字形或川字形火道，窑壁呈弧形弯曲，陶窑结构更趋合理，山东、河南等地出现了厚度为0.5—1毫米的薄胎黑陶，即蛋壳陶，这些都说明此时的制陶技术已达到相当高的水平。但龙山时代，制陶业在各地的发展并不均衡。"中原龙山文化和石家河文化轮制陶器的比例不如龙山文化和良渚文化那样高，大约只有半数为快轮制造。陶器颜色也不如龙山文化等那么深，除黑陶外，还有大量的灰陶，石家河文化中还有较多的桔红粗陶。在中原龙山文化中，也是越往西轮制陶越少，黑陶越少。"①

夏代，制陶业又有大的发展，出现了专业的陶工和制陶作坊。二里头遗址出土的遗物中，最大宗者当数陶器，仅复原陶器已达数千件之多。二里头陶器以夹砂灰陶为主，泥质灰陶次之，有部分黑陶、白陶和少量褐陶、红陶。器物种类繁多，有罐、鼎、盆、壶、盉、大口尊等30余种。饰纹有篮纹、绳纹、方格纹、弦纹、附加堆纹和各种印纹，流行鸡冠形器耳和花边器口装饰。个别陶器上还刻画鱼纹、蛇纹、兽面纹等。大口尊上刻画有符号。

夏代制陶业发展也不平衡。《世本》云："昆吾作陶。"昆吾，己姓，为夏盟国，地在今河南濮阳。《史记·楚世家·正义》引《括地志》曰："濮阳县，古昆吾国也。"以制陶铸铜著称。

玉石业在我国出现较早。在大汶口文化、仰韶文化、屈家岭文化等遗存中都发现了玉器，其中最多的是璜，其次是手镯、指环、珠、吊坠等，形态各异。

龙山时代玉石业有了大的发展，出土的玉器多而精美。在龙山文化、中原龙山文化、良渚文化和石家河文化的遗址中都出土了许多玉器，其

---

① 白寿彝总主编：《中国通史》第二卷《远古时代》，上海人民出版社1994年，第306页。

中以良渚文化出土的数量最多，种类也比较复杂。仅余杭反山一处墓地就发现玉器1100余件（组），如按单件计算则达3200多件。余杭瑶山、上海福泉山等处也有大量发现。① 龙山时代的玉器主要有三类，一类是用作礼器或仪仗的工具和武器，其中主要是钺，其次是斧、锛、刀等；二类是宗教用品，主要有琮、璧等；三类是装饰品，数量最多，有头饰、吊件、手镯、指环等。这其中，钺、琮、璧的地位非常突出。它们都做得非常精美和讲究②。

夏代的玉石加工技术已达到很高的水平。二里头墓葬中出土了很多的玉器，有圭、璋、琮、玦、钺、戈和绿松石龙形器等。颜色为乳白、淡青、紫红、嫩绿和灰褐色。"玉圭作长条形，两端齐平，下部有穿孔。玉璋宽首内凹，并磨有薄刃，双阑有齿形装饰。玉琮为圆筒形，两端磨平，中部内束。"③ 大型绿松石龙形器，发现于二里头遗址3号基址3号墓中，长70.2厘米，由2000余片形状各异的细小绿松石片粘嵌而成，每片绿松石的大小仅有0.2—0.9厘米，厚度仅0.1厘米左右。绿松石龙形器为巨头，蜷尾，龙身起伏错落有致，色彩绚丽。"其用工之巨，制作之精，体量之大，在中国早期的龙形象文物中十分罕见，具有极高的历史艺术和科学价值。考古工作者还在宫城南墙外发现了当时制造贵族奢侈品绿松石的作坊和一处废料坑，坑内出土了数千枚绿松石粒，有一部分

---

① 白寿彝总主编：《中国通史》第二卷《远古时代》，上海人民出版社1994年，第297—300页。

② 白寿彝总主编：《中国通史》第二卷《远古时代》，上海人民出版社1994年，第300页。

③ 洛阳市地方志编纂委员会：《洛阳市志·文物志》，中州古籍出版社1995年，第24页。

还带有切割琢磨的痕迹。"①

二里头文化高品质玉器的大量出土，也印证了"夏后氏之璜"的传说是可靠真实的。《左传·定公四年》说周初分封，分鲁公伯禽，有"夏后氏之璜，封父之繁弱"。杜预注：璜，"美玉名"；繁弱，"大弓名"。夏后氏之璜，即夏代传世下来的美玉。说明夏代的玉石加工业已相当有名。

五、刻画符号与夏代汉文字

关于汉文字的起源，先秦文献中有仓颉造字的传说。如《吕览·君守》云："仓颉造书。"《周官·外史》疏引《世本》云："仓颉造文字。"《尚书序》正义引《世本》也说："仓颉作书。"但此说的可信度则相对较低。仓颉，宋衷注曰："仓颉、沮诵，黄帝史官。"

"目前探讨汉字起源问题时，许多学者认为考古发现的陶文，即刻画在陶器上的符号和图画可能就是文字的萌芽，因为它的图形和符号，能表达一种信息，是跨越时空、传承文化的载体。"②

中国史前文化已发现了许多存在于陶器、玉石器上面的刻画符号，如：河南舞阳贾湖裴李岗文化墓葬中出土的龟甲等物品上面，发现有锲刻的符号，像甲骨文的"目"字、"户"字③。这些刻画符号产生于公元前6000多年。"这是世界上已知与文字可能有关的符号最早的，比被指为两河流域苏美尔文字滥觞的黏土算筹（counters）符号还早得多。"④ 大

---

① 徐金星、吴少珉：《河洛文化通论》（下），光明日报出版社2006年，第746页。

② 詹子庆：《夏史与夏代文明》，上海科学技术文献出版社2012年，第202页。

③ 河南省文物考古研究所：《舞阳贾湖》，科学出版社1999年，第458页；转引自詹子庆：《夏史与夏代文明》，上海科学技术文献出版社2012年，第202页。

④ 李学勤：《中国古代文明十讲》，复旦大学出版2003年，第94页。

约早 2650 年。

半坡类型遗址出土的仰韶文化前期的刻画符号有 50 余种。这些符号绝大多数见于陶钵外口沿的黑色宽带纹上,只有极少数刻在陶盆外壁,多数是烧后刻上去的①。

大汶口文化晚期的图画文字主要发现于山东莒县陵阳河,共 12 器 14 字,莒县大朱村 4 器 4 字。总计有 16 器(或残片)18 字②。"图画文字一般刻于陶尊上腹部近口处,非常醒目;个别也有刻在近底部的。大多数一器一字,个别有刻两字的。"③

良渚文化的刻画符号已发现 10 多种,有竖形、×形、∨形、∧形、十形等,有刻在陶器上的,也有刻在玉器上,其中的一些符号与大汶口陶器符号相同或相近。

"在山东邹平丁公遗址出土的龙山文化的陶片上,发现了排列有序的 11 个文字。在山西陶寺遗址中出土的一件陶寺文化晚期陶扁壶上,有一个毛笔朱书的'文'字,从字体结构上看与甲骨文几无差别。""在河南登封王城岗遗址编号 H473 地点出土的龙山文化晚期陶片上,发现一个刻字,有学者释读为'共',并说这是'夏代初期的文字,它是我国在夏代已有了文字并已经进入文明时代的有力证据'。"④⑤

---

① 白寿彝总主编:《中国通史》第二卷《远古时代》,上海人民出版社 1994 年,第 120 页。

② 李学勤:《论新出大汶口文化陶器符号》,《文物》1987 年第 12 期。

③ 白寿彝总主编:《中国通史》第二卷《远古时代》,上海人民出版社 1994 年,第 276 页。

④ 李先登:《试论中国文字的起源》,《天津师大学报》(哲学社会科学学报),1985 年第 4 期;《关于中国古代文明起源的若干问题》,《天津师大学报》(哲学社会科学学报),1988 年第 4 期。

⑤ 詹子庆:《夏史与夏代文明》,上海科学技术文献出版社 2012 年,第 204 页。

上述这些刻画符号，是"具有文字性质的符号"①。"确有可能与文字起源有关。其中一部分只是符号，另一部分则应视为原始文字（prewriting）"②。

二里头文化遗址出土的陶器上已发现20多种刻画符号。学者们推测，这些符号分别表述数字（1、2、3等）、植物（木、禾、竹等）、器物（矢）以及自然景象，还有类似"目"的字形。进而推断，"二里头文化已经有了一批表意的语言符号，可称为文字"③。夏代有没有文字，学术界虽有不同意见，但多数研究者认为，夏代已经有了文字。

二里头文化至今尚未见到可以确认的成篇文字，很可能受文字载体材料和埋葬环境所限，若当年的成篇文字写在竹、木、帛类材料上，便很难保存下来。正如李学勤先生所说："可以设想，当时用其他材料来占卜，或者占卜后把卜辞记在竹木质的典册上，那么卜辞便不会保存下来。我们知道商代是有竹木简的，但简的实物迄今未能发现。夏代的情形也许正是这样，尽管有文字，却没有多少能传留至今。我们不能把希望单纯寄托在文字的发现上。"④

商代甲骨文已是一个成熟的文字系统，目前所知已有4000多个单字，并且具备了六书（即把字分为象形、指事、形象、会意、转注、假借六类）的结构。在此之前，文字肯定已经有了一个漫长的发展过程。"因为任何一种文字系统，都是由简到繁的一个发展过程。任何一种古代文明

---

① 郭沫若：《古代文字之辩证的发展》，《考古》，1972年第3期。
② 李学勤：《中国古代文明十讲》，复旦大学出版2003年，第95页。
③ 中国社会科学院考古研究所：《中国考古学·夏商卷》，中国社会科学出版社2000年，第124页。
④ 中国先秦史学会、洛阳市第二文物工作队编：《夏文化研究论集》序，中华书局1996年；转引詹子庆：《夏史与夏代文明》，上海科学技术文献出版社2012年，第206页。

的文字不能一下子就达到甲骨文这样的水平。"① 而夏代文字正处于这一发展过程的关键环节。正如陈梦家先生所说的那样："卜辞中的殷代文字，是流传下来最古的文字。在它以前的文字是有的，但还没有发现像卜辞那样完善的。武丁卜辞中的文字代表了定型了的汉字的初期，并不是中国（严格的应该说汉族）最古的文字，在它以前，应该至少还有500年发展的历史，也就是说大约在纪元前20世纪已经开始或已经有了文字。"②

夏代可能已有典册。"传世文献中，屡有夏代文献的记载。其名称有《夏书》《夏礼》《夏时》《夏令》《禹之总德》《仲虺之告》等。仅以先秦文献引用《夏书》为例，《左传》引用15次、《国语》3次、《吕氏春秋》1次。""《夏书》之名称及引文在先秦文献中屡次出现，这表明夏代不仅有了文字，而且可能有典册，这一推测应是符合逻辑发展的。"③

另外，二里头文化的一些刻画符号与甲骨文字形相似或相同，说明夏代陶文和商代甲骨文有一脉相承的延续关系。

---

① 李学勤：《中国古代文明十讲》，复旦大学出版2003年，第98页。

② 陈梦家：《殷虚卜辞综述》，中华书局1956年，第644页；转引詹子庆：《夏史与夏代文明》，上海科学技术文献出版社2012年，第206页。

③ 詹子庆：《夏史与夏代文明》，上海科学技术文献出版社2012年，第206—208页。

第四章　夏都与河洛

一、禹都阳城

关于禹都，古文献多说为阳城，今河南登封。《古本竹书纪年》："禹都阳城。"（《续汉书·郡国志》二注、《礼记·缁衣·正义》引）《世本》："禹都阳城，在大梁之南。"（《汉书·地理志》臣瓒注引）《孟子·万章上》："禹避舜之子于阳城。"《史记·夏本纪》："三年丧毕，禹辞辟舜之子商均于阳城。"阳城，《集解》引刘熙曰"今颍川阳城是也"。《水经·颍水注》曰："颍水出颍川阳城县西北少室山东南，径阳城西……东南流入颍水。颍水径其县故城南。昔舜禅禹，禹避商均，伯益避启，并于此也，亦周公以土圭测日景处……县南对箕山。"杨守敬《水经注疏》按云："《九域志》：'登封有箕山，山在今登封县东南三十里。'"《史记·夏本纪·集解》引《括地志》曰："阳城县在箕山北十三里。"是说阳城在今登封嵩山附近。

20世纪70年代，在传为阳城故地的登封市告成镇发现一座战国至汉代的古城址，出土的陶器上有"阳城"戳记。告成位于登封市东南30里，南离箕山不远。此后，又在告成镇西北的王城岗一带，发现一处龙山文化中晚期城址。城址位于五渡河西岸，由东、西相连的两座小城组成。东城大部分已被五渡河冲毁，仅剩西南城角及部分西墙。西城呈方形，四面墙基多有保存，面积约为8000余平方米。经碳14年代测定，城址的年代距今4230±135年（树轮校正），与夏代初年的年代接近。因此，多数学者都认为，王城岗遗址可能就是禹都阳城。

关于禹都，文献上还有阳翟之说。《汉书·地理志》"颍川郡阳翟"条下班固自注曰："夏禹国。"颜师古注引应昭曰："夏禹都也。"《续汉书·郡国志》云："颍川阳翟，禹所都，有钧台。"《史记·周本纪·集解》引徐广曰："夏居河南，初在阳城，后居阳翟。"

但禹都阳翟说，一直存有争议。《帝王世纪》云："禹受封为夏伯，在《禹贡》豫州外方南……于秦汉属颍川，本韩地，今河南阳翟是也。"《汉书·地理志》"颍川郡阳翟"条下颜师古注曰："阳翟本禹所受封耳。"是说不是禹都，而是禹的封地。

对此，詹子庆先生认为，"阳翟距阳城不过几十里，都处于颍水上游、嵩山一带，正是鲧、禹、启率领夏人活动的中心地带。古人居无定处，经常迁都，这两地都曾为禹、启都城，实有可能"[①]。

二、启都阳翟

阳翟，今河南禹州，为禹时的都城，夏启即位后仍居于此。所以，《左传·昭公四年》曰："夏启有钧台之享。"杜预注："河南阳翟县南有钧台陂，盖启享诸侯于此。""钧台之享"就是夏王启以天下共主的身份召集各方盟主来钧台会盟，并接受他们的贡献之礼[②]。

[①] 詹子庆：《夏史与夏代文明》，上海科学技术文献出版社2012年，第162—163页。

[②] 詹子庆：《夏史与夏代文明》，上海科学技术文献出版社2012年，第99页。

三、太康、桀都斟𬩽

《古本竹书纪年》云:"太康居斟𬩽,羿亦居之,桀又居之。"《水经·巨洋水注》、《汉书·地理志》注、《史记·夏本纪·正义》、《史记·周本纪·正义》等皆宗此说。

关于斟𬩽地望,有河南、山东二说,山东说谓在潍坊,河南说谓在偃师或巩义。实际上,斟𬩽在河南,后世斟寻氏举族东迁并将斟𬩽地名带到了山东,所以《史记·夏本纪·正义》臣瓒曰:"斟𬩽在河南,盖后迁北海也。""河南"是指汉河南郡,其治所在今河南洛阳。

夏桀之居,文献上多有记述。《战国策·魏策》云:"夫夏桀之国,左天门之阴,而右天豁之阳,庐泽在其北,伊洛出其南。"《史记·孙子吴起列传》吴起对魏武侯曰:"夏桀之居,左河济,右泰华,伊阙在其南,羊肠在其北。"是说夏桀的居处,东有河济(黄河、济水交汇处,今郑州荥阳境内),西有华山,南临伊阙(今洛阳龙门),北抵羊肠坂。羊肠坂的地望或曰太行或曰太原。羊肠太原说源自《集解》引皇甫谧语:"壶关有羊肠阪,在太原晋阳西北九十里。"《汉书·地理志》颜师古注引《周书·度邑》云:"武王问太公曰:'吾将因有夏之居,南望过于三涂,北瞻望于有河。'"

斟𬩽具体所在,文献上也有记载。《左传·昭公二十三年》曰:"癸卯,郊、𬩽溃。""初二日,郊地、𬩽地人溃散。"杜预注:"河南巩县西南有地名𬩽中。"《史记·夏本纪·正义》引《括地志》云:"故𬩽城在洛州巩县西南五十八里,盖桀所居也。"今巩义市西南约15公里处发现有稍柴遗址。遗址位于稍柴、小芝田村一带,面积10万平方米左右,属夏代二里头文化,所处位置与《括地志》所言的斟𬩽位置相距不远,但没有发现宫城等建筑遗址。而在与之相邻的偃师二里头一带则发现了一座大型的夏代都城遗址，即二里头遗址。

二里头遗址位于洛河以南，伊河以北，东北距偃师市区9公里。遗址范围东西长约2000米，南北宽约1500米，面积约375万平方米。宫城位于遗址中东部，平面略呈长方形，形制规整方正，保存完好的东北角呈直角。宫城东西宽近300米，南北长约360—370米。宫殿区四周有环城大路，宽达10—20米左右。遗址已发现30多座宫殿建筑基址，400余座墓葬，出土了大量的珍贵遗物。据测定，二里头遗址的绝对年代为公元前1900—前1620年，正是夏朝的纪年范围，遗址所处的方位、环境、地貌等又同史籍记载的斟鄩相吻合，因此，多数研究者认为二里头遗址就是夏都斟鄩[①]。

四、相都商丘、帝丘、斟灌

《左传·襄公四年》杜预注曰："禹孙大康，淫放失国，夏人立其弟仲康，仲康亦微弱。仲康卒，子相立，羿遂代相，号曰有穷。"相为夏王时，四处流亡。史载相都有三。

一曰商丘，今属河南。《太平御览》卷八二"皇王部"引《古本竹书纪年》云："帝相即位，处商丘。"又引《帝王世纪》曰："帝相，一名相安。自太康已来，夏政凌迟，为羿所偪，乃徙商丘，依同姓诸侯斟灌氏、斟寻氏。"今河南商丘坞墙发现有夏文化的遗址[②]。

二曰帝丘，今河南濮阳。《水经·巨洋水注》引《帝王世纪》云："夏相徙帝丘，依同姓之诸侯于斟寻氏。即《汲冢书》云'相居斟灌'

---

① 参见徐金星、吴少珉：《河洛文化通论》（下），光明日报出版社2006年，第743—746页。

② 参见《河南文博通讯》，1978年第3期，第11页。

也。"《左传·僖公三十一年》云:"冬,狄围卫,卫迁于帝丘。卜曰三百年。卫成公梦康叔曰:'相夺予享。'公命祀相。"杜预注:"帝丘,今东郡濮阳县,故帝颛顼之虚,故曰帝丘";"相,夏后启之孙,居帝丘"。但"到目前为止,濮阳一带尚未发现夏文化遗址"[1]。

三曰斟灌。《水经·巨洋水注》引《古本竹书纪年》云:"相居斟灌。"斟灌故地初在河南伊洛地区,后迁至"东郡灌县"(《水经·巨洋水注》引薛瓒《汉书集注》语),今河南清丰、范县和山东莘县之间,而后又东迁至今山东寿光市一带。《汉书·地理志》"北海郡寿光"条师古注引应昭曰:"古斟灌,禹后,今灌亭是。"《括地志》云:"斟灌故城在青州寿光县东五十四里。"

五、予都原、老丘

予或作杼、宁。《太平御览》卷八二"皇王部"引《古本竹书纪年》曰:"帝宁居原,自迁于老丘。"帝宁居原,自原迁于老丘。

原的地望,在今河南济源市西北原村。《史记·赵世家·正义》引《括地志》云:"故原城在怀州济原县西北二里。《左传》云襄王以原赐晋文公,原不服,文公伐原以示信,原降,以赵衰为原大夫,即此也。原本周畿内邑也。"

老丘,在今河南开封境内。《左传·定公十五年》记:"郑罕达败宋师于老丘。"杜预注:"老丘,宋地。"清顾栋高《春秋大事表·春秋列国都邑表》卷七之二《宋》云:"老丘,《左传·定公十五年》杜注,老丘,宋邑。今开封府陈留县东北四十五里有老丘城。"《嘉庆重修一统志·开封府·古迹》引《寰宇记》曰:"(老丘城)在陈留县北四十五里。"

---

[1] 詹子庆:《夏史与夏代文明》,上海科学技术文献出版社2012年,第168页。

陈留，在今河南开封县境内。

六、廑都西河

帝廑一名胤甲。《古本竹书纪年》曰："胤甲即位，居西河。"《山海经·海外东经》注、《太平御览》卷八二"皇王部"、《通鉴外纪》卷二皆引此语。

西河地望，说法很多。《史记·孔子世家·索隐》曰："西河在卫地。"《史记·仲尼弟子列传·索隐》云："在河东郡之西界，盖近龙门。"《正义》曰："西河郡，今汾州也。《尔雅》云：'两河间曰冀州。'《礼记》云：'自东河至于西河。'河东故号龙门河为西河，汉因为西河郡。"《礼记·檀弓》郑玄注："西河，龙门至华阴之地。"郭沫若《青铜时代》说："西河在黄河之西，与秦接壤。"① 范文澜《中国通史简编》云："河南洛阳至陕西华阴，通称西河。"② 詹子庆《夏史与夏代文明》说："西河，尚难实指，大概在晋西南运城地区"，"是否作为王都存在过，目前争议颇大"③。

关于夏代都城，文献上记载还有平阳（今山西临汾）、安邑（今山西夏县）、晋阳（今山西太原）等。《史记·封禅书·正义》引《世本》云："夏禹都阳城，避商均也。又都平阳，或在安邑，或在晋阳。"《太平御览》卷一百五十五引《帝王世纪》亦云："（禹）受禅都平阳，或在安邑，或在晋阳。"此说尚存很大争议，从目前考古发现来看，支持力度有限。

---

① 郭沫若：《青铜时代》，科学出版社1959年，第215页。
② 范文澜：《中国通史简编》第一册，人民出版社1955年，第102页。
③ 詹子庆：《夏史与夏代文明》，上海科学技术文献出版社2012年，第165页。

七、夏墟与晋西南

西周初年已有"夏墟（虚）"之称。《左传·定公四年》载祝佗之言曰："分唐叔以大路、密须之鼓、阙巩、沽洗，怀姓九宗，职官五正。命以《唐诰》，而封于夏虚，启以夏政，疆以戎索。"唐叔，即成王弟唐叔虞，杜预注"晋之祖"。密须，国名。阙巩，甲名。沽洗，钟名。周公封唐叔虞于夏墟，即夏朝的故城，沿用夏朝的政事，并用戎人的制度来划定疆土。

夏墟，又称"大夏"，故地在今晋西南一带。《左传·昭公元年》载子产之言曰："（尧）迁实沈于大夏，主参。"实沈，人名。大夏，服虔云：在汾、浍之间。《史记·吴太伯世家》曰："是时周武王克殷，求太伯、仲雍之后，得周章。周章已君吴，因而封之。乃封周章弟虞仲于周之北故夏虚，是为虞仲，列为诸侯。"夏虚，《集解》引徐广曰："在河东大阳县。"今山西平陆县。《索隐》云："夏都安邑，虞仲都大阳之虞城，在安邑南，故曰夏虚。"安邑故城在今夏县。詹子庆《夏史与夏代文明》说，今晋西南临汾、运城地区应是夏墟之故地，也即大夏之地。

夏代王都或在豫西（阳城、阳翟、斟鄩、原），或在豫东（商丘、帝丘、老丘），或在晋南（西河），虽屡有迁徙，但多数且长期都在河洛地区，尤其以伊洛地区为核心。河洛是夏代王畿之所在。从某种意义上讲，夏史就是发生在河洛地区的历史，夏代发生的很多故事都与河洛地区相关联。

第二编　商代

商朝是我国历史上的第二个统一王朝，从汤灭夏开始，到周武王克商为止，共传十七世三十一王（《史记·殷本纪》），历时554年，约公元前1600年至公元前1046年（"夏商周断代工程"《夏商周年表》）。

第五章　商朝兴亡

第一节　商之先公

商族是一个具有悠久历史的民族，它与夏族几乎是同时兴起，在成汤灭夏之前，已有十四世四五百年的历史。

一、商之始祖

商的始祖名契。关于契的出生，《史记·殷本纪》说："殷契，母曰简狄，有娀氏之女，为帝喾次妃。三人行浴，见玄鸟坠其卵，简狄取吞之，因孕生契。"简狄因误吞玄鸟蛋生契。"玄鸟生商"最早见于《诗·商颂·玄鸟》："天命玄鸟，降而生商，宅殷土芒芒。古帝命武汤，正域彼四方。方命厥后，奄有九有。"玄鸟，旧说为燕子，郭沫若先生考证说不是燕子是凤凰，今多从郭说。商族以玄鸟为图腾。

契之事迹及所处时代，《殷本纪》曰："契长而佐禹治水有功。帝舜乃命契曰：'百姓不亲，五品不训，汝为司徒而敬敷五教，五教在宽。'封于商，赐姓子氏。契兴于唐、虞、大禹之际，功业著于百姓，百姓以平。"这是说与舜、禹同时代的契，因佐禹治水有功，被舜任命为司徒，"契主司徒，百姓亲和"（《史记·五帝本纪》）。自舜、禹至夏桀，商族已延续四五百年，此期乃至此前，历史上称为先商时代，或者称作先公时代。

二、先商世系

关于先商时代的世系，《史记·殷本纪》云："契卒，子昭明立。昭明卒，子相土立。相土卒，子昌若立。昌若卒，子曹圉立。曹圉卒，子冥立。冥卒，子振立。振卒，子微立。微卒，子报丁立。报丁卒，子报乙立。报乙卒，子报丙立。报丙卒，子主壬立。主壬卒，子主癸立。主癸卒，子天乙立，是为成汤。"这是说，从契至汤，先商时代共经历了十四世。《殷本纪》中记述的商代世序，尤其自上甲微起的六世先公以及先王世序，已被甲骨卜辞中所记世序证明是基本可信的，个别人名略有出入。

商之先公多数在传世文献中没有留下较详细的记载，其中有事迹可考者，除契和汤以外，还有关于相土、冥、王亥和上甲微等人的零星记载①。如《诗·商颂·长发》云"相土烈烈，海外有截"，《世本·作篇》记"相土作乘马""胲作服牛"。胲即王亥，"亥"字因形近易伪，故古文献中又作该、核、垓、振、冰等字②。关于王亥，《古本竹书纪年》还有着这样的记载："殷王子亥宾于有易而淫焉，有易之君绵臣杀而放之。是故上甲微假师于河伯，以伐有易，灭之，遂杀其君绵臣。中叶衰而上甲微复兴，故商人报焉。"《楚辞·天问》也有相似记载。是说王亥以牛负贩于有易氏，而被有易氏之君绵臣杀害。王亥之子上甲微（卜辞中作"上甲"，《殷本纪》作"微"）借助河伯的势力，出兵征伐有易氏，杀死

---

① 参阅李民：《殷商社会生活史》，河南人民出版社1993年，第4页。

② 参阅孟世凯：《商史与商代文明》，上海科学技术文献出版社2012年，第44页。

绵臣并灭有易氏。有易氏的地望,在今河北省中南部的沙河一带。《山海经·大荒东经》亦云:"王亥托于有易、河伯仆牛,有易杀王亥,取仆牛。"仆牛,就是肥牛。

上甲微因伐灭有易氏有功,受到历代商王的隆重祭祀,在甲骨文中祭祀王亥的卜辞有110余条,祭祀上甲微的卜辞则多达500余条(含残辞)[①]。上甲微及其以后商族势力有较大的发展。上甲微的六世孙就是商汤。

三、先商"八迁"

先商时期,商族经常迁徙。《尚书·序》和《史记·殷本纪》皆云:"自契至于成汤八迁。"

关于"八迁"的具体所指,传世文献中没有明确记载。正像《帝王世纪》所说:"史失其传,故不得详,是八迁地名不可知也,亳地在河洛间。"[②] 近人王国维先生对八迁之地进行了考证,现摘要如下:契居蕃,是一迁也。昭明居砥石,是二迁也。昭明又迁商,是三迁也。相土东徙泰山下,后复归商丘,是四迁、五迁也。殷侯(上甲微)迁于殷,又复归于商丘,是六迁、七迁也。至汤始居亳,从先王居,则为八迁[③]。

现代学者宋镇豪先生在王国维、丁山先生研究的基础上更进一步,认为这八次迁徙是:契居蕃(山东滕州)、昭明居砥石(河北元氏南槐河)、昭明又迁商丘(河南商丘)、相土迁东都(山东泰山下)、相土复

[①] 孟世凯:《商史与商代文明》,上海科学技术文献出版社2012年,第56页。

[②] 《诗·商颂·玄鸟》孔颖达疏引。

[③] 王国维:《说自契至于成汤八迁》,《观堂集林》卷十二,中华书局1961年;转引自李民等:《殷商社会生活史》,河南人民出版社1993年,第3页。

居商丘、上甲微迁殷（河南安阳）、殷侯（在夏孔甲时，不详何人）复归商丘、汤居亳（山东曹县）。他说："这一时期的迁徙活动范围，大抵在冀南及豫北平原，至鲁中部和南部低山丘陵的河谷地带，位于'有夏之居'的东偏北部，其东南方是夏代东夷之淮夷所在。商人迁徙距离有时相当远，如相土时的两次迁居，直线距离足有500里以上，《商颂·长发》称'相土烈烈，海外有截'，从豫东进迫东部滨海地区，开辟新的生物圈的意向是显而易见的，原居地环境的局促，限制了商族的发展，导致这类屡屡的远徙迁居，积极向外开拓新地。"[1] 八迁的地望，大约在今河南、山东、河北三省境内。

四、商族的起源

商族起源于何地，《史记·殷本纪》中没有明确的记述，只是说契被"封于商"。商的地望，虽一直存在较大的争议，但多数注疏家认为，可能就在今河南商丘一带。

较早记述商族起源于商丘的传世文献就是《左传》。昭公元年载子产之言曰："昔高辛氏有二子，伯曰阏伯，季曰实沈，居于旷林，不相能也。日寻干戈，以相征伐。后帝不臧，迁阏伯于商丘，主辰。商人是因，故辰为商星。迁实沈于大夏，主参。唐人是因，以服事夏、商。"意思是说，从前高辛氏有两个儿子，大的叫阏伯，小的叫实沈，住在大树林里，不能相容，每天使用武器互相攻打。帝尧认为他们不好，把阏伯迁移到商丘，用大火星来定时节。商朝人沿袭下来，所以大火星成了商星。把实沈迁移到大夏，用参星来定时节，唐国人沿袭下来，以归服事奉夏朝、

---

[1] 宋镇豪：《夏商社会生活史》（上），中国社会科学版社1994年，第24页。

商朝①。又，襄公九年记士弱之言曰："陶唐氏之火正阏伯居商丘，祀大火，而火纪时焉。相土因之，故商主大火。"大意是说，陶唐氏的火正阏伯住在商丘，祭祀大火星，而用火星来确定时节。相土沿袭这个方法，所以商朝以大火星为祭祀的主星②。

此后，《汉书·地理志》《括地志》《史记·殷本纪·集解》《史记·殷本纪·索隐》等皆引此说。《殷本纪·正义》引《括地志》云："宋州宋城县古阏伯之墟，即商丘也。"商丘，即今河南商丘，为周初封微子启于宋续商祀之地。

除"封于商"以外，传世文献中还有"契居蕃"的记载，见于《世本·居篇》。蕃的地望，王国维先生考证，"疑即《汉志》鲁国之蕃县"③。《汉书·地理志》"鲁国之蕃县"，即今山东滕州。郭沫若先生也认为蕃在今滕州市。

但关于蕃还有他说，如李民先生考证认为，"商族的策源地，亦即契居蕃之所在，应在今山西永济至陕西华县之间"④。

因"史失其传"，学术界关于商族起源问题存在着两种截然不同的观点。一种观点认为，商族最早是从东夷少昊部落中分化出来的一支氏族，"由今山东一带逐渐西迁，到契时到达今河南商丘一带定居，在契领导下商族的势力有所发展壮大。因当时商族还是处于游牧社会生活阶段，族人增加，在商丘一地不能再发展，其后可能又逐渐向北或西迁徙"⑤。

另一种观点则认为："商族最早起源于山西南部（包括邻近的陕西东

---

① 杨伯峻、徐提：《白话左传》，岳麓书社1993年，第312页。
② 杨伯峻、徐提：《白话左传》，岳麓书社1993年，第219页。
③ 王国维：《说自契至于成汤八迁》，《观堂集林》卷十二，中华书局，1961年。
④ 李民等：《殷商社会生活史》，河南人民出版社1993年，第8页。
⑤ 孟世凯：《商史与商代文明》，上海科学技术文献出版社2012年，第43页。

部的一些地段），后来沿黄河以北的山地、河谷向东迁徙。昭明时代已迁至滴水（今沁水）附近，至相土时才有了商的名称，并在豫北地区兴旺发达起来。此后，商族人一直活动于豫北、冀南地区，从而使豫北地区成为商族兴盛发展的重要历史舞台。到了先商后期至汤时，商族的势力范围到达豫东地区，并以此为根据地，东征西伐，最终灭夏建商。"①

两种观点都各有所据，在新的证据出现之前，笔者赞同后一种观点，也即孟世凯先生的说法。

第二节 商汤建商

一、"汤有七名"

汤，名履，商族主癸（甲骨文作"示癸"）之子。《古本竹书纪年》云"汤有七名。""查各种记载是：汤、成汤、武汤、商汤、天乙、天乙汤、履；殷墟甲骨文中作唐、成、大乙、天乙；金文和周原甲骨文中作成唐、大乙、天乙。其中大乙、天乙为庙号，也有尊称为武王。卜辞中祭祀先王时称'高祖乙'。所谓'七名'实只有四个称谓似名，其余只是尊称。"②

夏王朝最后一个国君也名履，又名桀，和汤同处一个时代。但夏桀是亡国之君，既好色又最无德，而成汤则是开国君主，轻赋薄敛，修德又爱民。正如《史记·夏本纪》所云："桀不务德而武伤百姓，百姓弗堪"，"汤修德，诸侯皆归汤，汤遂率兵以伐夏桀"。

---

① 李民等：《殷商社会生活史》，河南人民出版社1993年，第11页。
② 孟世凯：《商史与商代文明》，上海科学技术文献出版社2012年，第56页。

关于汤之仁德，古文献中多有记述，如《吕氏春秋·异用》曰："汤见祝网者，置四面，其祝曰：'从天坠者，从地出者，从四方来者，皆罹吾网。'汤曰：'嘻！尽之矣。非桀其孰为此也？'汤收其三面，置其一面，更教祝曰：'昔蛛蝥作网罟，今之人学纾。欲左者左，欲右者右，欲高者高，欲下者下，吾取其犯命者。'汉南之国闻之曰：'汤之德及禽兽矣。'四十国归之。"成语"网开一面"即本于此。又，《淮南子·修务训》云："汤夙兴夜寐，以致聪明。轻赋薄敛，以宽民氓。布德施惠，以振困穷。吊死问疾，以养孤孀。百姓亲附，政令流行。"

二、商汤灭夏建商

商汤灭夏有一个过程，《古本竹书纪年》云"汤有七名而九征"，《孟子·滕文公下》记"十一征而无敌于天下"。

灭夏战役是从剪除夏的同盟国诸侯开始的。第一个征伐的对象是葛。《孟子·梁惠王下》记："汤一征，自葛始。"《孟子·滕文公下》亦记："汤始征，自葛载。"葛，是夏的同盟，也是"汤居亳"的近邻，地在今河南宁陵县。汤伐葛的理由，《孟子·滕文公下》云是"葛伯放而不祀"，《尚书序》和《史记·殷本纪》亦云是"葛伯不祀，汤始伐之"。葛伯不祭祀鬼神，成汤第一个征伐他。

商汤征伐葛国以后，又陆续出兵征伐韦、顾和昆吾三国。这三国都是夏王朝的同盟，又一贯与成汤不和。韦，又称豕韦，故地在今河南滑县东南。顾，王国维先生认为即有扈氏之扈，故地在今河南原阳县西南。郭沫若先生认为顾属齐地，"今山东范县东南五十里顾城是也"[①]。范县，

---

① 见《卜辞通纂》考释第570片；转引孟世凯：《商史与商代文明》，上海科学技术文献出版社2012年，第62页。

今属河南濮阳。邹衡同意王说，但认为顾应在今郑州附近①。昆吾，是个比较古老的氏族，在夏为方伯，故地在今河南濮阳市境，《世本》和《大戴礼·帝系》都说昆吾为卫地。

关于商汤灭夏，《诗经·商颂·长发》有着这样的记述："九有有截，韦顾既伐，昆吾夏桀。"意思是说，"九州"得到治理，陆续攻灭韦、顾、昆吾，最后消灭了夏桀。

汤灭昆吾后，遂率兵征伐夏桀，夏桀因失去民心，得不到诸侯的援助，商军很快就占领了斟鄩。于是，"桀走鸣条"（《史记·夏本纪》）。双方在鸣条之野展开决战，结果夏军大败，"桀奔南巢"（《国语·鲁语上》），最后死在那里。

对于商汤灭夏的过程，《上海博物馆藏战国竹书·容成氏》中有这样的记述："汤闻之，于是乎慎戒登贤，德惠而不劐，祔三十仁而能之。如是而不可，然后从而攻之，升自戎遂，入自北门，立于中□。桀乃逃之鬲山氏。汤又从而攻之，降自鸣条之遂，以伐高神之门。桀乃逃之南巢氏。汤又从而攻之，遂逃，去之苍梧之野。汤于是乎征九州之师，从壹四海之内，于是乎天下之兵大起，于是乎亡宗戮族残群焉服。"②

关于鸣条的地望，历来说法不一。《史记·夏本纪·集解》引孔安国曰："地在安邑之西。"安邑，在今山西夏县，属晋南地。而《尚书·汤誓》孔颖达疏引郑玄曰："鸣条，南夷地名。"

鸣条在甲骨文中作为地名，王襄释作"攸，为條省"③。武丁及后期卜辞有"于攸""在攸"（《合集》7899、2059）。此攸之今地，郭沫若先

---

① 邹衡：《夏商周考古学论文集》，文物出版社1980年，第248页。
② 转引自詹子庆：《夏史与夏代文明》，上海科学技术文献出版社2012年，第119页。
③ 见《簠室殷契征文·地望》考释第4页；转引孟世凯：《商史与商代文明》，上海科学技术文献出版社2012年，第63页。

生考证:"攸字,王襄谓條省。案:其说近是。《天问》:'條放致罚',鸣條正省称为'條'。《夏本纪》:'桀走鸣條,遂放而死。'《集解》引孔安国曰'地在安邑之西';郑玄曰'南夷地名',二说不同。考《鲁语》言:'桀奔南巢。'南巢故城今安徽桐城县南六十五里(据《寰宇记》),与鸣條纵非一地,亦必相近,则郑说是也。"①

孟世凯先生认为,"夏桀逃奔的鸣条,应以郭沫若所说之今地为是"②,即今安徽桐城南。

但李民先生则说:"比较而言,安邑说相对较合实际。安邑位于晋南夏县,位于夏都之西北。汤自东方攻夏,桀往西北方向败逃,当是势所必然,合乎情理。同时,在鸣条之战前,已有'有娀之虚'之战。'有娀当在蒲州也'(《殷本纪·正义》),也在今之晋南。相距不远发生两次战事当是可能的。因此,鸣条之地望应在晋南地区。"③

鸣条地望还有他说,如陈留说、东夷说,各有所据。在新资料发现之前,鸣条地望之争还将继续。本书从南夷说,即在今安徽桐城附近。

南巢地望也有争议。或曰南巢,即南巢之山,地在晋南。《荀子·解蔽篇》云:"桀死于亭山。"杨倞注:"亭山,南巢之山,或本作鬲山。"鬲山,又称历山。《括地志》云,历山又名中条山,在"蒲州河东县"。因此,"南巢应在晋南地区"④。此说以为桀奔南巢的南巢当距鸣条不远,而鸣条在今夏县,所以,"鸣条之战,夏桀大败,逃奔附近的南巢之山,

---

① 《卜辞通纂》考释574片;转引自孟世凯:《商史与商代文明》,上海科学技术文献出版社2012年,第63页。

② 孟世凯:《商史与商代文明》,上海科学技术文献出版社2012年,第64页。

③ 李民等:《殷商社会生活史》,河南人民出版社1993年,第17—18页。

④ 李民等:《殷商社会生活史》,河南人民出版社1993年,第18页。

最后死在山中，这种解释应该是比较符合历史实际的"①。

或曰南巢，即今安徽巢湖东北。《史记·夏本纪·正义》引《括地志》云："庐州巢县有巢湖，即《尚书》'商汤伐桀，放于南巢'者也。《淮南子》云'汤败桀于历山，与末喜同舟浮江，奔南巢之山而死'。《国语》云'满于巢湖'。"此说流传甚广，从其说者日众，笔者也从此说。

汤灭夏后，建立起我国历史上第二个王朝——商朝，正如《左传·宣公三年》记载"桀有昏德，鼎迁于商，载祀六百"。《史记·殷本纪》云："汤既胜夏，欲迁其社，不可，作《夏社》。伊尹报。于是诸侯毕服，汤乃践天子位，平定海内。"

鸣条之战前，商汤还发表了一篇讨伐夏桀的檄文，此文保存在《尚书》中，就是《汤誓》篇。

三、成汤都亳②

成汤（即商汤）建商，定都于亳。亳有多种说法，主要有南亳、北亳、西亳之说，也即所谓的"三亳"。依李民先生所说，在都城设置上，夏商时期往往是两都或数都并存。

南亳为汤之主要都城，建立时间最早，《帝王世纪》《水经·睢水注》《括地志》等皆言其为"汤所都""汤都也"。其地望，《史记·殷本纪·正义》引《括地志》云"宋州谷熟县西南三十五里"即南亳，在今河南商丘市睢阳区坞墙与高辛一带。

北亳距南亳不过百里，为拱卫南亳的军事重镇。《正义》引《括地

---

① 李民等：《殷商社会生活史》，河南人民出版社1993年，第18页。

② 参阅李民等：《殷商社会生活史》，河南人民出版社1993年，第12—14页。

志》云："宋州北五十里大蒙城为景亳，汤所盟地，因景山为名。"景亳即北亳，在今山东曹县。

西亳，在今偃师，是汤灭夏后建立的另一个"亳"都，后人称之为"西亳"。

西亳为商代前期的主要都城，商汤、外丙、中壬、太甲、沃丁、太庚、小甲、雍己、太戊诸王皆以此为都，前后共计200余年。

关于西亳，文献上记述很多。《史记·殷本纪》记："汤始居亳，从先王居。"《正义》按云："汤即位，都南亳，后徙西亳。"又引《括地志》云："亳邑故城在洛州偃师县西十四里，本帝喾之墟，商汤之都也。"《集解》引孔安国曰："契父帝喾都亳，汤自商丘迁焉，故曰'从先王居'。"《汉书·地理志》记："尸乡，殷汤所都。"

文献记述西亳的地望也得到了考古发掘的印证。1983年，就在偃师（老城）西10余里的尸乡沟一带发现了一座商代早期城址，也即所谓的"偃师商城"，这座商城后来被证实就是汤灭夏后建立的"亳"，即西亳。

偃师商城遗址位于今偃师市区西部，北依邙山，南临黄河，西南距二里头遗址约6公里。商城遗址平面形制略呈长方形，或曰"菜刀形"，南北长1700米，东西宽，北部为1215米，南部为740米，总面积约190万平方米。四面皆有城墙和城门，城墙遗址基本保存完好，由夯土筑成，一般厚约16—25米，残高2米左右。现已发现城门遗址7处（东西各3座，北边1座）和11条纵横交错的城内大道痕迹。城址内发现有大城、小城、宫城三重城垣及多组宫殿建筑基址等遗存。

偃师商城为两重郭城，有大城和小城。大城是在小城基础上扩建起来的。小城位于大城内西南部，其西城墙、南城墙与大城西城墙、南城墙重合，南北长约1100米，东西宽约740米，面积约80万平方米，是迄今为止考古发现的布局最严谨、内涵最丰富、保存最完好的古代都城遗址之一，被视为夏、商王朝分界的界标。

宫城位于小城南部正中，平面略呈正方形，每面长 200 多米，面积约 4.5 万平方米，四周有厚约 2 米的夯土围墙，南面正中有宽敞的门道。宫城内遗存由南往北分为三大部分：南部是由若干大型建筑基址组成的宫庙区，中部是王室祭祀区，北部为御苑区。

宫殿基址位于宫城西南部，大致可分为东西两区，其中 1 号宫殿位于宫城中部，长宽各数十米，其左右各有两座与之面积相似宫殿基址，左右对峙，形制规整，共同组成一个庞大的宫殿建筑群。初步推测，宫城东区宫殿基址大概主要属于宗庙建筑，西区宫殿基址主要是举行国事活动、处理政务和生活场所，即朝寝，整体布局已体现出前朝后寝制度。

御苑内的人工池塘东西长 130 米，南北宽 20 米，深约 1.5 米，周边用石块护砌。池塘东西两侧各有一条水道，西侧为注水渠道，东侧为排水渠道，池塘与水渠总长约 1430 米。西渠西起西护城河，通过西一城门下的石质沟渠把水注入池塘。东渠经东一城门底部把水排入东护城河。这是我国目前发现最早的御用池苑，也是我国迄今发现最早的大型人工引水造景工程。

此外，考古人员还发现两个府库，其用途被推测为驻扎士兵的兵营，或是存储兵器和粮草的仓廪，也有人认为是与宫殿有关的府库。还有民房、作坊、墓葬、水井等遗存。

根据"夏商周断代工程"测定，偃师商城始建于公元前 1600 年左右，亦即距今 3600 余年。结合文献记载，可以推断偃师商城就是汤都西亳。

第三节　伊尹其人其事

伊尹，名挚，夏末商初人，为商代著名政治家，是助汤灭夏建商立国的功臣，也是辅佐商初三代五王的中国第一名相。

一、"生于空桑"

关于伊尹,《史记·殷本纪》曰:"名阿衡。"而《索隐》引《孙子兵书》则云:"伊尹名挚。"又言"解者以阿衡为官名",阿衡,"亦曰保衡,皆伊尹之官号,非名也"。

"关于此问题自甲骨文中有祭祀伊尹的卜辞之后,自王国维、罗振玉、郭沫若、董作宾等都有所研究。阿衡也见于《诗·商颂·长发》中:'昔在中叶,有震且业,允也天子,降于卿士。实维阿衡,实左右商王。'《毛传》:'阿衡,伊尹也。'此为司马迁所本之阿衡。《尚书·君奭》中有:'在太甲时,则有若保衡。'陈梦家认为,伊尹、阿衡、保衡是三个人,'阿、保是官名,衡是其私名'①。目前此说似符合历史实际一些,但仍有不尽意之处,尚待深入探讨。"②

关于伊尹的籍贯,《史记·殷本纪》没有记载。"生于空桑"出自于《帝王世纪》。《殷本纪·索隐》引皇甫谧曰:"伊尹,力牧之后,生于空桑。"又引《吕氏春秋》云:"有侁氏女采桑,得婴儿于空桑,母居伊水,命曰伊尹。"

似说"生于空桑"源于《吕氏春秋》。《吕氏春秋·本味》有伊尹身世的记述,原文如下:"有侁氏女子采桑,得婴儿于空桑之中,献之其君。其君令烰人养之,察其所以然。曰:'其母居伊水之上,孕,梦有神告之曰:"臼出水而东走,毋顾!"明日,视臼出水,告其邻,东走十里而顾,其邑尽为水,身因化为空桑。故命之曰伊尹。'此伊尹生空桑之故也。长而贤。汤闻伊尹,使人请之有侁氏,有侁氏不可。伊尹亦欲归汤,

---

① 《殷墟卜辞综述》第335页。

② 孟世凯:《商史与商代文明》,上海科学技术文献出版社2012年,第54页。

汤于是请取妇为婚。有侁氏喜，以伊尹为媵女。"

这里是说伊尹出生于伊水沿岸的空桑之中。此伊水，在洛阳境内，又称伊河，并非他地伊水。《水经注·伊水》中有更明确的记载。《水经注·伊水》云："伊水又东北，涓水注之，水出陆浑西山。其水有二源，北水东流，合侯涧水，水出西北侯溪，东南流注于涓水。涓水又东径陆浑县故城北，平王东迁，辛有适伊川。鲁僖公二十二年，秦晋迁陆浑之戎于伊川，故县氏之也。涓水东南流，左合南水，水出西山七谷。左会北水，乱流，左合禅渚水，水上承陆浑县东禅渚，渚在原上，陂方十里，佳饶鱼苇，禹父之所化。世谓此泽为慎望陂，陂水南流，注于涓水，涓水又东南注于伊水。昔有莘氏女采桑于伊川，得婴儿于空桑中，言其母孕于伊水之滨。梦告之曰：臼水出而东走，顾望其邑，咸为水矣。其母化为空桑，子在其中矣，莘女取而献之，命养庖，长而有贤德，殷以为尹，曰伊尹也，伊水又东北过新城县南。"伊河，源出今河南栾川县陶湾乡三合村的闷顿岭，东北流经嵩县、伊川、洛阳市区、至偃师岳滩东注入洛河，全长365公里，皆在今洛阳境内。

"空桑"，为伊尹之母身化而成，当然这是神话，不足为信，但决非地名，或特指，如某棵空心桑树，或泛指，如某大片桑林，皆处伊水之滨，且距有侁氏不远。

有侁氏，又称有莘氏、辛氏，亦作辛、姺。卜辞中作"先"。有莘氏故地，虽有多种说法，但"有莘氏女采桑于伊川，得婴儿于空桑中"的有莘氏故地，却"只能在伊水附近之地去探求"[1]。

许顺湛先生考证，莘女采桑得婴儿（伊尹）之地，在陆浑县故城北、陆浑县东、新城县南的有莘氏[2]。陆浑县（古县名，汉置，今属嵩县）故

---

[1] 孟世凯：《商史与商代文明》，上海科学技术文献出版社2012年，第47页。

[2] 许顺湛：《中原远古文化》，河南人民出版社1983年。

城在今嵩县田湖镇上古城村。新城县（古县名，汉置，今属伊川）治在今伊川县平等乡古城村。有莘氏故地在大莘店一带。大莘店位于上古城村和古城村之间，北距新城县治1.5公里，古称大莘、有莘，明清时属嵩县，今属伊川，1927年后更名为"平等"。附近有苇子湖，沼泽地，佳饶鱼苇，十里平原。明万历《嵩县志》云："在商时为有莘之国。"

有莘氏，在夏之前就是一个较大的氏族，其后又成为夏、商王朝一个有较大影响的诸侯国。它与夏后氏有着亲缘关系。据《大戴礼记·帝系》记载："鲧娶于有莘氏之子，谓之女志氏，产文命"，"鲧产文命，是为禹"。有莘氏与商、周的关系也很密切，如，《孟子·万章上》云："伊尹相汤以王于天下。"《史记·周本纪》记载，殷纣王"囚西伯于羑里，闳夭之徒患之，乃求有莘氏美女"献之纣王，纣王"乃赦西伯"。又，《诗·大雅·大明》云周文王娶有莘之女而生武王。

夏、商时期，有莘氏活动的中心当在河洛地区，其故地并非只限于大莘店一隅。《左传·庄公三十二年》记："秋七月，有神降于莘。"杜预注："莘，虢地。"春秋时期的虢地，即西周初封文王弟仲之虢国，始封之虢在今陕西宝鸡虢镇，后东迁于上阳，被称为南虢。上阳城在今三门峡市李家窑一带，有李家窑遗址为证。现已"基本认定此遗址就是《左传·庄公三十二年》中所载之莘地，也就是夏、商时期的有莘氏的故地"①。

二、助汤灭夏建商

夏代末年，夏桀无道，"诸侯多畔夏"，"武伤百姓，百姓弗堪"（《史记·夏本纪》）。荒淫、贪婪、暴虐、刚愎的桀，四面楚歌，众叛亲

---

① 孟世凯：《商史与商代文明》，上海科学技术文献出版社2012年，第49页。

离。处在这种形势下的伊尹也决心弃夏归商。

明凌稚隆《史记评林》引《尚书大传》云:"夏人饮酒醉者持不醉者相和而歌曰:'盍归于亳盍归于亳。'上亳亦大矣。故伊尹退而闲居,深听乐声,更曰:'觉兮较兮,吾大命格兮,去不善曰就善何乐兮。'伊尹入告于桀曰:'大命之亡有日矣。'桀嗤笑曰:'天之有日犹吾之有民也,日亡吾亦亡矣。'是以伊尹遂去夏适汤。"①

但伊尹是以何种身份去夏适汤的,是"庖人"还是"处士",传世文献中有截然不同的记述。

《吕氏春秋·本味》云:"汤闻伊尹,使之请之有侁氏,有侁氏不可。伊尹亦欲归汤,汤于是请取妇为婚。有侁氏喜,以伊尹为媵。"媵,《史记·殷本纪·正义》引《尔雅》云:"媵,将,送也。"伊尹以陪嫁者的身份至商。

《墨子·尚贤上》亦云:"汤举伊尹庖厨之中,授之政,其谋得。"又《尚贤中》云:"伊挚,有莘氏女之私臣,亲为庖人。汤得之,举以为己相,与接天下之政,治天下之民。"

对于伊尹的庖人身份,孟子则认为"不然"。《孟子·万章上》记载,万章问曰:"人有言伊尹以割烹要汤,有诸?"孟子曰:"否,不然。伊尹耕于有莘之野,而乐尧、舜之道焉。非其义也,非其道也,禄之以天下,弗顾也;系马千驷,弗视也。非其义也,非其道也,一介不以与人,一介不以取诸人,汤使人以币聘之,嚣嚣然曰:'我何以汤之聘币为哉?我岂若处畎亩之中,由是以乐尧、舜之道哉?'汤三使往聘之,既而幡然改曰:'与我处畎亩之中,由是以乐尧、舜之道,吾岂若使是君为尧、舜之君哉?吾岂若使是民为尧、舜之民哉?吾岂若于吾身亲见之哉?天之生此民也,使先知觉后知,使先觉觉后觉也。予,天民之先觉者也;予将

---

① 转引张大可:《百家汇评本〈史记〉》,长江文艺出版社2007年,第33页。

以斯道觉斯民也。非予觉之，而谁也？'思天下之民匹夫匹妇有不被尧、舜之泽者，若己推而内之沟中。其自任以天下之重如此，故就汤而说之以伐夏救民。吾未闻枉己而正人者也，况辱己以正天下者乎？圣人之行不同也，或远或近，或去或不去，归絜其身而已矣。吾闻其以尧、舜之道要汤，未闻以割烹也。"大意是说，万章（孟子的弟子）问孟子："有人说伊尹靠烹饪来接近汤，有这回事吗？"孟子说："不，不是这样的。伊尹在莘国的郊野耕田，以行尧、舜之道为乐。如果不符合道义，即使给他整个天下作为俸禄，他也不会回头看一眼；即使给他四千匹马，他也不会放在眼里。如果不符合道义，即使是一丝一毫他也不会给别人，也不会从别人那里拿取一丝一毫。汤曾派人带着礼物去聘请他，他毫不在乎地说：'我干嘛要接受汤的聘礼呢？它哪里比得上在田里耕种，来体验尧、舜之道的乐趣呢？'……我只听说过伊尹用尧、舜之道接近汤，没听说是用烹饪的。"[1] 孟子认为伊尹是"耕于有莘之野，而乐尧、舜之道"的隐士。

孰是孰非，尚难判定。

《史记·殷本纪》对伊尹这段历史的记述，则是两说并存，兼收并蓄。"伊尹名阿衡。阿衡欲奸汤而无由，乃为有莘氏媵臣，负鼎俎，以滋味说汤，致于王道。或曰，伊尹处士，汤使人聘迎之，五反然后肯往从汤，言素王及九王之事。"

但是，"司马迁在《殷本纪》采取两说时，将'处士'用'或曰'置于后，这明示伊尹曾以有莘氏之女的庖人身份，陪同送女（媵）至商，这种表述较为切合史实。后一说中伊尹'言素王及九主之事'，已为史家

---

[1] 参阅方勇译注：《孟子》，中华书局2010年，第187—188页。

指出'不可据'"①②。

伊尹归商后,即"说汤以至味"。《吕氏春秋·本味》记载:"汤得伊尹,祓之于庙,爝以爟火,衅以牺猳。明日,设朝而见之。说汤以至味,汤曰:'可对而为乎?'对曰:'君之国小,不足以具之,为天子然后可具。夫三群之虫,水居者腥,肉玃者臊,草食者膻。臭恶犹美,皆有所以。凡味之本,水最为始。五味三材,九沸九变,火为之纪。时疾时徐,灭腥去臊除膻,必以其胜,无失其理。调和之事,必以甘酸苦辛咸,先后多少,其齐甚微,皆有自起。鼎中之变,精妙微纤,口弗能言,志不能喻,若射御之微,阴阳之化,四时之数。故久而不弊,熟而不烂,甘而不哝,酸而不酷,咸而不减,辛而不烈,澹而不薄……非先为天子,不可得而具。天子不可强为,必先知道。道者止彼在己,己成而天子成,天子成则至味具。故审近所以知远也,成己所以成人也。圣人之道要矣,岂越越多业哉?"这里是说调和五味必须有术,君主要备享天下五味必须"知道""成己"③。伊尹此举的目的,正如《殷本纪》所云"从滋味说汤,致以王道",也就是借着谈论美味的机会向汤进言,劝说他实行王道。

汤得伊尹后,委托他治理国家。《史记·殷本纪》记载:"汤举任以国政。伊尹去汤适夏。既丑有夏,复归于亳。入自北门,遇女鸠、女房,作《女鸠》《女房》。"这里是说,伊尹曾经离开汤到夏桀那里,因看到夏桀无道,十分憎恶,所以又回到了商都亳。他从北门进城时,遇见了汤臣女鸠和女房,于是写下《女鸠》《女房》,述说他离开夏桀重回商都时的心情。

---

① 梁玉绳:《史记志疑》卷三。
② 孟世凯:《商史与商代文明》,上海科学技术文献出版社2012年,第50页。
③ 陆玖译注:《吕氏春秋》,中华书局2011年,第414页。

关于伊尹这段历史，史家多以为司马迁在记述时过于"含蓄"，似有难言之隐。相传此期的伊尹曾打入夏王朝内部搞离间活动，也即所谓的"间夏"。

《孙子·用间》云："昔殷之兴也，伊挚在夏；周之兴也，吕牙在殷。故惟明君贤将，能以上智为间者，必大成功。此兵之要，三军之所恃而动也。"

《国语·晋语一》载史苏之言曰："昔夏桀伐有施，有施人以妺喜女焉，妺喜有宠，于是乎与伊尹比而亡夏。"韦昭注云："比，比功也。伊尹欲亡夏，妺喜为之作祸，其功同也。"

《孟子·告天下》中孟子亦云："五就汤，五就桀者，伊尹也。"

这些都说明伊尹曾为商的间谍。"夏、商时期情报的传递是靠人员往来当面口述，因此才有'五就汤，五就桀'之说，五次是形容次数多，并不一定就是实数。司马迁也是以儒家正统理念去看待伊尹，才写出'伊尹去汤适夏，既丑有夏，复归于亳'。"① 伊尹在夏的离间活动是成功的，有所谓"桀无道，囚汤，后释之。诸侯来译者六国，远方来译者十六国"②。这些投奔商汤的诸侯，"不一定都是伊尹策反的成果"，但"其中也不排除有的就是伊尹的'间夏'的功劳"③。因此，《孙子·用间》中说"殷之兴也，伊挚在夏"，伊尹"间夏"之功不可没。

实际上，伊尹的贡献还不只这些，他还是商汤的军师。刘向《说苑》云："汤欲伐桀，伊尹曰：'请阻之贡联以观其动。'桀怒，起九夷之师以伐之。伊尹曰：'未可，彼尚能起九夷之师，是罪在我也。'汤乃谢罪请服。明年又不供贡联。桀怒，起九夷之师不起。伊尹曰：'可矣。'汤乃

---

① 孟世凯：《商史与商代文明》，上海科学技术文献出版社2012年，第51页。
② 《北堂书钞》卷十引《尚书大传》，转引《商史与商代文明》，第51页。
③ 孟世凯：《商史与商代文明》，上海科学技术文献出版社2012年，第51页。

兴师伐而残之，迁桀南巢氏焉。"①

三、"放太甲于桐"②

灭夏建商后，伊尹为右相，继续辅佐商汤治理国家。"汤为天子十三年，百岁而崩。"（《御览》八十三引《韩诗内传》）商汤死后，因"太子太丁未立而卒"，伊尹遂立太丁之弟外丙为帝。"帝外丙即位三年，崩，立外丙之弟中壬，是为帝中壬。帝中壬即位四年，崩，伊尹乃立太丁之子太甲。太甲，成汤適长孙也，是为帝太甲。"（《史记·殷本纪》）

相传帝太甲时，曾发生过"伊尹放太甲于桐"。《史记·殷本纪》云："帝太甲既立三年，不明，暴虐，不遵汤法，乱德，于是伊尹放之于桐宫。三年，伊尹摄行政当国，以朝诸侯。帝太甲居桐宫三年，悔过自责，反善，于是伊尹乃迎帝太甲而授之政。帝太甲修德，诸侯咸归殷，百姓以宁。伊尹嘉之，乃作《太甲训》三篇，褒帝太甲，称太宗。"桐宫，《集解》引孔安国曰："汤葬地。"又引郑玄曰："地名也，有王离宫焉。"《正义》引《晋太康地记》云："尸乡南有亳阪，东有城，太甲所放处也。"按曰："尸乡在洛州偃师县西南五里也。"桐宫，也即桐，在今河南偃师境内。《尚书·太甲序》《孟子·万章上》也有类似记载。如《孟子·万章上》云："伊尹相汤以王于天下。汤崩，大丁未立，外丙二年，仲壬四年。大甲颠覆汤之典刑，伊尹放之于桐。三年，大甲悔过，自怨自艾，于桐处仁迁义；三年，以听伊尹之训己也，复归于亳。"③ 大意是说，

---

① 转引张大可：《百家汇评本〈史记〉》，长江文艺出版社2007年，第33—34页。
② 《春秋经传集解后序》、《尚书·咸有一德·正义》、柳开《河东集》卷三《太甲诛伊尹论》等引《古本竹书纪年》。
③ 方勇译注：《孟子》，中华书局2010年，第184页。

伊尹辅佐汤统一了天下，汤去世后，太丁未立就死了，外丙在位两年，中壬在位四年。太甲继位后破坏了汤的法度，被伊尹流放到桐。三年之后，太甲终于悔过，自我怨恨、自我改过，在桐恪行仁义之道；又过了三年，能完全听从伊尹的训导了，就重新回到亳都做天子①。

"伊尹放太甲于桐"，《古本竹书纪年》则有与上述说法截然不同的记载。《春秋经传集解后序》引《古本竹书纪年》曰："仲壬崩，伊尹放大甲于桐，乃自立也。伊尹即位，放大甲七年，大甲潜出自桐，杀伊尹，乃立其子伊陟、伊奋，命复其父之田宅而中分之。"《尚书·咸有一德·正义》、柳开《河东集》卷三《太甲诛伊尹论》、《通鉴外纪》卷二皆引此文。

"太甲潜出自桐，杀伊尹"之说，史家多以为不足为信。

李民等学者认为《竹书纪年》的记载有三点可疑之处："一是既然伊尹想自立为王，对于大权在握的伊尹来说，为何不在仲壬之后自立为王而又立太甲？""其二，若是伊尹想自立为王，是不可能把太甲流放到桐这个地方。且不说伊尹为何不把太甲处死而留下后患，即使是流放，也会把太甲流放到远离首都之地，而不会流放到距离亳都很近的桐。""其三，太甲杀伊尹之后，'乃立其子伊陟'，这点也难以理解。首先，既然太甲杀了伊尹，伊尹罪大恶极，为何又让其儿子伊陟辅政？难道太甲就不怕伊陟为其父报仇而再次失去王位或丧命？其次，据考伊陟为太戊时相，而伊尹相汤，由汤至太戊，中间经历五世八王，相隔年代如此之长，若谓伊陟为伊尹之子，恐非事实。"②

而且在甲骨文中有不少祭祀伊尹的卜辞，据孟世凯先生统计，称伊尹的有近40条（含残辞），另有祭祀伊（伊尹之单称）、伊示（伊尹之神

---

① 方勇译注：《孟子》，中华书局2010年，第186页。

② 李民等：《殷商社会生活史》，河南人民出版社1993年，第24页。

主)、伊司(伊尹之庙)、伊奭(伊尹之配偶)、伊宾(伊尹配祀享祭)的卜辞多条。从这些卜辞可知,伊尹在商王祀谱中居于很高的地位,他不仅位居商王祭祀先臣之首,而且还被列入与先公、先王配祀,在商王的心目中,伊尹不仅是大功臣,"而且还是能主宰风雨的神"①。如果伊尹是《竹书纪年》所说的夺权篡位而又被太甲诛杀的乱臣贼子,必遭后人口诛笔伐,商之后人也"不可能为其立庙,与先公、先王配享,甚至连其配偶也被祭享,向她祭祀求雨"②。

相传伊尹死于帝沃丁时期。沃丁为太甲之子,太甲死后,沃丁继位。《史记·殷本纪》云:"帝沃丁之时,伊尹卒。既葬伊尹于亳,咎单遂训伊尹事,作《沃丁》。"亳,即西亳,伊尹墓在偃师。《正义》引《括地志》云:"伊尹墓在洛州偃师县西北八里。又云宋州楚丘县西北十五里有伊尹墓,恐非也。"

又,《水经·泗水注》《尚书·沃丁序·正义》引《帝王世纪》云:"帝沃丁八年,伊尹卒,年百有余岁。天雾三日,沃丁葬以天子之礼,祀以太牢,亲自临丧三年,以报大德焉。"

"沃丁'以天子之礼'葬伊尹之事,应当有所根据。从甲骨卜辞中对伊尹祀典之隆重,配祀商之先公远祖和先公、先王,甚至连伊尹之配偶也入祀典等等来看,死后举行隆重的、相当于王的葬礼亦是必然之举。"③其实,正是由于伊尹的辅佐,才使太甲复位后,"殷道中兴"(《御览》卷八十三引《帝王世纪》),"诸侯咸归殷,百姓以宁"④,为商王朝近600年的发展奠定了坚实的基础。

---

① 孟世凯:《商史与商代文明》,上海科学技术文献出版社2012年,第71页。
② 孟世凯:《商史与商代文明》,上海科学技术文献出版社2012年,第53页。
③ 孟世凯:《商史与商代文明》,上海科学技术文献出版社2012年,第74页。
④ 《史记·殷本纪》。

第四节 中丁迁隞

一、沃丁至中丁世系

据《史记·殷本纪》记载,"沃丁崩,弟太庚立","太庚崩,子帝小甲立","小甲崩,弟雍己立","雍己崩,弟太戊立","中宗(太戊)崩,子帝中丁立"。沃丁至中丁(《纪年》《书序》称仲丁)共传三世六王。

《史记》此记可能有误,与卜辞"周祭"中的世序存在差异。"周祭"太甲之后至中丁的世序为"卜丙(太丁弟)—太庚—小甲—雍己(三兄弟)—中丁(大戊子)"①。《商史与商代文明·商代史大事记》云:"沃丁,太甲之子,名绚。殷墟甲骨文中未发现沃丁的庙号。""太庚,又作小庚,太甲之子,沃丁之弟,名辨。殷墟甲骨文中作大庚。""小甲,太庚之子,名高。殷墟甲骨文中亦作小甲。""雍己,太庚之子,小甲之弟,名伷。殷墟甲骨文中雍己二字为合文。""卜辞'周祭'中雍己的世序在大戊之后。""太戊,太庚之子,雍己之弟,名密。殷墟甲骨文中作大戊、天戊,任伊陟、伊奋为相,臣扈、巫咸辅国政。"《史记·殷本纪》谓太戊为中宗,而"殷墟卜辞中称'中宗祖乙',可能是古文献中误为大戊称为中宗。卜辞'周祭'中大戊的世序在小甲后,雍己前"。"仲丁,太戊之子,名庄。殷墟甲骨文中作中丁。即位后将王都迁于嚣(一作隞)","曾征过蓝夷(东夷中九夷之一)。"②

---

① 孟世凯:《商史与商代文明》,上海科学技术文献出版社2012年,第82页。
② 孟世凯:《商史与商代文明》,上海科学技术文献出版社2012年,第227页。

太庚、小甲、雍己三王事迹，文献上记述甚略，《殷本纪》仅记帝雍己时"殷道衰，诸侯或不至"。

关于太戊，《殷本纪》记述较详，曰："帝太戊立伊陟为相。亳有祥桑穀共生于朝，一暮大拱。帝太戊惧，问伊陟。伊陟曰：'臣闻妖不胜德，帝之政其有阙与？帝其修德。'太戊从之，而祥桑枯死而去。伊陟赞言于巫咸。巫咸治王家有成，作《咸艾》，作《太戊》。帝太戊赞伊陟于庙，言弗臣，伊陟让，作《原命》。殷复兴，诸侯归之，故称中宗。"《集解》引孔安国注："伊陟，伊尹之子"；"祥，妖怪也"；"赞，告也"；"巫咸，臣名也"。又引马融曰："艾，治也"；"原，臣名也"。

二、中丁迁于隞

汤至太戊诸王皆都于亳，帝中丁时则迁都于隞。《史记·殷本纪》曰："帝中丁迁于隞。"而《古本竹书纪年》则云："仲丁即位，元年，自亳迁于嚣。"《尚书·序》亦云："仲丁迁于嚣。"实际上，隞、嚣为一地，古音相通。《殷本纪·索隐》注："隞亦作'嚣'，并音敖字。"

关于隞之地望，文献记载和考古发现均支持当在今河南郑州一带。《太平御览》卷八十三引《帝王世纪》曰："仲丁徙嚣，或曰隞，今河南之敖仓是也。"《史记·殷本纪·正义》引《括地志》云："荥阳故城在郑州荥泽县西南十七里，殷时敖地也。"荥泽县治在今郑州西北的古荥镇。《水经注·济水》云："济水又东径敖山北，《诗》所谓'薄狩于敖'者也。其山上有城，即殷帝仲丁之所迁也。"敖山即今郑州邙山。《水经注·济水》所引的'薄狩于敖'即《诗经·小雅·车攻》"建旐设旄，搏兽于敖"。郑玄注云："兽，田猎搏兽也。敖，郑地，今近荥阳。"是说隞地、隞都在古荥镇一带。

考古发现证明了文献记载的正确性。20世纪中后期，考古工作者在今河南郑州发现了两处大的商代遗址，即郑州商城和小双桥遗址。郑州商城位于市区东部，城址近似长方形，城垣周长约6960米，城墙底宽约20米，顶宽约5米，墙高复原后约10米。在城内东北部发现有20多处宫殿建筑基址，在城址四周发现有铸铜、制骨、制陶手工作坊遗址和墓葬群、祭祀坑等遗迹，出土了不少精美遗物，如玉戈、玉铲、玉璋、穿孔贝、象牙觚、夔龙纹金箔、铜方鼎、原始青釉瓷尊等。郑州商城不仅规模宏大，而且存续的时间也长，从早商时期（即自成汤灭夏以后至中丁以前，在考古学文化上包括二里头文化第四期或二里头文化四期晚段、二里岗下层第一期和第二期）一直持续到中商时期（即从中丁开始至盘庚迁殷以前为止，在考古学文化上包括二里岗上层第一期、二里岗上层第二期、洹北花园庄早期），并在中商时期出现了繁荣。"依据郑州商城所在的位置和它在二里岗上层第二期时的繁荣情况，我们赞成安金槐[①]、杨育彬[②]、李锋[③]、王学荣[④]等学者所主张的二里岗上层第一期时的郑州商城是仲丁所居之隞都。"[⑤]

[①] 河南省文物考古研究所编著：《郑州商城——一九五三年—一九八五年考古发掘报告》（中册），文物出版社2001年版，第1042页；安金槐：《对于郑州商代城修建与使用时期的再探讨》，《安金槐考古文集》，中州古籍出版社1999年版。——原注。

[②] 杨育彬：《郑州商城的考古学研究》（摘自《夏商周断代工程·商前期年代学研究课题·郑州商城专题结题报告》1999年3月，与曾晓敏先生合写），载于杨育彬、孙广清《河南考古探索》，中州古籍出版社2002年版。杨育彬：《偃师商城——夏商文化分界的唯一界标》，《偃师商城遗址研究》，科学出版社2004年版。——原注。

[③] 李锋：试论偃师商城商汤亳都和二里岗上层一期郑州商城仲丁隞都》，《河南文物考古论集》，河南人民出版社1996年版。——原注。

[④] 王学荣：《偃师商城废弃研究——兼论与偃师二里头、郑州商城和郑州小双桥遗址的关系》，《三代考古》（二），科学出版社2006年版。——原注。

[⑤] 王震中：《商代都邑》，中国社会科学出版社2010年，第227—228页。

小双桥遗址位于郑州市西北约 20 公里的石佛乡小双桥西南部的河边台地上，因近邻小双桥村而得名。小双桥遗址南北长 1800 米，东西宽 800 米，总面积 144 万平方米，发现有大型夯土基址、祭祀坑、壕沟、灰坑、窖穴和青铜冶铸遗存，出土有陶器、青铜礼器残片、原始瓷器、绿松石及玉饰品、海贝币、孔雀石等遗物，并发现有刻在陶缸表面的朱书文字。在年代上，小双桥遗址相当于二里岗上层二期，是中商初期遗址。对于小双桥遗址的性质，学者们的看法不一，如陈旭先生认为小双桥遗址应是隞都所在地[①]，而王震中先生则认为"小双桥遗址为商王仲丁迁隞之后商王外壬所建的离宫别馆"[②]。对于郑州商城与小双桥遗址的关系，王震中先生认为，在二里岗上层第二期即中商初期，郑州商城与小双桥遗址是并存的，前者是王都，后者为王都的离宫别馆，"小双桥遗址是在中商早期特别是在二里岗上层第二期即白家庄期郑州商城还在作为王都使用的情况下，作为郑州商城王都的离宫别馆而出现的"。"在仲丁迁隞之前以及迁隞的一段时间，小双桥一带作为商的一般邑落已经存在，但它还没有形成今天所发掘出的小双桥遗址的主要遗存，仲丁离开偃师商城，完全居住在郑州商城之后，到了商王外壬时期，才在小双桥形成了丰富的白家庄期遗存"[③]。震中先生的说法具有一定的代表性。小双桥遗址的年代与史书记载的中丁、外壬两王的积年大体吻合。《太平御览》卷八十三引《古本竹书纪年》说"帝仲丁在位十一年"，又引《史记》说"帝外壬在位一十五年"，这样居于隞都的中丁、外壬两王在位年数大约为二十六年。

---

① 陈旭：《郑州小双桥商代遗址的年代和性质》，《中原文物》1995 年第 1 期。
② 王震中：《商代都邑》，中国社会科学出版社 2010 年，第 263 页。
③ 王震中：《商代都邑》，中国社会科学出版社 2010 年，第 263—264 页。

"仲丁迁隞是由于水患所致。"① 西亳地势平坦低洼,紧邻洛河,南距伊河不远,常有洪涝之灾。文献记载西亳曾被洪水淹过。"整个偃师商城被厚厚的淤土覆盖在地面之下,应是被淹的证明","此外,郑州商城的防水功能增强,这从另一方面说明商族曾受洪水之害。今天的郑州市区(郑州商城所在地),傍依嵩山余脉,海拔相对较高,周围近处无大河困扰,利于防水。郑州商城的城墙两侧都有护城坡,坡度相对较缓,高10米,底宽20米的城墙,顶宽只有5米,这种坡度对防洪是再好不过了。相对来说,偃师商城的城墙表现出比较陡立,没有护城坡,若遇洪水侵袭,则十分容易坍塌。同是一个商王朝,为何两处建都所筑城墙结构如此不同?比较合理的解释应该是:偃师商城被洪水冲毁,商王朝被迫迁都。②"

三、九世之乱

据《史记·殷本纪》记载:"帝中丁崩,弟外壬立,是为帝外壬。《仲丁》书阙不具。帝外壬崩,弟河亶甲立,是为帝河亶甲。河亶甲时,殷复衰。河亶甲崩,子帝祖乙立。帝祖乙立,殷复兴。巫贤任职。祖乙崩,子帝祖辛立。帝祖辛崩,弟沃甲立,是为帝沃甲。帝沃甲崩,立沃甲兄祖辛之子祖丁,是为帝祖丁。帝祖丁崩,立弟沃甲之子南庚,是为帝南庚。帝南庚崩,立帝祖丁之子阳甲,是为帝阳甲。帝阳甲之时,殷衰。"

中丁至阳甲共历四世九王。这期间,商王室内部在王位继承问题上兄弟子侄"争相代立",造成了连续九代的混乱局面,史称"九世之乱"。

---

① 李民等:《殷商社会生活史》,河南人民出版社1993年,第34页。

② 李民等:《殷商社会生活史》,河南人民出版社1993年,第35页。

《史记·殷本纪》记载:"自中丁以来,废適而更立诸弟子,弟子或争相代立,比九世乱,于是诸侯莫朝。"

政局混乱,又导致王都迁徙频繁。河亶甲迁于相,今河南内黄县东南。祖乙迁于邢,今河北邢台。邢,《尚书序》曰耿,《竹书纪年》曰庇。实际上,三者应为一地。邢、耿、庇三字古音相通。南庚迁于奄,今山东曲阜。

祖乙是此期比较有成就的商王。祖乙,名胜。殷墟甲骨文中作祖乙、小乙,又称中宗祖乙、高祖乙,祖乙二字为合文[①]。文献上记述祖乙的事迹不多,《殷本纪》仅云"帝祖乙立,殷复兴","巫贤任职","迁于邢"。巫贤为巫咸之子,祖乙时为相。《太平御览》卷八三"皇王部"引《古本竹书纪年》曰:"祖乙胜即位,是为中宗。"《晏子春秋·内篇谏上》曰:"夫汤、太甲、武丁、祖乙,天下之盛君也。"祖乙与成汤、太甲、武丁并称为"盛君"。太戊也是商王朝中一个有较大作为的国王,但殷墟甲骨文中祭祀他的卜辞"只有八十余条(含残辞)",且多为合祭,单祭时用牲数较多者目前所见也只有武乙、文丁时期一条卜辞,即:"丁酉卜,戊戌侑、岁大戊,二十牢,易日,兹用(《甲骨文合集》32494)。"[②] 可见,祖乙的地位应在太戊之上,"否则不会受到如此多而较隆重的祭祀"[③]。

第五节 盘庚迁殷

盘庚,名旬,第二十位商王,汤之十世孙,祖丁之子,阳甲之弟。殷墟甲骨文中作般庚。阳甲死后,盘庚继王位。其事迹见于文献记载的

---

① 孟世凯:《商史与商代文明》,上海科学技术文献出版社2012年,第228页。

② 孟世凯:《商史与商代文明》,上海科学技术文献出版社2012年,第85页。

③ 孟世凯:《商史与商代文明》,上海科学技术文献出版社2012年,第86页。

主要是"迁殷"。

关于盘庚迁殷,最早见于《尚书·盘庚》三篇。其开篇即言:"盘庚五迁,将治亳殷,民咨胥怨——作《盘庚》三篇。"大意是说盘庚第五次迁都(汤至盘庚五迁:中丁迁隞、河亶甲迁相、祖乙迁邢、南庚迁奄、盘庚迁殷),将要营建殷都,百姓们都叹息抱怨。记此事,作了《盘庚》上、中、下三篇①。文中的亳殷,注释家多认为亳为讹文,亳殷即殷。王国维先生说:"亳殷二字未见古籍。《商颂》言:'宅殷土茫茫。'《周颂·召诰》言:'宅新邑。'宅殷连言,于义为长。且殷之于亳,截然二也。"②

"盘庚自奄迁于殷。殷在邺南三十里。"(《尚书·盘庚·正义》引《古本竹书纪年》)今河南安阳市小屯村一带。《水经·洹水注》引《古本竹书纪年》云:"盘庚即位,自奄迁于北蒙,曰殷。"《史记·项羽本纪·索隐》引《汲冢古文》云:"盘庚自奄迁于北蒙,曰殷虚,南去邺州三十里。"《集解》引应劭曰:"殷墟,故殷都也。"又引《汲冢古文》曰:"殷虚去邺三十里。"邺,古地名,今安阳市的简称,故址在今河南省安阳市北,河北省临漳县西。

关于这段历史,《史记·殷本纪》却有不同记载,曰:"帝盘庚之时,殷已都河北,盘庚渡河南,复居成汤之故居,乃五迁,无定处。殷民咨胥皆怨,不欲徙。盘庚乃告谕诸侯大臣曰:'昔高后成汤与尔之先祖俱定天下,法则可修。舍而弗勉,何以成德!'乃遂涉河南,治亳,行汤之政,然后百姓由宁,殷道复兴。"这里是说盘庚渡河,南居于亳。《殷本纪》此说,多有歧义,史家多以为似有所误。"《殷本纪》记盘庚以前迁

---

① 黄怀信:《尚书注训》,齐鲁书社2009年,第127页。

② 王国维:《观堂集林》卷一二《说殷》;转引史念海:《中国古都和文化》,中华书局1998年,第49页。

都事，仅止于'祖乙迁于邢'。邢在河北，如祖乙以后再未迁都，盘庚由河北南迁，是合乎常理的。可是《古本竹书纪年》又载有开甲（即沃甲）迁庇、南庚迁奄事。庇、奄皆在河南。庇、奄既皆在河南，何以盘庚又要渡河南迁？检诸《古本竹书纪年》佚文，所说竟与《殷本纪》大异。"诸家所引《纪年》，文句虽间有差异，然盘庚自奄迁殷，而殷又在邺南三四十里处却相当一致。"可见《殷本纪》所说，盘庚渡河南，复居成汤之故居，并非实录。"① 安阳殷墟的发现也证明了这一点。

盘庚迁殷的原因历来说法不一，或曰因避水患，或曰"去奢行俭"，或曰为王朝振兴，等等。但综合来看，盘庚迁殷有内因，也有外因，如"九世乱"，"殷道衰"，"诸侯莫朝"，西北方国叛乱，奄地太偏，处于东方偏南，又有水患（《尚书·盘庚下》："今我民用荡析离居，罔有定极。"），所以李民先生说："盘庚迁殷与政治、军事以及生态环境的破坏有关"②。此说可从。

盘庚迁殷是商代史上重要政治事件，它扭转了商中期一度出现的内乱和颓废局面，加强了商王朝的统治，"百姓由宁，殷道复兴"（《史记·殷本纪》）。自此以后，"至纣之灭，二百七十三年，更不徙都。纣时稍大其邑，南距朝歌，北据邯郸及沙丘，皆为离宫别馆"（《史记·殷本纪·正义》引《古本竹书纪年》）。《夏商周断代工程1996—2000年阶段成果报告（简本）》中所定的"盘庚迁殷后至帝辛的年数"是255年，相差18年。商代历史也以盘庚迁殷那一年（公元前1300年，据《夏商周年表》）为界分为前后两个时期，前期称为商朝，后期又称为殷朝、殷商王朝等。

---

① 史念海：《中国古都和文化》，中华书局1998年，第48—49页。

② 李民等：《殷商社会生活史》，河南人民出版社1993年，第35页。

第六节 武丁中兴

盘庚死后,弟小辛继位。小辛时,殷国势又衰。小辛死后,弟小乙继立。小乙死后,子武丁即王位。

武丁,名昭,汤十一世孙,商王朝第二十三代君王,因德高而被尊为高宗,是商王朝中期最有作为的一代英王,他与商汤、太甲、祖乙齐名,被《晏子春秋》称为"天下之圣君"。

关于武丁,《尚书》《孟子》《楚辞》《国语》《史记》等文献以及甲骨文卜辞中都有记载。其主要事迹如下:

一、"与小人出入同事"

此语出自孔安国《尚书传》。孔传云:"武丁其父小乙,使之久居民间,劳是稼穑,与小人出入同事。"《史记·鲁周公世家·集解》引孔安国曰:"父小乙使之久居人间,劳是稼穑,与小人出入同事也。"又引马融曰:"武丁为太子时,其父小乙使行役,有所劳役于外,与小人从事,知小人艰难劳苦也。"又引郑玄曰:"为父小乙将师役于外也。"武丁为太子时,其父小乙使他久劳于外,与"小人"同吃同住同劳动,体验下层人民的艰辛与疾苦。由此,孟世凯先生说:"这是我国目前所见将青年下放农村劳动锻炼最早的记载。"①

"与小人出入同事"的武丁,曾拜甘盘为师,向其学习治国之道。古文《尚书·说命下》载武丁之言说:"台小子旧学于甘盘。既乃遁于荒野,入宅于河。自河徂亳,暨厥终罔显。"文中的"台小子"为武王自

---

① 孟世凯:《商史与商代文明》,上海科学技术文献出版社 2012 年,第 110 页。

称，即我小子，我小时候；"旧"即久（见《史记·鲁周公世家》）；甘盘，殷贤臣名。久学于甘盘，"应指是武丁在下放时期向甘盘求教"①。

此事在《今本竹书纪年》中也有记述："（小乙）六年，命世子武丁居于河，学于甘盘。"甘盘，甲骨卜辞中作"师般"，曾是武丁的老师，也是高宗武丁初年的贤臣。《今本竹书纪年》记："（武丁）元年丁未，王即位，居殷。命卿士甘盘。"古文《尚书·君奭》记周公之言曰："我闻在昔成汤既受命，时则有若伊尹，格于皇天。在太甲，时则有若保衡。在太戊，时则有若伊陟、臣扈，格于上帝；巫咸乂王家。在祖乙，时则有若巫贤。在武丁，时则有若甘盘。率惟兹有陈，保乂有殷，故殷礼陟配天，多历年所。"是说武丁为王时，有像甘盘那样的贤臣辅佐。正是由于有像伊尹、保衡、伊陟、臣扈、巫咸、巫贤、甘盘这些贤臣的辅佐，殷礼才得以升配皇天，持续很多年代。

久劳于外的武丁，还结识了混迹于胥靡（因犯罪而被劳动改造者）中有治国才能的傅说。

武丁"与小人出入同事"之地今在何处？古文献中没有明载，仅记"居于河"。但从《史记·殷本纪》所言"得说于傅险中"的"傅险"推断，此地当距傅险不远，应在今山西省平陆县与河南省三门峡市之间。《殷本纪·正义》："《〔括〕地（理）志》云：'傅险即傅说版筑之处，所隐之处窟名圣人窟，在今陕州河北县北七里，即虞国、虢国之界。又有傅说祠。'《注水经》云'沙涧水北出虞山，东南径傅岩，历傅说隐室前，俗名圣人窟。'"《集解》引孔安国曰："傅氏之岩在虞、虢之界，通道所经，有涧水坏道，常使胥靡刑人筑护此道。说贤而隐，代胥靡筑之，以供食也。"陕州，即今河南陕县，属三门峡市管。河北县，即今山西平陆县。虞国、虢国均为西周初年重要封国。虞国封地在今平陆、夏县一带，

---

① 孟世凯：《商史与商代文明》，上海科学技术文献出版社 2012 年，第 110 页。

其故城在今平陆县境内。此虢国为西虢，原在今陕西宝鸡市东，西周末年迁至三门峡及平陆一带，建都上阳，即今三门峡市李家窑遗址一带。傅险，亦作傅岩，险、岩古通。"'陕州河北县'，'虞国、虢国之界'，或虞山。虞山又名虞坂，据北宋《太平寰宇记》载：'太行山有路，名曰虞坂。周武王封仲雍之后虞仲于夏墟，因虞为称，谓之虞坂。'由此可以推断武丁下放在黄河沿岸，访傅说之处是在当时的黄河岸边。其故地在今山西平陆与河南三门峡市之间，此地距商王都（今河南安阳）不太远。"①

二、"夜梦得圣人"

此语摘自《史记》。《史记·殷本纪》曰："帝武丁即位，思复兴殷，而未得其佐。三年不言，政事决定于冢宰，以观国风。武丁夜梦得圣人，名曰说。以梦所见视群臣百吏，皆非也。于是乃使百工营求之野，得说于傅险中。是时说为胥靡，筑于傅险。见于武丁，武丁曰是也。得而与之语，果圣人，举以为相，殷国大治。故遂以傅险姓之，号曰傅说。"这里是说武丁继位后，欲重振王朝，但苦于找不到合适的辅佐大臣。于是武丁三年不问朝政，政事由冢宰决定，自己则专心考虑辅佐大臣和如何振兴殷商王朝。一天夜里他梦见得到一位圣人，名叫说。白天他按照梦中见到的形象观察群臣百官，没有一个像是那圣人。于是他便派百官到民间去四处寻找，终于在傅险找到了说。这时候，说正在服刑役，在傅险修路。百官把说带来让武丁看，武丁说就是这个人。找到说之后，武丁和他交谈，发现果真是位贤圣之人，就举用他担任国相，殷国得到了很好的治理。因而用傅险这个地名来作说的姓，管他叫傅说。

---

① 孟世凯：《商史与商代文明》，上海科学技术文献出版社2012年，第111—112页。

此事在《国语·楚语上》中也有记载,《楚语上》记楚国大夫白公子张之言曰:"昔殷武丁能聋其德,至于神明,以入于河,自河徂亳,于是乎三年,默以思道。卿士患之,曰:'王言以出令也,若不言,是无所禀令也。'武丁于是作书,曰:'以余正四方,余恐德之不类,兹故不言。'如是而又使以象梦旁求四方之贤,得傅说以来,升以为公,而使朝夕规谏,曰:'若金,用女作砺。若津水,用女作舟。若天旱,用女作霖雨。启乃心,沃朕心。若药不瞑眩,厥疾不瘳。若跣不视地,厥足用伤。'若武丁之神明也,其圣之睿广也,其智之不疚也,犹自谓未乂,故三年默以思道。既得道,犹不敢专制,使以象旁求圣人。既得以为辅,又恐其荒失遗忘,故使朝夕规诲箴谏,曰:'必交修余,无余弃也。'"这里是说能与神明相通而又德高圣智的武丁继位后,因担心自己不能治理好国家,三年"默以思政",梦得傅说后,任命为国相,使之"朝夕规谏"以免因疏忽误国。

古文《尚书·说命·序》记:"高宗梦得说,使百工营求诸野,得诸傅岩——作《说命》三篇。"高宗梦见得到一个叫说的贤人,让百官们到民间去找,最后在傅岩找到了他。记此事,作了《说命》上、中、下三篇。

武丁夜梦得傅说之事,应当不是虚构。"因为目前发现甲骨文中占卜'梦'的卜辞有一百七十余条(含残辞),其中绝大多数为武丁时期(即第一期)的占卜,极少数为武丁后期,廪辛至文丁时期只有几条。武丁时期占卜'王梦'的卜辞有近七十条,如:'贞:王梦呼余御祸。贞:王有梦不惟呼余御祸。贞:王梦示,并立十示。王梦不惟佐。'"[1]"殷人迷信鬼神的情况深入在生活的各个方面,其中武丁时期尤甚,故才有如此

---

[1] 《甲骨文合集》376正反。

多占卜梦的卜辞。"①

当然,武丁夜梦得圣人可能只是个托词而已,正如《史记评林》引杨慎的话说:"武丁尝居民间,已知说之贤矣。一旦欲举而加之臣民之上,人未必帖然以听也,故征之于梦焉。盖商俗质而信鬼,因民之所信而导之,是圣人所以成务之几也。"②

关于傅说,文献上多有述及,都认为他是商王武丁的国相,也是辅佐武丁中兴的功臣。但对于傅说在傅险时的身份,古文献上说法不一。或曰刑徒,如《殷本纪》言"是时说为胥靡,筑于傅险"。所谓胥靡,是指因犯罪而被劳动改造者。或曰隐者,如《殷本纪·集解》引孔安国言"说贤而隐,代胥靡筑之,以供食也"。这是说傅说是一位有贤名的隐者,为求衣食而混迹于胥靡之中充当修路或版筑工匠。熟是熟非,尚难分辨。在甲骨卜辞中,目前尚未辨认出有傅说其名或其他称谓③。

三、征伐不臣反叛氏族、方国

殷商时代"邦畿千里"。土畿四周氏族、方国林立。这些氏族、方国大小不等,强弱不一,他们并非一直都臣服于商,"多数则是视商王朝的兴衰时服时叛"④。如司马迁在《史记·殷本纪》所说:"殷道衰,诸侯或不至。""殷复兴,诸侯归之。"因此征伐不臣反叛氏族、方国,以巩固商王族的统治,就成为历代有作为商王,尤其是中兴之主武丁的主要工作之一。

---

① 孟世凯:《商史与商代文明》,上海科学技术文献出版社2012年,第112页。
② 张大可辑评:《百家汇评本〈史记〉》(上),长江文艺出版社2007年,第35页。
③ 孟世凯:《商史与商代文明》,上海科学技术文献出版社2012年,第110页。
④ 孟世凯:《商史与商代文明》,上海科学技术文献技术出版社2012年,第181页。

古文献中有不少关于武丁征伐氏族方国的记载。如，《易经·既济·九三》曰："高宗伐鬼方，三年克之。"又《未济·九四》亦曰："震用伐鬼方，三年，有赏于大国。"《今本竹书纪年》记："（武丁）三十二年，伐鬼方。次于荆。三十四年，王师克鬼方。氐、羌来宾。四十三年，王师灭大彭。五十年，征豕韦，克之。"

甲骨文中则有更多相关的记述，如，《甲骨文合集》6412："辛巳卜，争贞：今载王共人，呼妇好伐土方，受有佑，五月。"《甲骨文合集》28："贞：王勿命禽致众伐舌方。"《甲骨文合集》6480："贞：王命妇好从侯告伐夷方。贞：王勿命妇好从侯告……"《甲骨文合集》6553、6554："贞：今载王从仓侯虎伐兔方，受有佑。贞勿从仓侯。"《甲骨文合集》6524正，6525正："辛丑卜，分贞：命多伊从望乘伐下危，受有佑，二月。"等等。

武丁在位59年，共征伐氏族、方国40多个，如方方、土方、舌方、鬼方、亘方、羌方、龙方、御方、马方、印方、尸方、黎方、基方、井方、祭方、湔方、周方、虎方以犬、串、郭、蜀、旨、沚等①。其中以北方及西北地区的土方、舌方、鬼方、羌方为主要征伐对象。

关于这四个方国的地望，学者多认为土方"当在殷之北"，舌方"当在殷之西北"（郭沫若：《卜辞通纂考释》第513片），鬼方和羌方亦当在西北地区。孟世凯先生综合各家之说，认为土、舌两方"是两个较大的部落，族居地和活动区域大体当在今河北、山西北部，内蒙古西南部和太行山以西一带"，在此区域的还有"沚""方"等一些氏族、部落②。羌是个古老的部落，分布地方很广，相传夏禹就是出自西羌。到了商代

---

① 陈梦家：《殷虚卜辞综述》第八章《方国地理》，中华书局重印本1988年版；转引李民等：《殷商社会生活史》，河南人民出版社1993年，第143页。

② 孟世凯：《商史与商代文明》，上海科学文献技术出版社2012年，第184页。

羌也是一个很大的部落，大体上分布于今青海东南部、内蒙古西南部、甘肃大部、四川北部和山西西北部。分支也较多，见于卜辞中有北羌、马羌、羌龙、羌方等①。

舌、土等方国虽距商都较远，经济也较商落后，尚处于游牧经济时代，但活动区域很广，善于掠夺农耕区的财物，甚至抓走农人，又长期与商为敌，经常侵扰其他氏族、方国甚至商郊，因此高宗武丁也屡屡用重兵对之征伐。每次用兵少则3000，多则5000，最大一次规模超过万人。最终消灭了舌方、土方和鬼方。武丁时期有很多关于舌、土方国的甲骨卜辞，武丁之后这些曾长期与商为敌的方国，则"不再见于卜辞中，虽偶有所见可能是残余"②。羌人部族虽未被全部征服，但所剩部分已无力与商正面对抗了，被征伐后的羌方，到了商后期也臣服于商。

武丁对南方和东方也有征伐，但规模不大。如《甲骨文合集》6667："贞：命望乘及舆畲虎方，十一月。舆其畲虎方，告于大甲，十一月。"虎方族居地在今安徽寿县东南一带。荆楚之地在卜辞中未见有征伐之事③。又《甲骨文合集》6585正："贞：勿呼妇井伐龙方。"龙方的族居地学者解释不一，孟世凯先生认为"当在今山东泰山东南部一带"④。像虎方、龙方这些时臣时叛的方国，被征服之后，武丁并没有采取像对待舌方、土方那样的政策，灭其族，并其地，而是就地封侯，开发利用，发展农牧业生产。

大规模的军事征伐活动，直到武丁晚年才宣告结束。通过征伐，开拓了疆土，扩大了农耕生产，巩固并发展了商王朝的政治统一体，不臣

---

① 孟世凯：《商史与商代文明》，上海科学技术文献技术出版社2012年，第182页。
② 孟世凯：《商史与商代文明》，上海科学技术文献出版社2012年，第184页。
③ 孟世凯：《商史与商代文明》，上海科学技术文献出版社2012年，第120页。
④ 孟世凯：《商史与商代文明》，上海科学技术文献出版社2012年，第185页。

反叛氏族、方国或被消灭或又臣服于商，出现了统一天下的安定局面。因此，孟子赞曰："武丁朝诸侯，有天下，犹运之掌也。"是说武丁使诸侯来朝，一统天下，就像把它放在手掌中转动一样容易。孟子所说虽有夸大之词，但基本史实应当不虚。《诗经·商颂·殷武》颂曰："挞彼殷武，奋伐荆楚。罙入其阻，裒荆之旅。有截其所，汤孙之绪。"大意是说殷王武丁神勇英武，是他兴师讨伐荆楚。王师深入敌方险阻，众多楚兵全部被俘。扫荡荆楚统治领土，成汤子孙功业建树。

四、"天下咸欢，殷道复兴"

武丁征伐之事，《史记·殷本纪》没有记载。关于武丁，《殷本纪》有飞雉入太庙登在鼎耳上鸣叫的记载："帝武丁祭成汤，明日，有飞雉登鼎耳而呴，武丁惧。祖己曰：'王勿忧，先修政事。'祖己乃训王曰：'唯天监下典厥义，降年有永有不永，非天夭民，中绝其命。民有不若德，不听罪，天既附命正厥德，乃曰其奈何。呜呼！王嗣敬民，罔非天继，常祀毋礼于弃道。'武丁修政行德，天下咸欢，殷道复兴。"这里是说武丁祭祀成汤时，有一只野鸡飞到鼎耳上鸣叫，武丁以为不祥，惊惧不安，贤臣祖己劝其修政行德。武丁从其言，行德政，殷朝的国势又兴盛了。

《殷本纪》又记："帝武丁崩，子帝祖庚立。祖己嘉武丁之以祥雉为德，立其庙为高宗，遂作《高宗肜日》及《训》。"

《高宗肜日》载于《尚书》，《高宗之训》已亡佚。《殷本纪》所记应当是本于《尚书·高宗肜日》。肜，祭祀名，甲骨文中常见的殷人祭祀先王之礼。祭后次日再祭谓之肜。高宗肜日，指祭祀高宗之肜日，即肜祭高宗之日。记肜祭高宗日之事，故名《高宗肜日》。"《序》谓高宗祭成汤，非。此篇主要记祖己训导祖庚之辞，戒其正德、省祭。"①

"南宋末年的学者金履祥对《高宗肜日》就疑为'似是祖庚绎于高宗之庙'②，但是，因为《殷本纪》中的记述，研究《史记》之大家清朝学者梁玉绳在《史记志疑》卷二中，则极力批驳此说。其后虽多有学者疑是祖庚祭祀高宗武丁，但是苦于无有力的证据，故一直成为两说并存的问题。自从殷墟甲骨文发现以后，从研究祭祀卜辞的'肜祭'中看出受祭人是指祭祀人的长辈或先祖，故'高宗肜日'应如金履祥所疑是'祖庚祭武丁'。"③

《殷本纪》此记虽有所误，但言"武丁修政行德，天下咸欢，殷道复兴"应有所本。

在武丁统治的 59 年间，是商王朝最为强盛的时期。在甘盘、傅说、祖己等人的辅佐下，武丁使殷商的社会经济各方面都有大的发展，呈现出生机勃勃的中兴景象。

农业是商代的主要经济生产部门，殷墟甲骨文卜辞中有许多关于武丁时期农业生产的记载。其中比较常见的是卜问年岁丰歉和"求年""受年""求禾""受禾"的卜辞，也有"求雨""垦田"等方面的占卜。如：

（1）"甲午卜，延贞：东土受年。甲午卜，延贞：东土不其受年。"（《合集》9735）

（2）"甲午卜，亘贞：南土受年。甲午卜，（亘贞：南土不其受年）。"（《合集》9735）

（3）"甲午卜，宾贞：西土受年。贞：西土不其受年。"（《合集》9742）

---

① 黄怀信：《尚书注训》，齐鲁书社 2009 年，第 151 页。
② 见《尚书表注》。
③ 孟世凯：《商史与商代文明》，上海科学技术文献出版社 2012 年，第 114 页。

(4)"甲午卜,宁贞:北土受年。甲午卜,宁贞:北土不其受年。"(《合集》9745)

(5)"贞:我北田不其受年。贞:我北田受年。"(《合集》9750甲乙)

(6)"癸卯卜,争贞:今岁商受年。"(《合集》9661-9663)

(7)"丁未卜,王商其橐,不其受年。"(《合集》20654)

(8)"求雨于上甲,牢。于上甲,牛。"(《合集》672正)

(9)"壬午卜,于河求雨,燎。"(《合集》12853)

(10)"庚午卜,求雨于岳。"(《合集》12855)

这10条都是武丁时期的卜辞①。10条中(2)条干支后残,对贞卜辞可补齐所缺的字。(5)条中的"北田"即"北土",可知田土能互用。(6)条中的"商",指商王畿,即中央,和"四土"构成五方。(9)条中的"燎"是祭名。前四条是由四位贞人(史官)同于甲午日占卜东、南、西、北四方田土中种的庄稼能否有好收成(受年)。(6)、(7)两条是商王祈求王畿内农业丰收的卜辞。后三条则是天旱求雨的占卜。可见,武丁非常关注农业收成的好坏,并年年祈求粮食丰收。由于"焚林而田",农田面积也逐渐增多,农耕生产已发展到"四土"和中央五方。此时的农业还比较原始,虽有沟洫,已知人工浇灌,但很不普遍,甚至罕见,主要靠天吃饭,因此求雨卜辞不断。

武丁时期,畜牧业也兴旺发达。甲骨文中有许多关于这方面的记载。如:

(1)"丁巳卜,争贞:降册千牛。不其降册千牛、千人。"(《合集》1027)

---

① 辞条解释参阅孟世凯:《商史与商代文明》,上海科学技术文献出版社2012年,第168—172页。

(2)"贞：御自唐、大甲、大丁、祖乙，百羌、百牢，二告。贞：御惟牛三百。"(《合集》300)

(3)"……登羊三百。"(《合集》8959)

(4)"……致牛四百。"(《合集》8965)

(5)"乙亥卜，……丙册大……五百牛……伐百……"(《合集》39534)

(6)"王获鹿，不其获？允获四。贞：擒麋？贞：弗其擒麋？王获兕？王弗其获兕？获不？允获麋四百五十一。"(《合集》10344正反)

这些都是武丁时期的卜辞。(1)条为对贞卜辞，占卜祭祀时是否停止杀千牛，或是千人？(2)条是占卜祭祀成汤、太甲、太丁、祖乙时，是用100个羌人，100牢（此牢字从羊），或是用300头牛？卜辞中的"牢"字有从牛和从羊之别。从牛之牢是否就是《周礼》中的"太牢"，是三牲（牛、羊、豕）？从羊之牢是否就是"小牢"，是二牲（羊、豕）？"至今学者尚无共识。暂以一牢为牛羊二牲，则百牢则是牛羊各100头。(3)条是征调300头羊。(4)条是进贡400头牛。(5)条的卜辞虽过残，但仍能知是祭祀先王时用500头牛。[①] (6)条为对贞卜辞，一次田猎捕获451只麋鹿。从这些卜辞中可知，殷人祭祀时用牲数量很大，动辄几十、几百，甚至上千，这从一个侧面说明此期的畜牧业已很发达，否则，不可能有如此众多的牲畜供一次祭祀之用。另外，一次田猎活动就捕获了400多只麋鹿，说明当时的田猎规模很大，参与者众。田猎在商代社会生活中，占有比较重要地位，是农业和畜牧业经济的一种补充。

除经济大发展外，商王朝的鼎盛还表现在疆土的扩大上。如前所述，武丁国王征伐不断，曾南达于江淮，北至于河套，东征达于海，西伐至于渭，无往不胜。随着征伐战争的不断胜利，殷商的疆域也不断扩大。

---

① 孟世凯：《商史与商代文明》，上海科学技术文献出版社2012年，第173页。

正如《诗经·商颂·玄鸟》赞曰："武丁孙子,武王靡不胜。龙旂十乘,大糦是承。邦畿千里,维民所止,肇域彼四海。四海来假,来假祁祁,景员维河。"大意是说:这位武王的孙子武丁,他无往不胜功业辉煌。驾十辆大车上插龙旗,丰盛的食物供奉先王。广阔的国土疆域千里,那里是百姓安居的地方。他开拓疆域直达四海,海内诸侯来朝拜商王。归附的诸侯如此众多,东西南北江河是边疆[①]。商的确切疆界古文献中失载,实际疆域应比《商颂》所云为大。

至于武丁中兴的原因,古文献中已有论及。《尚书·无逸》曰:"其在高宗,时旧劳于外,爰暨小人。作其即位,乃或亮阴,三年不言。其惟不言,言乃雍。不敢荒宁,嘉靖殷邦。至于小大,无时或怨。肆高宗之享国五十年有九年。"大意是说:到了高宗,先前长期在民间劳动,惠爱小民。后来做了国王,沉默不言,三年不论政事,深入民间体察民情,不论政事,偶尔论及国事,却又得到广泛赞同。他不敢荒废国事,贪图安逸,因此国家治理得很太平,从百姓到朝臣,没有一句怨言。所以他享有王位59年。《史记·鲁周公世家》中也有类似记述:"其在高宗,久劳于外,为与小人,作其即位,乃有亮闇,三年不言,言乃欢,不敢荒宁,密靖殷国,至于小大无怨,故高宗飨国五十五年。"可见,武丁之所以能够享国50多年,并成为中兴之主,是因为他深知民间疾苦,勤劳为政,任贤纳谏。

---

① 参阅刘毓庆、李蹊译注:《诗经》(下),中华书局2011年,第888页。

第七节　从祖庚到帝乙

一、祖庚至帝乙间的世系

从祖庚到帝乙，共传五世七王115年（公元前1191—前1076年，据"夏商周断代工程"《夏商周年表》），是殷商王朝逐渐走向衰落的时期。

关于其间世系，《史记·殷本纪》曰："帝武丁崩，子帝祖庚立。""帝祖庚崩，弟祖甲立，是为帝甲。帝甲淫乱，殷复衰。帝甲崩，子帝廪辛立。帝廪辛崩，弟庚丁立，是为帝庚丁。帝庚丁崩，子帝武乙立。殷复去亳，徙河北。""武乙震死。子帝太丁立。帝太丁崩，子帝乙立。帝乙立，殷益衰。"

《殷本纪》记载的七王世系，与殷墟甲骨文中的记述略有不同。如，廪辛，文献上又作冯辛、凭辛，祖甲之子，名先，为商第二十六位国王。但在甲骨卜辞中未见廪辛的庙号（工号）①。又，庚丁，殷墟甲骨文中作康丁或康祖丁，祖甲之子，廪辛之弟，名嚣，为商第二十七位国王，在位约8年而死。《古本竹书纪年》中也作庚丁。"庚丁"应为"康丁"之误。"康"字字形与"庚"字形相近易讹。太丁，殷墟甲骨文中作文武丁，武乙之子，名托，为商第二十九位国王，在位11年（即公元前1112—前1102年，据"夏商周断代工程"《夏商周年表》）。《后汉书·西羌传》注、《太平御览》、《通鉴外纪》引《纪年》也作"大（太）丁"，惟《北堂书钞》四十一引《纪年》作"文丁"。《御览》八十三引《帝王世纪》曰："文丁一曰大丁"。"太丁"应为"文丁"之误。

---

① 孟世凯：《商史与商代文明》，上海科学技术文献出版社2012年，第230页。

《殷本纪》记载此间的历史十分简略，但结合其他古文献和殷墟甲骨文中的记述，并参阅《商史与商代文明》中的相关内容，可知在这 115 年间发生的诸如祖甲改革、武乙"射天"、"文丁杀季历"等的大概。

二、祖甲改革

祖甲，又作帝甲，名载，为商的第二十五位国王。

有关祖甲事迹最早见于《尚书·无逸》，云："其在祖甲，不义惟王，旧为小人。作其即位，爰知小人之依，能保惠于庶民，不敢侮鳏寡。肆祖甲之享国三十有三年。"大意是说，后来的祖甲，本没有准备做王，沦落在民间很久。等到登了王位，却识得小民们的苦衷，能安养惠爱老百姓，连孤苦没有依靠的人都不轻慢。所以祖甲享有王位 33 年①。何为"不义惟王，旧为小人？"清孙星衍《尚书今古文注疏·无逸》引马融曰："祖甲有兄祖庚，而祖甲贤，武丁欲立之。祖甲以王废长立少不义，逃往民间，故曰'不义惟王，久为小人'也。武丁死，祖庚立。祖庚死，祖甲立。"又引郑康成曰："祖甲有兄祖庚，贤，武丁欲废兄立弟，祖甲以为不义，逃于民间，故曰'久为小人'。"这里是说，祖庚、祖甲兄弟二人皆有贤名，但武丁宠爱小儿子祖甲，想废祖庚而改立祖甲为王储。祖甲认为这不符合"兄终弟及"的制度，怕引起王室内部兄弟间争夺王位的矛盾，重演"九世之乱"的局面。他便主动离开王都，躲到民间避让，并像武丁当年在民间那样，和百姓同吃、同住、同劳动。

武丁死后，祖庚继位。祖庚，名曜，即位后 10 年左右病逝。《今本竹书纪年》云祖庚"十一年，陟"，《太平御览》卷八十三引《史记》则说"祖庚在位七年"。

---

① 慕平译注：《尚书》，中华书局 2009 年，第 237 页。

祖庚死后，弟祖甲继位。祖甲继位时正值商王朝鼎盛之后的稳定发展时期，四方称臣，远近纳贡，因此祖甲对外也没有太多的征伐。对内，因深知人民的疾苦，则采取宽爱政策，给民以休养生息，正如《无逸》所说："作其即位，爰知小人之依，能保惠于庶民，不敢侮鳏寡。"

殷墟甲骨文的记载也能说明这一点。纵观祖庚、祖甲时期的卜辞，"未见有如武丁时期大量的征伐，更多的是祭祀先公、先王、先妣等；占卜内容常为'求年'、'受年'、田猎和与这些社会生产活动有密切关系的气象"①。

从甲骨文中还发现祖甲时的礼制也和以前不同，"如武丁时期祭祀时要用大量的牺牲，无论是畜牲，还是人牲，动辄十至几十，甚至上百。而祖甲时的祭祀卜辞中用牲则较少，几十上百者目前几乎未见，用人牲则更少，这不能不说是一大进步"②。

祖甲改革礼制最先是由董作宾发现并提出的，古文献中并没有相关内容的具体记载。

除进行礼制改革外，祖甲还对行之约300年的"汤刑"加以修订，以适应社会发展的需要。

由此可见，祖甲也是一位有所作为的商王。

关于祖甲生平事迹，《今本竹书纪年》记录较详，曰："祖甲，名载。元年丁巳，王即位，居殷。十二年，征西戎。冬，王返自西戎。十三年，西戎来宾。命邠侯组绀。二十四年，重作汤刑。二十七年，命王子嚣、王子良。三十三年，陟。"

《国语·周语》和《史记·殷本纪》中也有记述，但十分简略。《周语下》引卫国大夫彪傒之言曰："昔孔甲乱夏，四世而陨；玄王勤商，十

---

① 孟世凯：《商史与商代文明》，上海科学技术文献出版社2012年，第125页。
② 孟世凯：《商史与商代文明》，上海科学技术文献出版社2012年，第126页。

有四世而兴。帝甲乱之,七世而陨,后稷勤周,十有五世而兴;幽王乱之,十有四世矣。"这里是说,帝甲扰乱殷政,传了七代就灭亡了。《殷本纪》亦云:"帝甲淫乱,殷复衰。"不知此说根据何在?

祖甲死后,其子廪辛、康丁先后继立。前者在位约4年死,后者在位约8年死。廪辛、康丁称祖甲为父甲,目前所见祭祀父甲的卜辞有130余条(含残辞)①。

三、武乙"射天"

武乙,名瞿,殷墟甲骨文中称武乙或武祖乙,商末青铜器铭文中也称武乙,康丁之子,为商第二十八任国王,在位35年,即公元前1147—前1113年。

关于武乙,《史记·殷本纪》仅记载其"射天而戏"一事,曰:"帝武乙无道,为偶人,谓之天神。与之博,令人为行。天神不胜,乃僇辱之。为革囊,盛血,卬而射之,命曰'射天'。武乙猎于河渭之间,暴雷,武乙震死。"大意是说,帝武乙无道,制作了一个木偶人,称木偶人为天神,跟天神下棋赌输赢,让旁人(可能是贞人,也即史官)替天神下子,天神输了,就侮辱他。还用皮革缝制了一个囊袋,盛满血,高高挂起,仰面射它,说这是射天。武乙在黄河和渭河之间打猎,天忽然打雷,武乙被雷击死。

"如《史记》说,武乙诟天侮鬼,当然要死于非命了!"② 因为不如此,就不符合儒家的思维逻辑。在儒家看来,"武乙是一个大逆不道的国

---

① 孟世凯:《商史与商代文明》,上海科学技术文献出版社2012年,第126页。
② 丁山:《商周史料考证》,国家图书馆出版社2008年,第146页。

王,被雷击死是藐视天神而得的报应"①。其实武乙之死可能另有原因。丁山认为"武乙之死于河渭,似乎不是田猎,可能是去征伐周王季,兵败被杀,殷商史官乃讳言'暴雷震死'而已"②。丁山此说的根据是《古本竹书纪年》和甲骨卜辞中的相关记载,虽属推测,但决非无稽之谈。可作一家之言。

武丁"射天",并不是为了藐视上天,更不是为了亵渎神灵,而是借此削弱贞人干涉国王的权力,以加强王权。

商人对上天及鬼神十分迷信,正如《礼记·表记》所说"殷人尊神,率民以事神,先鬼而后礼"。贞人(又称巫人,也即史官)也常借占卜、祭祀之机,利用鬼神意志干涉国王的行为。所以,为扭转这种局面,武乙通过"射天"这种向神权挑战的大胆方式,向国民宣示国王主宰天下的权力。殷墟甲骨文的记载也说明了这一点。武乙、文丁时期,贞人代王占卜的卜辞大量减少,由王亲自占卜的卜辞则大量增加。这从一个侧面说明武乙的权力在不断加强。

武乙时期曾用兵四方,征伐不臣反叛方国,其中以征伐旨方的次数较多、规模也较大。旨方,据丁山先生考证就是《礼记·礼运》中所说的伊耆氏,其地望在今洛阳的伊河流域。他说:"旨,挚乳为耆。《史记·周本纪》言文王受命四年'败耆国'。《尚书大传》,'文王受命五年',出而伐耆。耆,《古文尚书》作'西伯戡黎'。《汉书·地理志》,上党郡壶关,《注》引应劭曰,'黎侯国也,今黎亭是'。此黎,在今山西长治县境,距商都小屯不远,周文王所伐者诚在此,未必即是武乙所屡征的旨方。《礼记·礼运》,'伊耆氏始为蜡'。又,《名堂位》曰,'土鼓、蒉桴、苇籥,伊耆氏之乐也'。郑玄《注》,'伊耆氏,古天子有天下

---

① 孟世凯:《商史与商代文明》,上海科学技术文献出版社2012年,第127页。

② 丁山:《商周史料考证》,国家图书馆出版社2008年,第147页。

之号也'。说者或谓即神农氏。我认为耆氏,即卜辞所称旨方;以地居伊水流域,故或谓之伊耆氏。武乙之伐旨方,还是要剪灭周王季的与国。"[1]

四、"文丁杀季历"

此语出自《古本竹书纪年》。《晋书·束皙传》引《古本竹书纪年》曰:"文丁杀季历。"

季历为周人的首领,曾被文丁封为殷商王朝的牧师。

周人是个古老的农业部落,兴起于今陕甘一带,其始祖名弃,舜时受封于邰(今陕西武功西),传至不窋时奔于戎、狄之间,公孙时定居于豳(今陕西旬邑西南),至古公亶父时迁徙到岐山之下的周原(今陕西扶风、岐山之间)。

古公死后,少子季历继位。商王武乙末年,季历入朝,"武乙赐地三十里,玉十瑴,马八疋"(《古本竹书纪年》)。商周关系一直十分融洽。

商王文丁时,季历仍勤于王事,助商征伐,除伐燕京之戎"败绩"外;伐余无之戎、始呼之戎、翳徒之戎皆"克之"。随着征伐的不断胜利,周人的势力已深入到今山西境内。

可能是由于周的强大,引起文丁的恐慌,害怕不利于商,于是乘季历入朝献捷之机,文丁将其囚禁,季历因此忧愤而死,史称"文丁杀季历"。

此事在历史上影响很大,从此商周关系急转直下,由融洽转变为世仇!

---

[1] 丁山:《尚周史料考证》,国家图书馆出版社2008年,第149页。

五、"帝乙归妹"

文丁死后，子帝乙继位。帝乙名羡，甲骨文和金文中称作武帝乙，在位26年（公元前1101—前1076年）。

帝乙继位后面临着左右两难的困局。西方，季历死后其子昌继位，昌正在积蓄力量为父报仇；东方，有夷方等的不断叛乱。

为了避免东西方同时受敌，也为了修复已经变恶的商周关系，帝乙决定将胞妹嫁于周侯姬昌，试图以和亲的办法来改善与周人的关系，史称"帝乙归妹"。"妹"指少女，"归妹"意即嫁女。帝乙还封姬昌为西伯，专事征伐反商势力。

在努力与周人修复关系的同时，帝乙集中兵力征伐夷方、敝方（今河南永城西）、盂方（今河南睢阳附近）等方国、氏族的叛乱。甲骨文中有帝乙时期屡征夷方、盂方等的记载。从甲骨文看，帝乙征伐夷方的艰巨程度"不在武丁伐吉方之下"[①]。"吉方"即舌方，丁山先生释舌方为吉方，从王国维说。

帝乙死后，少子辛继位，是为帝辛，天下人称他为纣。

第八节　帝辛与商亡

一、帝辛

帝辛，又称受、受辛、纣、商纣、商纣王等，为帝乙之子，商的末

---

① 丁山：《商周史料考证》，国家图书馆出版社2008年，第156页。

代国王，即第三十一位国王，在位 30 年，即公元前 1075—前 1046 年（据"夏商周断代工程"《夏商周年表》）。帝辛是他的庙号。

关于帝辛，《尚书》《诗经》《国语》《左传》《竹书纪年》等古文献中皆有记载，尤以《史记》最为详细。

《史记·殷本纪》载："帝纣资辨捷疾，闻见甚敏；材力过人，手格猛兽；知足以距谏，言足以饰非；矜人臣以能，高天下以声，以为皆出己之下。好酒淫乐，嬖于妇人。爱妲己，妲己之言是从。于是使师涓作新淫声，北里之舞，靡靡之乐。厚赋税以实鹿台之钱，而盈钜桥之粟。益收狗马奇物，充仞宫室。益广沙丘苑台，多取野兽蜚鸟置其中。慢于鬼神。大冣乐戏于沙丘，以酒为池，悬肉为林，使男女倮相逐其间，为长夜之饮。百姓怨望而诸侯有畔者，于是纣乃重刑辟，有炮格之法。以西伯昌、九侯、鄂侯为三公。九侯有好女，入之纣。九侯女不憙淫，纣怒，杀之，而醢九侯。鄂侯争之强，辨之疾，并脯鄂侯。西伯昌闻之，窃叹。崇侯虎知之，以告纣，纣囚西伯羑里。西伯之臣闳夭之徒，求美女奇物善马以献纣，纣乃赦西伯。西伯出而献洛西之地，以请除炮格之刑。纣乃许之，赐弓矢斧钺，使得征伐，为西伯。而用费中为政。费中善谀，好利，殷人弗亲。纣又用恶来。恶来善毁谗，诸侯以此益疏。西伯归，乃阴修德行善，诸侯多叛纣而往归西伯。西伯滋大，纣由是稍失权重。王子比干谏，弗听。商容贤者，百姓爱之，纣废之。及西伯伐饥国，灭之，纣之臣祖伊闻之而咎周，恐，奔告纣曰：'天既讫我殷命，假人元龟，无敢知吉，非先王不相我后人，维王淫虐用自绝，故天弃我，不有安食，不虞知天性，不迪率典。今我民罔不欲丧，曰："天曷不降威，大命胡不至？"今王其奈何？'纣曰：'我生不有命在天乎！'祖伊反，曰：'纣不可谏矣。'西伯既卒，周武王之东伐，至盟津，诸侯叛殷会周者八百。诸侯皆曰：'纣可伐矣。'武王曰：'尔未知天命。'乃复归。纣愈淫乱不止。微子数谏不听，乃与大师、少师谋，遂去。比干曰：'为人臣者，不得不以死争。'乃强谏纣。纣怒曰：'吾闻圣人心有七窍。'剖比干，观其心。箕子惧，乃佯狂为奴，纣又囚之。殷之大师、少师乃持其祭乐器奔周。周武王于是遂率诸侯伐纣。纣亦发兵距之牧野。甲子日，纣兵败。纣走，入登鹿台，衣其宝玉衣，赴火而死。"这里是说商王纣天生聪明，才思出众，勇猛过人，能言善辩，但高傲自负；他酗酒好色，听信妇言，奢靡无度，"慢于鬼神"；他行暴政，杀忠良，弃贤能，用小人，失人心，自信有命在天，最终导致纣死商亡。

《史记·殷本纪》记商纣事多本于《尚书》，但又不局限于《尚书》，司马迁所言商纣之事应有史实根据。这些多是导致纣死商亡的内因。除了内因以外，商纣灭亡还有外部原因，这就是"纣克东夷，而陨其身"。此语出自《左传·昭公十一年》。是说商纣虽然战胜了东夷，却因此丢掉了牲命。

郭沫若先生也认为这是商纣王灭亡的主要原因。他说：周武王之所以能够把殷朝的王室颠覆，"倒不是因为殷纣王（帝辛）怎样暴虐，失掉了民心，而是另有一段历史原缘的。这段古史的真相也因卜辞的发现才得大白于世"。"殷末在帝乙、帝辛两代，曾长期和东南夷发生战争，据卜辞所载，帝乙十年及二十年屡次征讨夷方，地点不是在山东的齐与雇，便是在淮水流域的条与灞，和'渐居淮岱'的东南夷合拍，可知夷方即指东南夷"。"帝辛继承父业，屡次用兵，终于把东南夷平定了"。"俘虏能有亿兆，战争可见猛烈，殷将士的损失也未必不在少数"。"就在这样的情形下边周人乘虚而入，殷纣王用俘虏兵对敌，卒致'前徒倒戈'，遭了失败。这便是殷、周之际的所谓征诛的实际"①。

东夷，也即甲骨文里的"夷方"。甲骨文里的"夷方"或释作"尸

---

① 郭沫若：《十批判书·古代研究的自我批判》第一节；转引自孟世凯：《商史与商代文明》，上海科学技术文献出版社2012年，第134—137页。

方"，或释作"人方"，李学勤先生认为"释为'夷方'较好，其事与《左传》《吕氏春秋》所载的'纣克东夷'之事有关"①。

关于帝辛时期征伐夷方的问题，李学勤先生有深入而细致地研究，他说："甲骨文里有关征夷方的材料，见于黄组卜辞。有关这个问题的研究经过了漫长的过程，最早的是王国维，然后有明义士、郭沫若、董作宾、陈梦家，包括我本人也做过一些研究。大家的看法不太一样，可是最重要的是，这组甲骨卜辞可以排列起来，从帝辛九年春天一直排到帝辛十一年春天，大约两年的时间，中间的史实可以连续。如帝辛九年，夷方如何作乱，侵犯了商朝，商王帝辛又如何筹备；到了帝辛十年又如何出兵，出兵路线如何，经过了什么地方；最后又如何打仗，如何取胜；胜利后又如何回去，如何庆祝，等等。'夏商周断代工程'还据此作了年代推算，对确定帝辛的王年起了很重要的作用。

"过去，关于夷方的具体地望，学界有不同的认识。有的认为夷方是淮夷，有的认为属东夷。有关商人征夷方的方向，亦有不同意见，有的认为是向西方打，有的认为是向南，有的认为是向东。我们认为，商代离我们已很遥远，后世地名相同或相似的又多，如果单纯互相比附，即使找到一串共同地名，终究有些危险。再说，甲骨文的地名也有异地同名的，光靠系联的方法，并不能完全解决问题。要真正确定甲骨文地名的方位，还有赖于考古学提供有力的证据。当然，要找到这样的证据谈何容易，但机会终于来了。"

第一个证据是"索"氏铜器。1973年左右，在兖州的李官村出土了一组青铜器，青铜器上都有铭文"剩"，大家一致认为就是封伯禽时，封给他的殷民六族中的索氏。"'索'这个地名就见于征夷方的甲骨卜辞中。现由'索'氏铜器可知，'索'的地望在山东兖州，征夷方时经过了此

---

① 李学勤：《中国古代文明十讲》，复旦大学出版社2003年，第206页。

地。"

"第二个证据是杞国铜器。征夷方的卜辞里有'杞'这个地名。在文献和古文字材料里,'杞'有两个,一在今天河南的杞县,二在山东新泰。我们认为,征夷方的'杞'在新泰的可能性最大,因为在清末道光、咸丰年间,在新泰出土了写有'杞伯'铭文的青铜器,说明新泰曾是杞国的都城所在。不过,这批铜器的年代在西周后期,时代稍晚。能直接证明新泰在商代也为'杞'地的证据,是现藏于台北故宫博物院的杞妇卣。根据此卣的形制与花纹判断,其年代当在商末。此卣盖器对铭,一行四字:'亚醜(此字待考),杞妇'。器主系亚醜族氏之女而嫁于杞者。过去在山东益都苏埠屯大墓里,曾出土过商代的亚醜族氏的青铜器,商末的杞国与益都的族氏通婚,其地理位置也不能太远,新泰在位置上是适宜的。

"第三个证据是小臣醜与相关的青铜器。甲骨卜辞里曾记载了小臣醜赴攸以御夷方的事。这个小臣醜与苏埠屯大墓所出青铜器的亚醜族氏有关。益都今称青州,小臣醜参与征夷方,大概也在此地不远。此事还可得到商末铜器小臣艅犀尊的支持。该器传清道光时出在梁山,所谓'梁山七器'之一,现藏美国旧金山亚洲艺术博物馆。其铭文有:'王锡小臣艅夒贝,惟王来征夷方,惟王十祀又五肜日。'

"还有一个地点可以在这里提一下,在征夷方的甲骨卜辞里,还有一个'淮'地。过去,大家都将其与淮河相联系。我的想法是古文字的这个字可能不是'淮'而是'潍',也就是在现在的潍坊。如果这一点成立的话,那么,商人从河南安阳出发,往东征东夷的路线就很顺了,即由安阳—兖州—新泰—青州—潍坊,一直向东进发。征夷方卜辞还有提到'齐'的。当然,关于'淮'与'潍'的问题还需要直接证据,大家可以继续讨论。

"总之,从考古发现所提供的材料来判断,商人征夷方的地点大多在山东，因此，商末的夷方与东夷当为同一事。"①

帝辛征夷方的原因，《左传》中有所记载。《左传·昭公四年》云："商纣为黎之蒐，东夷叛之。"黎为商的诸侯国，其故地在今山西长治市西南。蒐，杜预注为"索"，"择取不孕者"；《尔雅·释诂》郭璞注为"春猎"，"蒐者，以其聚人众也"。这是说帝辛举行黎地大蒐，东夷则背叛了他。东夷本是商的盟邦，但自帝乙时起则屡屡叛商，因此帝乙、帝辛父子也从未停止过对东夷的征伐。

商纣为亡国之君。中国历代亡国之君都遭后人漫骂，因为守不住祖宗打下的江山，而骂得最凶的是灭他的那个王朝②。"盖既亡之后，兴者必极言前王之恶，而后己之伐暴为有名，天下之戴己为甚当，不如此不得也。"③

而纣又是中国历代被骂得最多的那个亡国之君，他和夏桀一起几乎成了暴君的代名词。"中国言暴君，必数桀纣，犹之言圣君，必数尧、舜、汤、武也。"④

事实上商纣之恶可能不像文献上记述的那么多，多到罄竹难书。孔子弟子子贡就坦言："纣之不善，不如是之甚也。是以君子恶居下流，天下之恶皆归焉。"（《论语·子张》）

吕思勉先生引夏曾佑之言说："各书引桀、纣事多同，可知其必多附会"。"今比而观之：桀宠妹嬉（《晋语》），纣宠妲己（《晋语》），一也。

---

① 李学勤：《中国古代文明十讲》，复旦大学出版社2003年，第206—208页。
② 参阅孟世凯：《商史与商代文明》上海科学技术文献出版社2012年，第132页。
③ 夏曾佑：《中国古代史》，商务印书馆1933年；转引自吕思勉：《先秦史》，上海古籍出版社2005年，第119页。
④ 夏曾佑：《中国古代史》，商务印书馆1933年；转引自吕思勉：《先秦史》，上海古籍出版社2005年，第119页。

桀为酒池，可以运舟，一鼓而牛饮者三千人（刘向《新序》）。纣以酒为池，悬肉为林，使男女倮相逐其间，为长夜之饮（《史记·殷本纪》）。二也。桀为琼台瑶室，以临云雨（刘向《列女传》）。纣造倾宫瑶台，七年乃成，其大三里，其高千仞（《太平御览》八十四引《帝王世纪》）。三也。桀杀关龙逢（《太平御览》八十二引《尚书·帝命验》）。纣杀比干（《史记·殷本纪》）。四也。桀囚汤于夏台（《史记·殷本纪》），汤行赂，桀释之（大公《金匮》）。纣囚文王于羑里，西伯之徒，献美女、奇物、善马，纣乃赦西伯（《史记·殷本纪》），五也。桀曰：时日曷丧（《孟子》。时日，言生之时日，即命也。与纣称有命在天同意。前人以天上之日不丧解之，又讹为桀失日，恐非）。纣曰：我生不有命在天（《尚书》）。六也。故一为内宠，二为沈湎，三为土木，四为拒谏，五为贿赂，六为信命，而桀、纣之符合如此，天下有为善而相师者矣，未有为恶而相师者也，故知必有附会也。"①

顾颉刚先生根据《尚书》将纣之恶行归纳为"酗酒、不用贵戚旧臣、听信妇言、登用小人、信有命在天、不留心祭祀"，并言"纣只是一个糊涂人，他贪喝了酒，遂忘记了政事，所以把他的国亡掉了"②。

对此，丁山先生认为："若以晚周文献有关帝辛事迹的传说论之，顾先生的结论，大体可信。"③

事实上纣之荒淫暴虐主要发生在中后期，其即位之初商王朝仍处于继续发展时期。《孟子·公孙丑上》说："纣之去武丁未久也，其故家遗俗，流风善政，犹有存者；又有微子、微仲、王子比干、箕子、胶鬲，皆贤人也，相与辅相之，故久而后失之也。"这是说商纣距离武丁时间并

---

① 吕思勉：《先秦史》，上海古籍出版社2005年，第119—120页。
② 顾颉刚：《古史辨》第二册，上海古籍出版社1982年，第82页。
③ 丁山：《商周史料考证》，国家图书馆出版社2008年，第159页。

不甚久（《夏商周断代工程》定为116年），当时的勋旧世家、善良习俗、先民遗风、仁惠政教还有些存在的；又有微子（名启，纣的庶兄）、微仲（名衍，微子之弟）、王子比干（纣的叔父）、箕子（纣的叔父）、胶鬲（纣王之臣），这些贤能的人来共同辅佐他，所以统治了很长时间（《夏商周断代工程》定为30年，即公元前1075—1046年）才亡国。

引孟子，引夏曾佑、顾颉刚、丁山之言决不是想否定什么，更不是为纣翻案，纣就是一个暴君、一个因淫乱和暴政而亡国的国王，但"纣之不善"确如子贡所说"不如是之甚也"（《论语·子张》），纣之淫逸暴虐也有一个渐进累积的过程，并非即位之初就是这样，正像纣之灭亡一样。

二、商亡

商纣暴政导致民心尽失，诸侯反叛；连年征伐又使殷都空虚，这就为"小邦周"灭亡"大国商"提供了良机。

周文王时，已为灭商做了充分的准备。文王"遵后稷、公刘之业，则古公、公季之法，笃仁，敬老，慈少"，广罗人才，诸侯及贤士多归之。他在位约50年，先后灭掉了犬戎、密须（今甘肃灵台西）、黎或曰耆（今山西长治西南）、邗（今河南沁阳西北）、崇（今陕西西安、户县一带）等，还于死前一年徙都于丰邑，做东进伐商取天下的最后准备，但未及出师便死去了，他的建国大业是由武王最后完成的。

文王死后，太子发继位，是为武王。

武王即位的第二年，兴师伐商至于盟津（今河南孟津东北），"诸侯叛殷会周者八百"（《史记·殷本纪》），但因时机不够成熟，只得暂时退兵西守，史称"盟津观兵"。

盟津观兵，《史记·周本纪》中记载较为详细，曰："九年，武王上祭于毕。东观兵,至于盟津。为文王木主,载以车,中军。武王自称太子发,言奉文王以伐,不敢自专。乃告司马、司徒、司空、诸节:'齐栗,信哉!予无知,以先祖有德臣,小子受先功,毕立赏罚,以定其功。'遂兴师。师尚父号曰:'总尔众庶,与尔舟楫,后至者斩。'武王渡河,中流,白鱼跃入王舟中,武王俯取以祭。既渡,有火自上复于下,至于王屋,流为乌,其色赤,其声魄云。是时,诸侯不期而会盟津者八百诸侯。诸侯皆曰:'纣可伐矣。'武王曰:'女未知天命,未可也。'乃还师归。"

又二年,闻商王纣更加昏乱暴虐,杀王子比干,囚箕子,内部矛盾毕露,于是武王遂率戎车300辆,虎贲3000人,甲士45000人,并联合了庸、蜀、羌、髳、微、卢、彭、濮等方国、氏族东伐,渡盟津,"诸侯咸会"。武王作《太誓》,告于众庶:"今殷王纣乃用其妇人之言,自绝于天,毁坏其三正,离逷其王父母弟,乃断弃其先祖之乐,乃为淫声,用变乱正声,怡说妇人。故今予发维共行天罚。勉哉夫子,不可再,不可三!"(《史记·周本纪》)

在甲子日黎明,伐商大军进至商郊牧野(今河南淇县南),准备与纣兵决战。武王在这里举行战前誓师,誓师辞就是《尚书·牧誓》一篇。《牧誓》载:"时甲子昧爽,王朝至于商郊牧野,乃誓。王左杖黄钺,右秉白旄以麾。曰:'逖矣,西土之人!'王曰:'嗟!我友邦冢君,御事:司徒、司马、司空、亚旅、师氏、千夫长、百夫长,及庸、蜀、羌、髳、微、卢、彭、濮人,称尔戈,比尔干,立尔矛,予其誓。'王曰:'古人有言曰:"牝鸡无晨;牝鸡之晨,惟家之索。"今商王受惟妇言是用,昏弃厥肆祀弗答,昏弃厥遗王父母弟不迪;乃惟四方之多罪逋逃是崇是长,是信是使,是以为大夫卿士,俾暴虐于百姓,以奸宄于商邑。今予发惟共行天之罚。今日之事,不愆于六步、七步,乃止,齐焉。夫子勖哉!不愆于四伐、五伐、六伐、七伐,乃止,齐焉。勖哉夫子!尚桓桓,如虎如貔，如熊如罴，于商郊。弗迓克奔，以役西土，勖哉夫子！尔所弗勖，其于尔躬有戮！'"武王在《牧誓》中不仅再次声讨了商王纣的罪行，而且还提出了作战原则，强调了作战纪律，并号召将士们要威风凛凛地像虎貔熊罴一样投入战斗！

牧野之战，纣兵虽众，"皆无战之心，心欲武王亟入。纣师皆倒兵以战，以开武王。武王驰之，纣兵皆崩畔纣"（《史记·周本纪》），所以只一上午伐商大军就大获全胜。

纣见大势已去，登鹿台自焚而死。"周武王遂斩纣头，县之〔大〕白旗。杀妲己。释箕子之囚，封比干之墓，表商容之闾。封纣子武庚禄父，以续殷祀，令修行盘庚之政。殷民大说。于是周武王为天子。其后世贬帝号，号为王。而封殷后为诸侯，属周。"（《史记·殷本纪》）商王朝灭亡。

"灭商在'甲子昧爽'已得到出土铭文证实，1976年在陕西临潼零口乡一个周代窖藏中发现一件西周早期的青铜器，即著名的《利簋》，《利簋》上有铭文三十二字，因先秦史家对铭文考释至今未达到共识，这里只取一释列于下：'珷征商，唯甲子朝，岁，鼎、克。昏夙有商。辛未王在阑自，赐右史利金，用作旜公室尊彝。'此历日也与《逸周书·世俘》所载吻合，也是《夏商周断代工程》研究'克殷'主要依据之一。《断代工程》综合各类相关资料将'克殷'年代定在商纣在位第三十年（公元前1046年）。"[①]

[①] 孟世凯：《商史与商代文明》，上海科学技术文献出版社2012年，第143页。

第六章　商代的政治制度

一、王权与神权

商代的最高统治者是商王,自称"余一人"(在甲骨文中)、"予一人"(《尚书·盘庚》中)、"一人",享有至高无上的绝对权力。名义上,他是王国土地的最高所有者,也是商王国最高的军事统帅。

商王迷信鬼神,并借助对鬼神的迷信来行使王权。所谓神,《说文》解释为"天神,引出万物者也。从示、申",为天地万物之主。万物皆有神。《尸子》卷下曰:"天神曰灵,地神曰祇,人神曰鬼。鬼者归也,故古者谓死人为归人。"祇,与神相对,《说文》解释为"地祇,提出万物者也。从示,氏声"。《玉篇·示部》曰:"祇,地之神也。"甲骨文和金文中的"神"字作"申",叶玉森先生考释为"象电耀曲折"①,像雷电形。

商人尊神之风很盛,正如《礼记·表记》所说"率民以事神,先鬼而后礼",王国上下全都敬事鬼神,"鬼"的地位比"礼"还重要,要"先鬼而后礼"。

为了统一信仰,商人创造了一个上帝神。在甲骨文中称作"上帝"、

---

① 转引孟世凯:《商史与商代文明》,上海科学技术文献出版社2012年,第144页。

"帝",帝应是上帝的省称。商人心目中的上帝是天上的最高统治者,它的下面有"臣正"。上帝既能管天地自然,也能管人世间的一切;既能呼风唤雨,又能降吉凶祸福。商王常祈求于帝。

商人最敬奉的是祖先神。商人认为人死以后都能成神,尤其是王侯,所以商人的先公先王都生活在天国中,住在"帝所"里,和上帝一起共同为神,仍然为后为王,主宰着商人的一切。因此商王有事往往是向祖先神祈求。因为在商人看来祖先神比上帝更了解社会,更方便主宰人间。"目前所见的商代甲骨文中,祭祀神祇的卜辞占卜祈求绝大多数是祖先神,各种自然神祇虽也被祭祀,然只居其次。"[1]

商王迷信还表现在占卜上,几乎无日不卜,无事不占。上自国家大事,下至生活小事,诸如祭祀、年岁、征伐、天气、福祸、田狩、疾病、生育甚至做梦等,都必须通过占卜来决断。但占卜的结果常受人为因素的左右。卜辞中常有"一事多卜"现象,即一件事要多次占卜。表面上是征得神的同意,实际上还是王一人说了算。商代的王位继承法有父死子继和兄终弟及两种。商汤至康丁为两种制度并行,以兄终弟及为主。"王子无嫡庶之分,皆有继位的资格,至无弟可传,然后传子。但传末弟之子抑或传先兄之子,似无定制;多数是传末弟之子,但有不少例外。"[2]凡子即王位者其父即为直系。周祭中,直系先王及配偶有资格列入祀典,而旁系先王的配偶则没有这个资格。

"卜辞中商王亲属称谓有祖、妣、父、母、兄、弟,且有'多祖''多妣''多父''多母'之称。先王的配偶称妻、妾、母、奭,与商王有血缘关系的有'王族''多子族'。这些宗族同商王形成亲疏不同的宗

---

[1] 孟世凯:《商史与商代文明》,上海科学技术文献出版社2012年,第149页。
[2] 白寿彝总主编:《中国通史》第三卷《上古时代》(上),上海人民出版社1994年,第250页。

法关系，他们构成'百姓'的主体，而为首的是商王自己。"①

二、官制

商代官制比夏代复杂，商王以下的官僚机构，分"内服""外服"两种，前者在王畿以内，为中央职官，后者在王畿以外，为地方职官。《尚书·酒诰》曰："自成汤咸至于帝乙，成王畏相。惟御事厥棐有恭，不敢自暇自逸，矧曰其敢崇饮。越在外服：侯、甸、男、卫邦伯；越在内服：百僚、庶尹、惟亚、惟服、宗工，越百姓、里君：罔敢湎于酒。"

（一）、内服百官

从文献、卜辞中记载可知，商代王畿内所设官吏至少在百种以上，大致可以分政务官、武官和史官三类。

政务官有尹、多尹、臣、小臣、多臣等。尹，或多尹，为国王辅佐，或作"大田"，或为王作"寝"，掌祭祀，出征伐，负责内政事务。伊尹就曾居其官。臣的种别很多，多以职责命名。小王臣，为侍奉在国王身边的小臣。小众人臣，为主管众人的小臣。小耤臣，为主管耕耤的小臣。小丘臣，为主管山林的小臣。小臣甾车马，为主管车马的小臣，这些小臣的地位有高有低，高的如后世大臣，低的如地方小官。臣，可能是小臣的简称。对于商王而言，其臣都应卑称小，以示君权之尊贵。多臣应是小臣的总称。

文献上有相、卿士、三公的记载。相，或称冢宰，为商王的辅佐大臣，常伴王之左右，协助商王决定国家大事，是商王朝地位最高、权势最大的官吏。终商一代，见于史载的、居于相位的大臣有伊尹、仲虺、伊陟、巫咸、甘盘、傅说、祖乙等。卿士，可能是公卿大夫的泛称，其

---

① 刘起釪等：《先秦史》，中国大百科全书出版社2012年1月，第53页。

地位仅次于相。《尚书·微子》中有"殷罔不小大，好草窃奸宄，卿士师师非度"，殷王朝从上到下的人无不喜欢巧取豪夺，为奸作乱，公卿大夫互相效法，为非作歹。此卿士即为泛指。三公，具体官职不详，是一种身份比较尊贵的朝官，可能亦属卿士之列。《史记·殷本纪》中有"西伯昌、九侯、鄂侯为三公"的记载。《战国策·赵策三》中亦记："昔者鬼侯、鄂侯、文王，纣之三公也。"

武官有马、多马、亚、多亚、射、多射、箙、多箙、犬、多犬、卫、戍等。马、亚在卜辞中常常并举，受王之命，从事射猎和征伐。但二者似有区别，"马，令征伐或射猎，很可能是'马师'（《左传》昭公七年云："朔于敝邑，亚大夫也；其官，马师也。"），后世的司马之官，或从此出；亚，可以'保王'（《库》1028）、'保我'（《前》7·3·1），与商王的关系极为亲近"。"文献和金文中的亚、服、箙往往并称，甲骨文中也有'多箙'（《乙》4212）的记载。'令多射、卫'（《粹》15）的'多射、卫'似当读作多射与多卫，都是官名，这里的箙和射，当是管理由弓箭手组成的军队的武官。"① 卫、戍与守卫、戍守有关，卜辞中常与多射并列。犬、多犬，也是武官，除参加田猎外，也参加征伐之事。

史官有史、作册、卜、多卜、祝等。史，在甲骨文中常见，它和作册一样都有记事职责，但又不限于记事，多参加一些祭祀活动。卜、多卜，甲骨文中称之为"贞人"，职司占卜之事。卜官的职位并不太高，但作用很大，常常利用鬼神意志来左右商王的行动。商代贞人数量很大，自武丁至帝辛，甲骨卜辞中共出现了大约107个贞人。其中"武丁时期（第一期）的贞人有六十二位（含武丁晚期）。祖庚、祖甲时期（第二期）有二十六位，其中跨期有四位。廪辛、康丁时期（第三期）有十四

---

① 白寿彝总主编：《中国通史》第三卷《上古时代》（上），上海人民出版社1994年版，第261页。

位，其中跨期二位。武乙、文丁时期（第四期）有五位。帝乙、帝辛（第五期）六位。当然这只是我的粗略统计，研究分期问题的专家也许不会完全同意"①。祝，是祭祀时负责向鬼神致告辞的官吏。《尚书·无逸》孔颖达疏："以言告神谓之祝。"

（二）、外服侯伯

王畿外为商代的"四土"，散居着许多"服王事"的氏族、方国，为商代的侯、伯。

卜辞中有侯50余个（含残辞），如：雀侯、仓侯、杞侯、黍侯、戈侯、犬侯、竹侯、覃侯、有侯、攸侯、侯光、侯专、侯告、侯郑、侯前、侯商、侯泟、侯虎（或释为侯豹）、侯屯、侯唐、侯印，等等②。

卜辞中的伯有近40个（含残辞），如：祝伯、宋伯、微伯、去伯、雇伯、羌伯、沚伯、丹伯、髳伯、擘伯、不伯、子伯、而伯、艺伯、促伯、㝬伯、卢伯、莫伯、危伯、归伯、帷伯、盂方伯炎、伯伊、伯由、伯吹、伯商，等等③。

《尔雅·释诂》云："侯，君也。""伯，长也。"但从卜辞中看，侯、伯在商王朝并无多大区别，他们都臣服于商，虽然各自拥有军队力量，置有"臣正"一类的官吏，但是对于商王仍有纳贡、戍边、服劳役和奉命征伐的义务。

三、军队

商代军队比夏代庞大，由国王直接统率的中央军和方国侯伯统属的

---

① 孟世凯：《商史与商代文明》，上海科学技术文献出版社2012年，第152页。

② 参见孟世凯：《商史与商代文明》，上海科学技术文献出版社2012年，第186页。

③ 参见孟世凯：《商史与商代文明》，上海科学技术文献出版社2012年，第187页。

地方军两部分组成。

商代军队以师为单位。但师作为建制单位产生于何时尚不清楚。《尚书·盘庚》中有"师长"之称，盘庚曰："呜呼！邦伯、师长、百执事之人，尚皆隐哉！予其懋简相尔，念敬我众。""邦伯"，指邦国之长，即臣服方国的诸侯。"百执事"，即《酒诰》中的"百僚庶尹"，当指百官。"师长"，"当为武官之长"①。"师长"与"邦伯""百执事"并提，知其地位相当。

卜辞中有"王作三师右、中、左"的记载，这是一片武乙、文丁时期的卜辞，原文为："丁酉，贞：王作三师右、中、右。"（《合集》33006）卜辞中的后一个"右"字当是"左"的误刻。"三师"为军队的基本组织形式，大概相当于后世的三军。

但此前是否有"三师"的存在，学术界说法不一。武丁时期卜辞中有"中师"记载："癸亥卜，争贞：旬亡祸？王占曰：有祟，旬壬申中师□，四月。"（《合集》5807）据此，有学者认为，这时既然有"中师"，就会有"左师"和"右师"②。似说武丁时可能已有右、中、左三师，当然这只是一种推测，因为到目前为止尚未见到此期有占卜"三师"的卜辞③。

"师"由多少人组成，卜辞和文献中无明确记载。从《牧誓》透露的周人师的编制规模看，百夫长之上是千夫长，千夫长之上是师氏，如千夫长和师氏之间所统率的人数与百夫长和千夫长间一样，是采用十进制

---

① 顾颉刚、刘起釪：《盘庚三篇校释译论》，《历史学》1979年第1期。

② 白寿彝总主编：《中国通史》第三卷《上古时代》（上），上海人民出版社1994年，第266页。

③ 孟世凯：《商史与商代文明》，上海科学技术文献出版社2012年，第164页。

编制的，师氏所统率的人数当是万人①。此说也有史实支撑，张政烺先生研究认为，古代中国普遍采用十进制组织编制方法②。这一研究成果，自1951年发表以后，"已为研究商史的大多数学者所认可"③。

商王有多少个"师"，卜辞和文献中也无明载。研究者根据一些零散的记述并结合商周的史实，进行了推测，但结论差异较大。如李民等人认为，武丁时期是殷商王朝文治武功最盛期，"当然不会只有一师的常备军，极有可能是右、中、左三师"；武乙、文丁时又"新增设三师"，"常备军有六师"；"商王朝末年师的数量一定在六师以上，但不会超过十四个师，因为直到西周中期，也仅有直辖常备军'西六师'和'殷八师'合十四师，西周王畿和控制的疆域远比商广阔，国力更强盛。要之，到殷商末年，商王直辖的常备军在六至十四个师之间"④。孟世凯先生则认为，武丁时期中央军的总兵力为一个师，1万人；武乙、文丁时为右、中、左三师，3万人；"商末帝乙、帝辛时期的中央军可能已扩至五至六个师，兵力有五至六万。诸侯、方国大者（如姬周）兵力不会超过五万人，中等也就是一二万人，小者不过三五千人而已。据宋镇豪的分析统计：'商初约为400—450万人，至晚商大致增至780万人左右⑤'。如果商代末期总人口大致是此数字，则商全国武装力量也不会超过八十万，商王朝能控制、征调的兵力也超不过五十万"⑥。李、孟之说各有所据，

---

① 白寿彝总主编：《中国通史》第三卷《上古时代》（上），上海人民出版社1994年，第265页。

② 张政烺：《古代中国的十进制氏族组织》，《历史教学》第二卷第三期1951年9月。

③ 孟世凯：《商史与商代文明》，上海科学技术文献出版社2012年，第161页。

④ 李民等：《殷商社会生活史》，河南人民出版社1993年，第111—112页。

⑤ 宋镇豪《夏商社会生活史》，中国社会科学出版社1994年9月，第111页。

⑥ 孟世凯：《商史与商代文明》，上海科学技术文献出版社2012年，第164、166页。

都有道理，谁更贴近史实，实难分辨。笔者暂从孟说。

在"师"产生之前，中央军多以"族"为单位命名，如卜辞中的"王族""多子族""三族""五族"，等等。"王族"当是王的御林军，相当于后世的卫戍部队，由商王室的宗族成员组成，主要布防于王畿之内，也参加对外征伐。参加征伐时往往充当中军，如《左传·成公十六年》所说"楚之良，在其中军王族而已"。"多子族"是多个"子族"的集合称谓，由王族以外的与王有近亲关系的同姓家族的子弟组成，是仅次于"王族"的商王嫡系部队[1]。

卜辞中也有"旅"字，但并非专指部队，还指其他，如人名、祭名、地名等。指军队时卜辞中有"登旅""右旅"和"左旅"的记载，如：

（1）"辛巳卜，囗贞：登妇好三千；登旅万，呼伐……"（《英》150正）

（2）"翌日王其命右旅暨左旅卥见方，戈，不雉众。"（《屯南》2328）

（3）"……王其以众合右旅（暨左）旅于舊戈。"（《屯南》2350）

（1）条为武丁时期的卜辞，（2）（3）条为廪辛至文丁时期的卜辞，"登"即征召，"旅"泛指军队，但此"旅"不同于王"师"，"并非专业军队，这是由于'旅'可称'登'，而作为专业军队的'师'从不称'登'的缘故。可知'旅'也是临时征集的"[2]，是为配合中央军征伐而临时征召的预备役"众（人）"武装，作战中常常居于己方阵式的两翼，也即"右旅"和"左旅"。

商代兵种包括车兵和步兵，作战方式普遍使用车战。如：鸣条之战，"殷汤良车七十乘，必死士六千人，以戊子战于郕，遂禽推移、大牺、登

---

[1] 孟世凯：《商史与商代文明》，上海科学技术文献出版社2012年，第160页。

[2] 刘钊：《卜辞所见殷代的军事活动》，刊《古文字研究》第十六辑，1989年9月。

自鸣条，乃入巢门，遂有夏"（《吕氏春秋·简选》）。牧野之战，周武王"率戎车三百乘，虎贲三千人，甲士四万五千人"，"诸侯兵会者车四千乘，陈师牧野"（《史记·周本纪》）。卜辞中也屡有使用战（兵）车进行征伐或田猎的记载。

商代战车多为一车二马三人，个别为一车四马三人。车上三人，御者在前居中，射者在后居左，击者在后居右。考古发掘中发现不少商代车马坑，安阳殷墟小屯 C20 号墓中出土有一车四马三人以及三人使用的三套兵器（第一套武器在车御内，计有马头刀 1 把、石戈 1 件、石镞 10 个、弓形器 1 个、砺石 2 块，另有铜戈 1 件、铜镞 10 个；第二套武器在车舆外的西南，计有兽头刀 1 把、铜戈 1 柄、铜镞 20 个、弓形器 1 件、砺石 1 块等；第三套武器也在车舆外，有兽头刀 1 把、砺石 1 块)①。

小屯宗庙遗址前的祭祀坑中还发现有象征军队阵式的葬坑，包括两个方阵。一阵为步兵阵，有 300 人左右；另一阵有兵车 5 辆，部分列左、中、右三组，与卜辞记载相符②。车战中，主要使用戈、矛、弓、镞、刀、钺、盾、胄、砺石等兵器。商代兵器多以青铜质料为主。殷商墓葬中出土有大批青铜兵器。

商代可能已有了骑兵。卜辞云："贞：命禽致三百射。贞：勿命禽致三百射。"（《合集》5769 正）这"三百射"可能就是骑射的骑兵③。

---

① 见石璋如《小屯后五次发掘的重要发现》，《六同别录》，中央研究所历史语言研究所集刊外编第三种，1964 年版；转引自李民等：《殷商社会生活史》，河南人民出版社 1993 年，第 134 页。

② 刘起釪等：《先秦史》，中国大百科全书出版社 2012 年，第 54 页。

③ 孟世凯：《商史与商代文明》，上海科学技术文献出版社 2012 年，第 162 页。

四、刑罚

商代有刑罚制度。对此，文献上有不少记述，如，《左传·昭公六年》曰"商有乱政而作《汤刑》"，《荀子·正名》云"刑名从商"，《尚书·康诰》说"殷罚有伦"，《墨子·尚贤下》记商有"圜土"，《史记·殷本纪》载纣"重刑辟，有炮格之法"，等等。《吕氏春秋·孝行览》云："《尚书》曰：'刑三百，罪莫重于不孝'。"说商有刑法300条，可能不是实指，但言其种类繁多当不会有虚。

商代的刑罚主要由伐、刖、劓、墨、宫等，后世的五刑在商即已有之。伐，即杀头，也即后世的"大辟"。刖，即断腿，用刀或者用锯断去人的一条下腿。劓，即割鼻。墨，即黥刑，在额头等部位刻字涂墨。宫，即宫刑，毁坏生殖器官。卜辞中有不少关于刖刑的记载，一次受刑者，少则以十计，多者过百人[①]。

监禁也是商代的主要刑罚之一，多地都设有监狱，称"圜土"，或称"羑里"。"殷墟曾发掘出戴梏的男女陶俑，男俑双手梏在背后，女俑双手梏在胸前。卜辞中的'羍'字就是刑具的象形字；'执'字，即人跪地手戴梏形；'圉'字，即方框中之人跪地戴梏，意为牢狱；还有王命小臣'作圉'，即建造监狱。"[②]

《史记·殷本纪》记载商纣王时还有几种十分残酷的刑法，如，醢刑，即把人剁成肉酱，曾"醢九侯"；脯刑，即把人杀死晒成肉干，曾"脯鄂侯"；炮烙，即"炮格之法"。《集解》引《列女传》曰："膏铜柱，下加之炭，令有罪者行焉，辄坠炭中，妲己笑，名曰炮格之刑。"《索隐》

---

① 刘起釪等：《殷代的刖刑》，《考古》，1973年第2期。

② 刘起釪等：《先秦史》，中国大百科全书出版社2012年，第55页。

引邹诞生云:"见蚁布铜斗,足废而死,于是为铜格,炊炭其下,使罪人步其上。"此说"与《列女传》少异"(《史记·殷本纪·索隐》),但都是在下加火烧"铜柱"或"铜格"将人活活烧死。需要说明的是,纣之酷刑,"并不是什么成文法规,而是统治者的随心所欲"①。

五、平民与奴隶

(一)、平民

平民是商代社会的基本民众,卜辞中叫"众人""众""人",文献上称"民""小民""小人"等。他们平时从事农业生产,也参加一些田猎、祭祀活动,有战事时被征入伍参加作战,其地位介于贵族和奴隶之间,属自由民。

(二)、奴隶

商代奴隶由卜辞中被称作仆、妾、羌、奚、刍等组成,他们虽都是奴隶,无人身自由,但身份不同,命运也有区别。

如:仆,或作宰,多受过刖刑,是从事家庭劳动的罪奴,卜辞中有"贞:刖仆不……"(《前》6·55·5)、"刖仆"《前》6·30·6)等记载。

妾,多是被掠夺来的女奴,主要从事侍奉奴隶主贵族日常生活的工作,有时或作为奴隶主贵族享乐生活的工具,虽与仆一样也是家务奴隶,但常被用作祭祀时的牺牲。

羌,即羌人奴隶。商人经常出兵伐羌,又以俘虏的羌人为奴隶。祭祀时,商人多以羌人为人牲,常用三五羌至数十羌,最多时曾高达"三百羌"(《甲骨文合集》294,295)。也有羌人奴隶从事田猎和农田劳动的

---

① 李民等:《殷商社会生活史》,河南人民出版 1993 年,第 61 页。

记载，如"呼多羌逐兔，获"（《甲骨文合集》154），"多羌逐鹿"（《前》4·48·1），"王命多羌垦田"（《甲骨文合集》33213）等。

奚，即奚人奴隶，也是战俘奴隶，其数量可能比羌奴要少，但全部用作祭祀时的人牲而不见从事其他劳动的卜辞①。如："乙丑卜：王侑三奚于父乙，三月延雨？"（《柏》8）"甲寅卜：侑奚祖乙，五？"（《库》26）"御小辛，三牢又奚二。御父庚，三牢又奚二。"（《合》44）"庚午卜：侑奚大乙，卅？"（《甲》2278）

刍，是一种专门从事割草和饲养牲畜的奴隶，"是一种畜牧奴隶"②。

在商代，奴隶的地位十分低下，命运也十分悲惨，虽有一定数量，但主要用于家内奴役、手工作坊、人牲与人殉，很少参加农业生产。

---

① 李民等：《殷商社会生活史》，河南人民出版社1993年，第67页。
② 胡厚宣：《甲骨文所见殷代奴隶的反压迫斗争》，《考古学报》1976年第1期。

第七章　偃师、郑州商城及殷墟甲骨文与商代农业、手工业文明

商代的物质生产水平和状况主要反映在考古发掘资料上，尤其是殷墟甲骨文中。

"甲骨文是商代晚期商王利用龟甲、兽骨进行占卜的记事文字，迄今已发现约十五万片"[①]，内容涉及商代社会生活的许多方面，如天文、历法、气象、氏族、方国、人物、职官、征伐、祭祀、农业、畜牧、田猎、手工业，等等。

当然，甲骨文也并非包罗万象，所反映的事物受占卜内容的影响，正如李学勤先生所说："甲骨是一种占卜的遗物，甲骨上面的文字主要是占卜的记录，因此不应以为甲骨文能全面地体现商代的社会状况。古人说，卜以决疑，对于没有疑问的事情，就无须进行占卜。有些人主张甲骨文包罗万象，甲骨文中没有的，在商代便不存在，这是不正确的。"[②]

更何况甲骨文又是盘庚迁殷以后的遗物，所反映的多为商代后期的生产生活状况，盘庚迁殷前的历史还要依靠偃师商城、郑州商城等考古发掘资料和文献记载来反映。

---

① 刘起釪等：《先秦史》，中国大百科全书出版社2012年，第58页。
② 李学勤：《中国古代文明十讲》，复旦大学出版社2003年，第113页。

一、商代农牧业文明

和夏代一样，商代的社会经济也是以农业为主的，农业生产已成为社会生产的最主要部门。

"甲骨文大量记载了商人的农事活动，几乎包括与农业有关的各个方面。"①。甲骨卜辞中常见"求禾""求年""受年"等类的辞句，如："戊戌卜：其求禾于帝？"（《合集》40114）"癸未卜：求禾于河？"（《供》376）"甲辰卜：于岳求禾？"（《人》2362）"辛巳卜，古贞：求年于岳，燎三小牢卯三牛？二月。"（《合集》10084）"贞：于王亥求年？河？"（《合集》10105）"乙丑卜，王贞：今岁受年？十二月。"（《合集》9650）"癸酉卜，宾贞：今来岁我受年？"（《合集》9655）"甲午卜，宾贞：西土受年？贞：西土不其受年？"（《合集》9742）禾，《说文》谓"嘉谷也。二月生，八月而熟，得时之中，故谓之禾"，说禾为粟，即后世所说的谷子。"但是在甲骨文中，禾绝大多数是广义上的禾，为谷类作物的泛称。"② 年，《说文》云"谷熟也"，《穀梁传·桓公三年》谓"五谷皆熟为有年"。受即授，意为授给。"求禾"与"求年"一样，"都是乞求神祖保佑农作物成熟和丰收的意思"③。此类卜辞的大量出现反映了当时商人对农业生产的重视和对五谷丰登的企盼。"由此我们可以推断，农业生产大概是关乎到殷人国计民生，甚至是生死存亡的大事，是维持商朝存在的关键所在。否则，数量繁多的农业卜辞的存在则很难理解

---

① 刘起釪等：《先秦史》，中国大百科全书出版社2012年，第44页。

② 李民等：《殷商社会生活史》，河南人民出版1993年，第150页。

③ 李民等：《殷商社会生活史》，河南人民出版1993年第1版，第150页。

了。"①

商代农作物的种类大致与夏代相当，主要有黍、稷、稻、麦等。黍，一年生草本植物，叶线形，散穗，子实淡黄色，去皮后称黄米，比小米稍大，煮熟后有黏性，可以酿酒。《说文》曰："黍，禾属而黏者也。以大暑而种，故谓之黍。"原产我国黄河流域，新石器时代遗址中已有发现。"卜辞中黍字凡百余见，其他粮食作物的字多者数十见，少者数见、一见。"② 甲骨文中常见"黍年""受黍年""登黍""立黍"等辞句。黍耐旱，耐碱，生命力强，适宜黄土干旱地区，黍子好吃，但产量不及粟高，因此在粮食生产中的地位也没有粟高。

稷，即粟，也即谷子，去皮后称小米，原产于我国黄河流域，早在七八千年前就已成为黄河中下游地区的主要粮食作物。西安半坡、新郑裴李岗、武安磁山等新石器时代的遗址中，发现有已经炭化的粟粒和壳子，河北磁山文化遗址中发现的炭化粟有13万多斤。稷是一种原始农作物，可能是从野生的猪尾草中培育而成的，它易生、耐旱、好保存，为我国古代北方地区的首要粮食作物。"研究者认为，'禾'本是谷子的专名，由于谷子地位的首要，就用禾米概括其他作物，于是逐渐由专名演变成为共名。"③ 卜辞中的禾多用其共名，为谷类作物的泛指。甲骨卜辞中有20余条"受稷年"的记载，如："甲辰卜：弗其受稷年？"（《合集》10035）"癸亥卜，争贞：我稷受有年？"（《合集》787）"令众稷，受有年？"（《合集》14正）

我国是栽培稻的起源地，长江流域及其以南地区稻的种植很早，如

---

① 李民等：《殷商社会生活史》，河南人民出版1993年，第151页。

② 白寿彝总主编：《中国通史》第三卷《上古时代》（上），上海人民出版社1994年，第605页。

③ 李民等：《殷商社会生活史》，河南人民出版1993年，第156—157页。

湖南道县寿雁镇白寨玉蟾岩、江西万年县仙人洞等遗址都发现距今8000年前的稻谷遗存，广东英德牛栏洞中发现的稻谷遗存更早，距今约8000至1万年，是目前所见最早的稻谷遗存①。夏代北方地区已有水稻生产，到周代，已开始大面积种植。郑州白家庄商代遗址和安阳殷墟中都发现有稻谷遗存。甲骨文中也有"受稻年"此类的辞句，如："癸未卜，争贞：受稻年？贞：弗其受稻年？二月。癸未卜，争贞：受黍年？贞：弗其受黍年？"（《合集》10047）

麦，原产西亚，"在原始时代之末或文明时代之初"，经新疆传入中原②，商代已有种植，但面积不大，"麦为比较稀贵之品"③。甲骨卜辞中有"告麦""食麦"等辞句。

除上述农作物外，商代还有菽（豆）、麻等。"20世纪50年代以来，陈梦家④、于省吾⑤、裘锡圭⑥、彭邦炯⑦等十几位学者，都先后研究过卜辞中禾、黍、稷、菽（即豆）、麦（大麦和小麦）、稻、秬、秠等十几个作物名称。他们不仅作出自己的解释，还对三四十年代的研究中释读错误给予纠正。但有的作物实是何名仍是见仁见智，商王朝农作物究竟有多少品种，还有待于今后再深入探讨。"⑧

---

① 孟世凯：《商史与商代文明》，上海科学技术文献出版社2012年，第171页。
② 白寿彝总主编：《中国通史》第三卷《上古时代》（上），上海人民出版社1994年，第607页。
③ 李民等：《殷商社会生活史》，河南人民出版社1993年，第158页。
④ 陈梦家：《殷虚卜辞综述》，第525—529页。
⑤ 于省吾：《商代谷类作物》，《东北人民大学人文科学学报》1957年第1期。
⑥ 裘锡圭：《甲骨文中所见的商代农业》，《农史研究》第8集，1985年。
⑦ 彭邦炯：《甲骨文农业资料考辨与研究》，吉林文史出版社，1997年12月。
⑧ 孟世凯：《商史与商代文明》，上海科学技术文献出版社2012年，第171—172页。

商代的农业已比较发达,"已经发明了牛耕"①,出现了"协田"(即集体耕作)、"焚田"(即火耕)、"垦田"(即开垦田地)、"耤田"(即翻耕土地)、"屎田"(即粪田)等,已知农田施肥、灌溉等。《世本》云:"汤旱,伊尹教民田头凿井以灌田。"粮食已出现了较多的剩余,卜辞中常见在收割后把粮食放入仓廪中贮藏的记载。

商代农业的进步还表现在生产工具的改进上,除木制、石制、骨蚌农具外,还有青铜农具,如青铜铲、镬、锛、斧等。"铲的用途主要是挖土,功用极似现在的锹。"青铜镬,即《说文》所说的"大锄",也有人叫它"空首斧"。"1955年在郑州曾发掘到一件,双面刃,有銎②。1953年在二里岗也出过十字纹的镬③,1973年在河北藁城台西商代遗址的墓中出有二件④。""镬的用途也是起土,在郑州陶窑壁上发现有使用铜镬的痕迹,知其同铲的作用略同"。镬在当时已被广泛使用,"在郑州南关外青铜器作坊遗址中出土了许多镬的陶范。"⑤

商代的耕具有耒、耜。"耒为木制有歧头的木杈,用做翻地;耜为木制无分歧的工具,用于插地起土。"⑥ 耨具(锄一类的锄草工具)有辰。收割工具有镰铚。

"商代畜牧业也很发达,后世所称的'六畜',都已全备。""对于牛、羊、犬、豕等的毛色,商人已能加以区别,还注意到牲畜的牝牡,并使用了去势术的技术。商代的六畜也为人所食用,食品中的羞字从羊,豚字从豕,雙字从隹即禽,证明羊豕禽等已作为商人普遍的食物。商代六畜还用于祭祀,有太牢(即牛羊豕)、少牢(即牛羊或豕犬)之称。商

---

① 郭沫若:《奴隶制时代》,人民出版社1973年,第21页。

②③④ 参见中国社会科学院考古研究所编的《新中国的考古发现和研究》。——原文注。

⑤ 李民等:《殷商社会生活史》,河南人民出版社1993年,第161页。

⑥ 刘起釪等:《先秦史》,中国大百科全书出版社2012年,第44页。

人祭祀，一次用牲可多达数百头，而且往往牛、羊、犬、豕合用，没有高度发展的畜牧业是不可想象的"①。

二、商代手工业文明

商代农牧业的发达，促进了手工业的发展。商代的手工业分工较细，有铸铜、制陶、制骨、琢玉、漆器等门类，各种手工业都有大的发展和突出成就，尤以青铜铸造业水平最高、成就最大，"最能反映时代特点和工艺技术水平"②。

经过夏代的发展，青铜铸造业到商的后期达到高峰。

商代以盘庚迁殷为界分为前、后两个时期。商代前期，考古学上为商文化的二里岗期，"青铜器在很多方面直接继承着二里头文化青铜器"，但器物的品种增加很多，"商代常见的品种，这时差不多都已经存在"。"这时的青铜器，器胎相对说仍旧较薄，但已有器形很巨大的器物，如高达100厘米的大方鼎。纹饰也比二里头文化丰富多了，流行线条圆转的饕餮纹、夔纹等，花纹一般呈带状，没有地纹。个别的商代前期青铜器，有了单字的铭文。"③

商代后期，考古学上为商文化的殷墟期，青铜器有了空前的进步，李学勤先生将这一进步概括为五个方面：

"第一，形制的多变：商代后期的青铜器，不仅在器种上较之前期又有增加，而且其同一品种每每有不同型式。有的型式只在特定时间内流行，有的型式则存在较长的时期，而在同样时期内会有不止一种型式，兼行并存。

---

① 刘起釪等：《先秦史》，中国大百科全书出版社2012年，第46页。
② 刘起釪等：《先秦史》，中国大百科全书出版社2012年，第47页。
③ 李学勤：《中国古代文明十讲》，复旦大学出版社2003年第，第153页。

"以最常见的烹炊器鼎而言,可以分为圆鼎、分裆鼎和方鼎三种主要型式。圆鼎,器体横断面为圆形,上有立耳,下有柱足。分裆鼎,也有立耳、柱足,特点在于器底和鬲近似,是分裆的,因此有的学者称之为'鬲一鼎'。方鼎仍有立耳、柱足,但其器体是方的。"

"第二,纹饰的繁丽:商代后期青铜器,在装饰上盛行繁缛富丽的作风,与前期的简易素朴有很大不同。这时的花纹多为通体满花,即在器皿的表面上布满花纹,同时又多以雷纹作为地纹,使图案更加细腻。

"花纹的母题也多样化了。最常见的,是饕餮纹即兽面纹、夔纹、鸟纹、蝉纹、蚕纹等等,表现不同形态龙蛇的也很普遍。有时整个器物或其一部分作立体的禽兽形,有时在器体上再附加小型的奇禽异兽。不管是怎样情形,纹饰所体现的一般不是自然的动物,而是赋有神秘色彩的鸟兽形象,或其躯体的一项组成因素,如鳞或羽毛之类。植物的形状,如花朵,以及几何形的图案,只是在很少的例子中出现。"

"第三,铭文的增多:商代后期青铜器,很多具有铭文。铭文绝大多数是铸成的,只有极个别例子是用锋利的工具刻出的。铭文的内容多为器主的族氏和人名,有的记出用该器物祭祀的先人名号。在商代后期较晚的时候,青铜器的铭文出现加长的趋势,最长的接近50个字。"

"第四,工艺的改进:商代后期青铜器,器胎一般厚重,而且在精巧的范铸技术基础上,充分利用分铸法,制造出许多极为细致复杂的器物。例如著名的四羊尊,羊首有螺旋形的大角;中柱旋龙盂,盂底中央竖立一枝花朵,有一龙蟠绕,龙身可以拨动旋转。这时还铸造出器形非常庞伟的青铜器。殷墟出土的后母戊大方鼎,高达133厘米,重有875千克,是迄今发现的最大的单件青铜器。

"在装饰工艺方面,商代后期青铜器广泛使用了镶嵌绿松石的技术,在兵器、车马器上尤为流行。另外,还有嵌玉,例如嵌玉援的戈、嵌玉叶的矛;有嵌陨铁,例如嵌铁刃的钺。在流散器物中,尚有嵌红铜、嵌黄金的例子。"

"第五，出土地的扩展：商代后期青铜器，出土地点的范围比前期有很大程度的展延。大概说来，北到内蒙古，东到山东，南到广西，西到陕甘，都有这一时期的器物发现。

"这一时期青铜器有明显的地方性。在中原地区以外，集中出土商代后期青铜器的，有晋陕交界地区、湖南湖北地区、成都平原地区等，其器物各有自己的特色。"[①]

商代青铜器品种繁多，"主要类别有礼器、兵器、生产工具及马器，其中最重要的是礼器"。礼器中数量最多的是酒器，有爵、角、斝、觚、觯、尊、盉、卣、彝、觥、壶、罍、瓿、禁、勺等；另有食器鼎、鬲、甗等；乐器有铙、鼓、钲、铃等；兵器戈、矛、钺、矢镞等；工具刀、斧、锛、凿、针、锥等[②]。目前发现的商代青铜器已达万件以上。

商代青铜器的制作为范铸。商代遗址中已发现多处大型铸铜作坊遗址，出土了大量的陶范、坩埚残片、木炭和铜渣等。例如，郑州南关外铸铜作坊遗址面积有1000多平方米，出土陶范上千块；殷墟苗圃北地遗址面积更大，约1万平方米，出土陶范更多，达三四千块。熔铜的工具除有草拌泥制的坩埚外，还有外敷草泥的缸或大口尊。通过对青铜器中铜、锡、铅合金成分的研究，可知其与《周礼·考工记》所载的"六分其金而锡居一"的"钟鼎之齐"（齐，合也，指合金）大体相近[③]。

制陶业也是商代重要的手工业生产。商代遗址中已发现多处规模较大的制陶作坊遗址，如郑州商城、安阳殷墟、邢台曹演庄等，出土了大量的陶器。制陶是我国古代的传统行业，仰韶文化时期其技术已经比较

---

① 李学勤：《中国古代文明十讲》，复旦大学出版社2003年，第153—155页。

② 刘起釪等：《先秦史》，中国大百科全书出版社2012年，第47页。

③ 刘起釪等：《先秦史》，中国大百科全书出版社2012年，第47页。

成熟。商代制陶业又有质的飞跃，出现了白陶和釉陶（原始瓷器）。"白陶以瓷土、高岭土为原料，经1000°C高温烧成，胎质纯净洁白，表面有雕刻精美的花纹。""釉陶以瓷土为原料，器表敷釉呈青绿色，经1200°C高温烧成，胎骨细腻致密，无吸水性或吸水性很弱，是敷釉技术的最早发明，在中国陶瓷发展史上占有重要位置。"①

早商时期釉陶就已出现。"1965年在郑州铭功路第二号墓中出土了一件釉陶尊，折肩深腹，敞口凹底，饰有席纹和条纹，器胎呈黄灰色，器表有黄绿色釉。此外在郑州二里岗期的墓中也有类似的发现。"②

此外，商代的琢玉业也很发达，仅殷墟妇好墓就出土各种玉器750件。殷人爱玉之风很盛。

---

① 刘起釪等：《先秦史》，中国大百科全书出版社2012年，第48页。
② 李民等：《殷商社会生活史》，河南人民出版1993年，第216页。

第八章　商代文字与科学

一、甲骨文

甲骨文为"甲骨文字"的简称①，主要指殷墟甲骨文，又称为"甲骨""卜辞""甲骨卜辞""殷墟卜辞""殷虚文字"，等等，它是"商代后期（公元前14世纪至前11世纪）王室用于占卜记事而刻（或写）在龟甲和兽骨上的文字"②。

"甲骨文是清代著名古文字学家王懿荣于1899年（清光绪二十五年己亥）首先发现并开始收藏的。"③殷墟"甲骨确切地说是在哪一年发现的，学术界颇有争议④，今后还可能讨论下去，但考虑到'村农收落花生，偶于土中捡之'，于是为古董商人所得之说，其始出或在1898年冬，而由王懿荣鉴定则是1899年"⑤。

---

① 白寿彝总主编：《中国通史》第三卷《上古时代》（上），上海人民出版社1994年，第270页。

② 刘起釪等：《先秦史》，中国大百科全书出版社2012年，第59页。

③ 李民等：《殷商社会生活史》，河南人民出版社1993年，第298页。

④ 王守信：《甲骨学通论》，中国社会科学出版社1989年，第24—32页。——原文注

⑤ 李学勤：《中国古代文明十讲》，复旦大学出版社2003年，第104页。

甲骨文迄今已发现约 15 万片①。"殷墟甲骨到如今一共出土了多少片，因为'片'的定义不很明确，加之收藏分散，不断流动转手，要精密统计是很不容易的。20 世纪 50 年代初，陈梦家先生曾估计为 10 万片②。近年，胡厚宣先生计算有 16 万多片③。有学者表示不同意见，仍认为'近 10 万片'为妥④。2003 年 5 月 9 日《中国文物报》刊出的孙亚冰《百年来甲骨文材料再统计》一文，则主张约 13 万片。甲骨绝大多数是碎片，陈梦家文以小屯 YH127 坑情形为准，推断相当'完整的甲和胛骨数千'，不过 YH127 龟甲基本完好，从历年发掘经验看，实在是罕见的，多数情况下甲骨在埋葬时业已残碎，所以碎片代表的完整甲骨数量会更多。"⑤

甲骨文单字约 4000 多个，其中可以识别的 1500 字左右。"已出土甲骨到底包含多少不同的字，长期以来学者间有各种估计。多数人根据孙海波《甲骨文编》、金祥恒《续甲骨文编》，推定为 5000 字以上，然而近日有学者做了仔细研究，指出只有 4000 字左右，其说当更有可据，详见 2001 年香港中文大学出版社印行沈建华、曹锦炎《新编甲骨文字形总表》。"⑥"甲骨所见的 4000 多个文字，并不是当时存在的所有字数，因为甲骨文不能反映全面的生活和文化，必定有不少字从未在甲骨上面使用，

---

① 刘起釪等：《先秦史》，中国大百科全书出版社 2012 年，第 58 页。
② 陈梦家：《解放后甲骨的新资料和整理研究》，《文物参考资料》1954 年第 5 期。
③ 胡厚宣：《八十五年甲骨文材料之再统计》，《史学月刊》1984 年第 5 期、《古籍整理出版情况简报》第 10 号。
④ 孟世凯：《中华民族文化的凝聚力—汉字》，《中华文化论坛》1997 年第 1 期。
⑤ 李学勤：《中国古代文明十讲》，复旦大学出版社 2003 年，第 105 页。
⑥ 李学勤：《中国古代文明十讲》，复旦大学出版社 2003 年，第 107 页。

况且已经发现的甲骨又远不是那时占卜刻辞的全部甲骨。"① 这4000多个字,"大家能够公认的已经读出的,我个人认为不超过1500,这包括一些不需要怎么解读,比如一、二、三、四、五等在内。所以说甲骨文字我们不认识的还很多,这里面不只是一些人名、地名,而且包括一些最常用的字"②。"于省吾先生考释甲骨文字,收获甚巨,其《甲骨文字释林》自序云,甲骨文字'已被确认的字还不到三分之一,不认识的字中虽有不少属于冷僻不常用者,但在常用字中之不认识者,所占的比重还是相当大的。……所以说目前在甲骨文字的考释方面,较诸罗(振玉)、王(国维)时代虽然有所发展,但进度有限'。20年前他这番话今天仍旧适用,可见甲骨文的读释是十分困难的。有人宣称在短期内释出多少字,断不可信。"③

甲骨文已是比较成熟的文字④。"在甲骨文出现以前,文字肯定已经有了漫长的发展史。甲骨文字的成熟性,还可以从字的构造看出。我国从东汉许慎的《说文解字》以来,即有传统的'六书'说,即把字分为象形、指事、形声、会意、转注、假借六类。在甲骨的文字中,这六类字都能找到,而且形声字已经占了较大的比例。按照文字形声字越晚越多的发展趋势看,甲骨的文字也远不是原始的。"⑤ "从语法上来看,其词类已有名词、代名词、动词、助动词、形容词、数量词,等等。其句子形式、结构序位也已与后世语法一致。"⑥ "我们若是把今天的汉字和甲骨

---

① 李学勤:《中国古代文明十讲》,复旦大学出版社2003年,第113页。

② 李学勤:《中国古代文明十讲》,复旦大学出版社2003年,第100页。

③ 李学勤:《中国古代文明十讲》,复旦大学出版社2003年,第107页。

④ 刘起釪等:《先秦史》,中国大百科全书出版社2012年,第59页。

⑤ 李学勤:《中国古代文明十讲》,复旦大学出版社2003年,第113页。

⑥ 刘起釪等:《先秦史》,中国大百科全书出版社2012年,第58页。

文作比较，尽管经过了三千年的演变，然而基本上是相同的。""武丁以后三千多年，汉字在上述基础上向前发展，只有数变而无质变。"①

甲骨文只是商代文字的一种特殊的形态。"今天我们能看到的商代文字，以甲骨文为最多，但甲骨文只是当时文字的一种特殊的形态。甲骨文是用锋利的工具契刻在甲骨上的，在表现上和用毛笔书写颇有不同。比如圆转的笔画每每刻成方折，填实的部分大都刻成空框，像'丁'字本来是圆形的黑点，在甲骨上一般刻为一个小方框。在商代的陶器、玉器以及个别甲骨上，还可看到当时用毛笔写成的文字，朱墨都有，形态与甲骨文就不太一样，有的很不易释读。不难猜想，假如将来真的发现商代的竹木简册，即书籍，在考释文字方面一定还需要下很大的功夫。"②

"由于行文有一定款式，甲骨卜辞一般都很短，一二字到数十字不等"③，记事卜辞中偶见"有一百多字的长文"。"甲骨文的篇幅非常简约，在一版龟骨上往往占卜多次，最多的在半块龟背甲上可以卜一百六十三次。原则上每个卜兆各为一条卜辞或一组兆刻一辞。有的卜辞省到只一二字。"④

甲骨文内容丰富，涉及到商代社会生活的许多方面，包括天文、历法、气象、氏族、方国、人物、职官、征伐、刑狱、农业、畜牧、田猎、祭祀、灾祸，等等，"是研究中国古代，特别是商代历史的珍贵资料"⑤。

"甲骨文受到国内外学者重视，很主要的原因，是其中记述了传世史

---

① 陈梦家：《殷墟卜辞综述》，中华书局1988年版，第83页。

② 李学勤：《中国古代文明十讲》，复旦大学出版社2003年，第114页。

③ 刘起釪等：《先秦史》，中国大百科全书出版社2012年，第58页。

④ 白寿彝总主编：《中国通史》第三卷《上古时代》（上），上海人民出版社1994年，第112页。

⑤ 刘起釪等：《先秦史》，中国大百科全书出版社2012年，第49页。

书中罕存的商代历史。《史记》固然有《殷本纪》，但除商王世系以外，仅据《尚书》、《商颂》等少数文献，实质内容不多。人们对于商代史事的了解非常有限，600 年的商代史，绝大部分久已被遗忘了。"①

"甲骨文之所以珍贵重要，还有一个原因，是保存着商代的许多天象记录。其中最为国内外学者重视的，是武丁至祖庚时的日月食记录。这些记录可用现代天文学方法推算证认，从而成为中国年代学的基准点。"②

甲骨文是商代文字的代表。商代文字除甲骨文以外，还有金文、陶文、玉石文等，它们都属于汉文字系统。

二、商代科学

(一)、历法

商代已经有了比较完备的历法。

商代历法为阴阳合历。"这种历法，既不是根据太阳运动所测得的一年为基础的阳历，也不是以月亮圆缺为一个记日周期，即朔望月为基础的纯阴历"，而是"以闰月定四时成岁"(《尚书·尧典》)的阴阳合历③。

月亮绕地球一周为一朔望月。月亮完全看不见时叫朔，圆满时叫望。"用现代天文学概念来解释，朔是指从地球中心来看，月面中心和日面中心都在同一黄道经度上；望是指月面中心和日面中心黄经相差 180°。"④

---

① 李学勤：《中国古代文明十讲》，复旦大学出版社 2003 年，第 114 页。

② 李学勤：《中国古代文明十讲》，复旦大学出版社 2003 年，第 117 页。

③ 白寿彝总主编：《中国通史》第三卷《上古时代》(上)，上海人民出版社 1994 年，第 277 页。

④ 江晓原、钮卫星：《中国天学史》，上海人民出版社 2005 年，第 127 页。

十二个朔望月为一个民用历年①。

殷历月分大小。"这最早是董作宾先生发现的。大月长三十日,小月长二十九天。"② 因为十二个大小月加起来只有353或354或355天,与阳历年之间存在一定的差数,所以采用闰月来调整一年的天数,使一年中的季节变化能在一定的时间内。这个闰月,在早期卜辞中多放在应当置闰那年最后的一个月即十二月之后,所以叫"十三月"。这在历法上叫做"年终置闰"法。这种方法比较原始。"在晚期的卜辞中,闰月就放在应置闰那一年的某一月,如闰五月,那年当中就有两个五月,这在历法上叫做'年中置闰'法。"③

商代用干支记日,数字记月。"商代的记日方法是用十个天干和十二个地支字相配合来表示,即从甲配子(甲子)到癸配亥(癸亥),配完刚好是六十个。甲骨文中有一些干支表,不是卜辞,而是备用的'历书',可能是当时的史官在占卜时刻查日期用的。"④ 用干支来记日的方法在商代以前就已经有了,商代使干支记日法趋于完善。"这是商人对历法所作的巨大贡献。此后历经周秦唐宋而至明清,虽然时跨两千年之久,干支记日法始终未曾中断。其意义之大,影响之深远由此可见。"⑤

除干支记日以外,商代也用旬来记日。一旬为十日,三旬为一月。卜辞中常有卜旬的记载,卜问十日之内吉凶休咎,例如:"癸巳卜,王

---

① 刘起釪等:《先秦史》,中国大百科全书出版社2012年,第60页。

② 李民等:《殷商社会生活史》河南人民出版社1993年,第277页。

③ 白寿彝总主编:《中国通史》第三卷《上古时代》(上),上海人民出版社1994年,第277页。

④ 白寿彝总主编:《中国通史》第三卷《上古时代》(上),上海人民出版社1994年,第278页。

⑤ 李民等:《殷商社会生活史》,河南人民出版社1993年,第271页。

贞：旬亡祸？在一月。癸卯卜，王贞：旬亡祸？在二月。癸丑卜，王贞：旬亡祸？癸亥卜，王贞：旬亡祸？在二月。癸酉卜，王贞：旬亡祸？在三月。"（《合集》26482）

一天之内，分为若干时段，每段都有名称。例如，黎明时为"湄日"，也即《尚书·牧誓》中的"昧爽"；天亮时为"明"；日初出时为"旦"。《说文解字》云"旦，明也。从日见一。一，地也"。甲骨文中的旦字像太阳从地平线上升起；早餐时分为"朝""大采""大食"。《尔雅·释诂》云"朝，早也。"甲骨文的朝字像日月并见于草丛之中，表示日虽出而月未落，正是说时间尚早。陈梦家先生《殷虚卜辞综述》中说"大采为朝"。大食也称食日，董作宾先生《殷历谱》定大食为早餐时分，与小食相对；日正当午时为"中日"或"日中"；日偏西时为"昃"；昃之后一段时间为"郭兮"，也简称"郭"；此后为"小食"，即晚餐时间；此后为"小采"或"莫"（暮）。小采与大采相对，大采为朝，小采为夕。陈梦家先生说，小采指下午6点左右。莫，《说文解字》云"日且冥也"，胡厚宣先生说"暮为日将落之时"，也即傍晚；稍后为"昏"，昏指黄昏，与旦相对，旦为日出，昏为日入，《说文解字》云"昏，旦冥也"，是指日落之后、夜幕降临前的一段时间[①]。

对于年岁除称"岁""祀"之外，商人也称作"年"[②]。年字的本义是指年成，也即收成，《说文解字》云："年，谷熟也。"甲骨文中的年字有用本义的，如"求年""受年""受有年""受黍年"等等，也有用来记年的，如"十年""十年又五""年十月"等，因此胡厚宣先生说"殷

---

① 参阅李民等：《殷商社会生活史》，河南人民出版社1993年，第273—276页；白寿彝总主编：《中国通史》第三卷《上古时代》（上），上海人民出版社1994年，第278—279页。

② 刘起釪等：《先秦史》，中国大百科全书出版社2012年，第60页。

人纪年，亦以年称"①。此外卜辞中还有"春""秋"之称。

（二）、天文学

天文学在我国产生的历史很早。帝尧之时就已"命羲和钦若昊天，历象日月星辰，敬授人时"（《尚书·尧典》）。夏代天文学已有了大的发展，《左传》所引的《夏书》中记录了当时发生在房宿位置上的一次日食，即所谓的"辰不集于房"，这是世界上最早的日食记录。到了商代"天学已开始走出萌芽状态"②。

天文学中的许多天象，如日食、月食、大火、新星等，在甲骨卜辞中都有记录。

日食，在卜辞中常作"日有食"，也作"日戠""日又戠"等，如："庚辰贞：日戠，其告于河？庚辰贞：日有戠，非祸佳若？庚辰贞：日有戠，其告于父丁，用九牛？"（《合集》33698）"癸酉贞：日夕有食，佳若？癸酉贞：日夕有食，非若？"（《合集》33694）"辛巳贞：日戠，其告于父丁？"（《合集》33710）类似的确凿记录共有6条③。

月食，甲骨文记载的辞例一般是"月有食"，如："〔癸未卜〕，争贞：翌甲申易日？之夕月有食。甲雾，不雨。"（《合集》11483）"乙丑卜，宾贞：翌乙未酒，黍登于祖乙？王占曰：有祟，〔不〕其雨。六日〔甲〕午夕有食。乙未酒多示率条遣。"（《合集》11484）"癸丑卜，贞：旬亡祸？七日己未夕向庚申，月有食。"（《库》1595）"癸亥贞：旬亡祸？……旬壬申夕，月有食。"（《合集》11482）"癸未卜，争贞：旬亡祸？三日乙酉夕月有食，闻。八月。"（《合集》11485）上述5例均属于

---

① 胡厚宣：《卜辞所见之殷代农业》，《甲骨学商史论丛》二集。

② 江晓原、钮卫星：《中国天学史》，上海人民出版社2005年，第5页。

③ 李民等：《殷商社会生活史》，河南人民出版社1993年，第252—253页。

宾组卜辞。"卜辞中的月食纪事总计有6例"①。

在属于殷墟甲骨文卜辞的村北系的宾组卜辞里,有5次月食的记录。这些关于月食的卜辞,可以根据最新的分期理论排出先后顺序,知道都在武丁晚年到祖庚之间,其时间跨度不会很长。据中国科学院紫金山天文台的天文学家张培瑜先生计算,在公元前1500年—前1000年之间,只有一组年代能够既合于卜辞记日的干支,又合于卜辞的先后顺序,即:公元前1201年,癸未夕月食;公元前1198年,甲午夕月食;公元前1192年,己未夕向庚申月食;公元前1189年,壬申夕月食;公元前1181年,乙酉夕月食。"这5次月食的时间跨度是21年"②。这些月食记录比埃及最早的月食记录(公元前721年2月19日)还早400多年。

大火,也作"火","通常认为即心宿二"③。

新星是一种特殊的变星,平时很难观察到它,但是由于它的内部起了激烈变化,光度突然增大,只几天时间光度可增加数千倍乃至数万倍,不久又慢慢减小光度,成为微光的星④。卜辞中有观测到新星的记载,如"戊申,有新星。"(《合集》11507)"七日己巳夕""有新大星并火。"(《合集》11503反)等。后世的二十八宿中的一些星座名亦见于卜辞⑤。"当时已有立表测影以定季节、方向、时刻的方法,卜辞的'至日''立中'等,就是这方面的记载。"⑥

此外,"卜辞中还有一些尚待证认的天象,可能有行星、日至等;也

---

① 李民等:《殷商社会生活史》,河南人民出版社1993年,第261页。
② 李学勤:《中国古代文明十讲》,复旦大学出版社2003年,第117—118页。
③ 江晓原、钮卫星:《中国天学史》,上海人民出版社2005年,第3页。
④ 李民等:《殷商社会生活史》,河南人民出版社1993年,第264页。
⑤ 刘起釪等:《先秦史》,中国大百科全书出版社2012年,第61页。
⑥ 刘起釪等:《先秦史》,中国大百科全书出版社2012年,第61页。

有人认为卜辞中还可能有彗星和日珥的记录,但专家们多持存疑态度,未能肯定。"①。

(三)、气象学

气象和天文学在我国古代统称天文,其实二者是有差别的,气象是发生在地球大气层内的现象,天文学的研究对象则是发生在大气层之外的天象,即关于日月星辰的现象。由于气象和人们的生产、生活密切相关,商代特别重视对气象变化的观察记录,现代气象学中许多现象如天气、降水、风、云、雷电等,甲骨文中都有科学、详细甚至连续数旬数月的观察记录。关于天气状况,卜辞用"启"表示晴天,启分延启、大启和小启;用"易日"表示晴间多云,如"乙酉卜,宾贞:翌丁亥不其易日?"(《合集》13263)"癸酉卜,争贞:翌甲戌易日?贞:翌甲戌易日?甲戌允易日。"(《合集》13311)

卜辞记录的降水现象有雨、雪、冰雹等,其中以对雨的观察记录最为全面。商人已知雨的成因,即雨从云生,如:"庚寅贞:兹云其雨?"(《合集》13386)"贞:兹云其有降,其雨?"(《合集》13391)"贞:兹云延雨?"(《合集》13392)能够预知雨的方位,如:"癸卯卜:今日雨?其自东来雨?其自南来雨?其自西来雨?其自北来雨?"(《合集》12870)"延雨自西北,小。"(《乙》366)还把雨分为小雨、大雨、疾雨、多雨、延雨、及雨、足雨、从雨、雨若等,如"丁巳小雨不延?"(《合集》32113)"贞:今日其大雨?七月。"(《合集》12598)"乙酉卜,大贞:及兹二月有大雨?"(《合集》24868)"贞:多雨?王占曰:吉,多雨。"(《合集》12694)"丁丑卜,亘贞:延雨?"(《合集》12764)"贞:今己亥不延雨?"(《合集》12876)"我有从雨?"(《合集》12678)"亡其从雨?"(《合集》12688)"癸亥卜,永贞:兹雨若?贞:兹雨不佳若?"

---

① 江晓原、钮卫星:《中国天学史》,上海人民出版社2005年,第3页。

(《合集》12898)商人"对雨量的划分开启了后世区分雨量的先河"[①]。

卜辞记录的风有小风、大风、骤风、大骤风等,如:"乙巳其大风?"(《合集》30230)"丁酉大骤风。"(《合集》13360)云有延云、大云、玄云、三菑云。玄云即乌云。三菑云,于省吾先生释为三色云,即呈现三种色彩的彩云[②]。

卜辞中还记录了"晕"(即日晕)、"虹"(即彩虹)、"黑"(即昼盲,是指天空突然变暗,犹如黑夜)、"雷"(即雷电)、"雾"、"霾"等大气现象,如:"王占曰:有祟。八日庚戌,有各云自东面母。昃,有出虹,自北饮于河。"(《合集》10405反)"丙申卜,宾贞:商其黑?贞:商黑?"(《乙》3331)"贞:帝其及今十三月令雷?帝其于生一月令雷?"(《乙》3282)"丙子卜,贞:兹雷其雨?"(《合集》13408)"七日壬申雷,辛巳雨,壬午亦雨。"(《合集》13417)"壬戌雷,不雨。"(《乙》7313)"辛丑卜,争:翌壬寅易日?壬午雾。"(《合集》13445)"癸卯卜……王占曰:其霾。甲辰……"(《合集》13466)"己酉卜,争贞:风佳有霾?"(《合集》13465)

甲骨文中还有气象预报的记载,如:"庚申卜:翌辛启?允启。"(《合集》31970)"癸酉卜,争贞:翌甲戌易日?贞:翌甲戌易日?甲戌允易日。"(《合集》13311)"贞:今夕雨?之夕允雨。"(《合集》12944)"己巳卜:庚午雨?允雨。壬戌卜:癸亥雨?之夕雨。"(《合集》12907)

商人不仅能够预报当天或次日的气象变化,而且还能准确地预报出未来几天甚至更长时间的天气状况,如:"贞:自今五日雨?五日乙巳允雨。"(《合集》12963)"王占曰:丁其雨。九日丁酉允雨。"(《合集》

---

① 李民等:《殷商社会生活史》,河南人民出版社 1993 年,第 288 页。

② 于省吾:《甲骨文字释林·释云》,中华书局 1979 年。

12948）

卜辞中的气象记录，使"大家得以窥见三千多年前安阳一带的气象变化，确实弥足珍异"①。"商代气象学就当时来说，居于世界最前列，这是不成问题的"②。

（四）、医学

中国传统医学（即中医）起源很早，或曰在三皇时代，《淮南子·修务训》云：神农氏"尝百草之滋味，水泉之甘苦，令民知所避就。当此之时，一日而遇七十毒"，"始有医药"。

到了商代，医学已经比较发达了。

卜辞中记有"疾首、疾目、疾耳、疾口、疾舌、疾齿、疾言（喉）、疾自（鼻）、疾腹、疾手、疾肘、疾胫、疾止（趾）、疾骨"、疾疫、风疾等多种疾病，"包括了后世的内、外、脑、眼、耳鼻喉、牙、泌尿、妇产、小儿、传染等科。对一些疾病，还有更细的分类，如'疾齿'中就'龋齿'的记载"③。"贞：勿于甲御妇好龋？"（《合集》13663）"勿御龋？"（《合集》13662）这是我国，也是世界上最早的龋齿病例④。

商代已有医生这一职业，设有专门管理医药疾病事务的官职"小疾臣"。"商人对于疾病，除祭祀鬼神以求福佑之外，治疗的方法见于卜辞的有针刺、艾灸以及按摩。最早的针刺是用砭石，《说文》中有'砭，以石刺病也'。河北藁城的商代遗址中就出土有用于医疗的砭镰，还发现有桃仁及郁李仁等种子中草药。"⑤ 这些中草药的出土，说明药物治疗也是

---

① 李学勤：《中国古代文明十讲》，复旦大学出版社2003年，第119页。
② 李民等：《殷商社会生活史》，河南人民出版社1993年，第297页。
③ 刘起釪等：《先秦史》，中国大百科全书出版社2012年，第62页。
④ 李民等：《殷商社会生活史》，河南人民出版社1993年，第253页。
⑤ 刘起釪等：《先秦史》，中国大百科全书出版社2012年，第62页。

商人治病的主要方法之一。卜辞中有以枣为药的记载,"宾贞：……疾,王秉枣?"(《续》6·23·10)

商代已经能够预测胎儿的性别,并能准确地计算出预产的日期。这在卜辞中都有记载。"如《合》94 片卜甲预测妇妌在庚日生一男孩。她果然在当年三月庚戌那天生一男孩。又,《合集》14001 与《合集》14002 两片甲骨记载,武丁预测妇好将于甲日生一女孩,结果也应验了,三十一天后甲寅日妇好果真生个女孩。""商人确定预产期不仅准,而且预测时间较长。有早至五十多天的（见《合集》13998）,也有早到一百零八天的（见《合集》1404）。"[①] "我们的祖先远在三千多年前就能准确计算出预产期,这在世界医学史上不能不是一个奇迹。"[②]

此外,在数学方面,商代也是成就卓著,已采用十进位计算,计算单位有个、十、百、千、万,卜辞中最大的数字已有"三万"(见《合集》10471)。商人已能使用倍数,进行一般的数学运算。李约瑟先生在《中国古代科学技术史》中曾对商代记数法给予了很高评价,他说："总的说来,商代的数字系统比同一时代的古巴比伦和古埃及更为先进更为科学。""如果没有这种十进制,就几乎不可能出现我们现在这个统一化的世界了。"

---

① 李民等：《殷商社会生活史》,河南人民出版社 1993 年,第 249 页。

② 王宇信等：《试论殷墟五号墓的妇好》,《考古学报》1977 年第 3 期。

第三篇　西周

西周，约始于公元前1046年周武王伐纣灭商，终于公元前771年周幽王覆亡（"夏商周断代工程"《夏商周年表》），共传十一世十二王，历时276年。由于周王居于西方的都城宗周，故称西周。

第九章 西周兴亡

一、周族的兴起

周族是一个古老的农业部落，兴起于今陕甘一带。《史记·周本纪》云，周的始祖名弃，"其母有邰氏女，曰姜原。姜原为帝喾元妃。姜原出野，见巨人迹，心忻然说，欲践之，践之而身动如孕者。居期而生子，以为不祥，弃之隘巷，马牛过者皆辟不践；徙置之林中，适会山林多人，迁之；而弃渠中冰上，飞鸟以其翼覆荐之。姜原以为神，遂收养长之。初欲弃之，因名曰弃。弃为儿时，屹如巨人之志。其游戏，好种树麻、菽，麻、菽美。及为成人，遂好耕农，相地之宜，宜谷者稼穑焉，民皆法则之。帝尧闻之，举弃为农师，天下得其利，有功。帝舜曰：'弃，黎民始饥，尔后稷播时百谷。'封弃于邰，号曰后稷，别姓姬氏。后稷之兴，在陶唐、虞、夏之际，皆有令德。"

弃死后，子孙世代为夏朝农官。传至不窋，因"夏后氏政衰，去稷不务"，失其官而奔于戎、狄之间。不窋死后，子鞠立。"鞠卒，子公刘立。"公刘率族人"自漆、沮度渭"，邑于豳（今陕西旬邑西南），发展农业生产，周人势力渐兴。

此后又传九世，到古公亶父时，因受薰育、戎狄的侵扰，从豳迁徙到岐山之下的周原（今陕西扶风、岐山之间）。古公在那里兴建城郭房屋,划分邑落,建机构,设官吏,管理周国。《史记·周本纪》曰:"公刘卒,子庆节立,国于豳。庆节卒,子皇仆立。皇仆卒,子差弗立。差弗卒,子毁隃立。毁隃卒,子公非立。公非卒,子高圉立。高圉卒,子亚圉立。亚圉卒,子公叔祖类立。公叔祖类卒,子古公亶父立。古公亶父复修后稷、公刘之业,积德行义,国人皆戴之。薰育戎狄攻之,欲得财物,予之。已复攻,欲得地与民。民皆怒,欲战。古公曰:'有民立君,将以利之。今戎狄所为攻战,以吾地与民。民之在我,与其在彼,何异。民欲以我故战,杀人父子而君之,予不忍为。'乃与私属遂去豳,度漆、沮,逾梁山,止于岐下。豳人举国扶老携弱,尽复归古公于岐下。及他旁国闻古公仁,亦多归之。于是古公乃贬戎狄之俗,而营筑城郭室屋,而邑别居之。作五官有司。民皆歌乐之,颂其德。古公有长子曰太伯,次曰虞仲。太姜生少子季历,季历娶太任,皆贤妇人,生昌,有圣瑞。古公曰:'我世当有兴者,其在昌乎?'长子太伯、虞仲知古公欲立季历以传昌,乃二人亡如荆蛮,文身断发,以让季历。"古公为周侯。

古公死后,少子季历继位,是为公季,后周人追称王季。季历"修古公遗道,笃于行义,诸侯顺之"(《周本纪》)。商王武乙末年,季历入朝,武乙"赐地三十里,玉十瑴,马八疋"。之后季历助商征伐"西落鬼戎,俘二十翟王"。商王文丁时,季历继续对诸戎作战,除"伐燕京之戎,周师大败"外,伐余无之戎、始呼之戎、翳徒之戎皆"克之"(《古本竹书纪年》),周的势力也因此深入今山西境内。文丁封季历为牧师(《后汉书·西羌传》注引《古本竹书纪年》)。"可能是由于周的强大,引起同商朝的矛盾,季历终为商王所杀。"①

季历死后,子昌继位,是为西伯(即西方诸侯之长),也即周人追称的文王。文王"遵后稷、公刘之业,则古公、公季之法,笃仁,敬老,

---

① 刘起釪等:《先秦史》,中国大百科全书出版社2012年,第65—66页。

慈少"，积善累德，士及诸侯多归之。他在位50年，灭掉了犬戎、密须（今甘肃灵台西）、黎（今山西长治西南）、邘（今河南沁阳西北）、崇（今陕西西安、户县一带）等，并于死前一年徙都于沣水西岸的丰邑，为东进灭商做好了准备。文王时，周已是"三分天下有其二"（《论语·泰伯》），但在名义上仍是商王朝属下的一个诸侯国。

关于文王，《史记·周本纪》中有比较详细的记载，曰："公季卒，子昌立，是为西伯。西伯曰文王，遵后稷、公刘之业，则古公、公季之法，笃仁，敬老，慈少。礼下贤者，日中不暇食以待士，士以此多归之。伯夷、叔齐在孤竹，闻西伯善养老，盍往归之。太颠、闳夭、散宜生、鬻子、辛甲大夫之徒皆往归之。崇侯虎谮西伯于殷纣曰：'西伯积善累德，诸侯皆向之，将不利于帝。'帝纣乃囚西伯于羑里。闳夭之徒患之，乃求有莘氏美女，骊戎之文马，有熊九驷，他奇怪物，因殷嬖臣费仲而献之纣。纣大说，曰：'此一物足以释西伯，况其多乎！'乃赦西伯，赐之弓矢斧钺，使西伯得征伐。曰：'谮西伯者，崇侯虎也。'西伯乃献洛西之地，以请纣去炮格之刑。纣许之。西伯阴行善，诸侯皆来决平。于是虞、芮之人有狱不能决，乃如周。入界，耕者皆让畔，民俗皆让长。虞、芮之人未见西伯，皆惭，相谓曰：'吾所争，周人所耻，何往为，只取辱耳。'遂还，俱让而去。诸侯闻之，曰'西伯盖受命之君'。明年，伐犬戎。明年，伐密须。明年，败耆国。殷之祖伊闻之，惧，以告帝纣。纣曰：'不有天命乎？是何能为！'明年，伐邘。明年，伐崇侯虎。而作丰邑，自岐下而徙都丰。明年，西伯崩，太子发立，是为武王。西伯盖即位五十年。其囚羑里，盖益《易》之八卦为六十四卦。诗人道西伯，盖受命之年称王而断虞芮之讼。后十年而崩，谥为文王。改法度，制正朔矣。追尊古公为太王，公季为王季；盖王瑞自太王兴。"

二、武王伐纣

文王死后，太子发继位，是为武王。武王即位的第二年，便兴师伐商至于盟津（今河南洛阳孟津县东北，焦作孟州市西南。孟津与孟州隔黄河相望），"诸侯叛殷会周者八百"，但见时机不够成熟，武王乃还师西守。《史记·周本纪》云："东观兵，至于盟津"。"武王渡河，中流，白鱼跃入王舟中，武王俯取以祭。既渡，有火自上复于下，至于王屋，流为乌，其色赤，其声魄云。是时，诸侯不期而会盟津者八百诸侯。诸侯皆曰：'纣可伐矣。'武王曰：'女未知天命，未可也。'乃还师归。"

两年后，武王见商王朝矛盾急剧激化，"遂率戎车三百乘，虎贲三千人，甲士四万五千人，以东伐纣。十一年十二月戊午，师毕渡盟津，诸侯咸会"，作《太誓》声讨纣的罪行。在"甲子昧爽"（即甲子日清晨），周军进至商郊牧野（今河南淇县南），"诸侯兵会者四千乘"，纣"亦发兵七十万人距武王"，双方在牧野展开决战。牧野之战，"纣师虽众"，但"皆无战心，心欲武王亟入"，"倒兵以战"，周军大胜。纣见大势已去，"登于鹿台之上，蒙衣其殊玉，自燔于火而死"（《史记·周本纪》）。武王入朝歌（今河南淇县），"至纣死所"。"武王自射之，三发而后下车，以轻剑击之，以黄钺斩纣头，县大白之旗。已而至纣之嬖妾二女，二女皆经自杀。武王又射三发，击以剑，斩以玄钺，悬其头小白之旗"（《史记·周本纪》）。商朝灭亡。

武王"封纣子禄父殷之余民"（《史记·周本纪》），"以续殷祀"（《殷本纪》），但又"恐其有贼心"，乃令其弟管叔鲜、蔡叔度"傅相武庚禄父"（《卫康叔世家》）。名曰"傅相"，实为"监管"。分商畿内之地为邶、鄘、卫三国，由三人监之，谓之"三监"。关于"三监"，历史上有不同说法，《史记·周本纪·正义》引《地理志》云："邶以封纣子武庚；廓，管叔尹之；卫，蔡叔尹之；以监殷民，谓之三监。"又引《帝王世纪》云："自殷都以东为卫，管叔监之；殷都以西为廓，蔡叔监之；殷都以北为邶，霍叔监之；是为三监。"按云"二说各异，未详也"。后世学者多赞同管叔、蔡叔、霍叔为三监。

武王又"褒封神农之后于焦，黄帝之后于祝，帝尧之后于蓟，帝舜之后于陈，大禹之后于杞"。"封尚父于营丘，曰齐。封弟周公旦于曲阜，曰鲁。封召公奭于燕，封弟叔鲜于管，弟叔度于蔡"，其余功臣谋士"各以次受封"（《史记·周本纪》）。焦，《集解》引《地理志》云"弘农陕县有焦城，故焦国也"，在今河南陕县境内。陈，《正义》引《括地志》云"陈州宛丘县在陈城中，即古陈国也。帝舜后遏父为周武王陶正，武王赖其器用，封其子妫满于陈，都宛丘之侧"，在今河南淮阳县一带。杞，《正义》引《括地志》云"汴州雍丘县，古杞县"，又引《地理志》云"古杞国理此城。周武王封禹后于杞，号东楼，二十一代为楚所灭"，今河南杞县。管，《正义》引《括地志》云"郑州管城县外城，古管国城也，周武王弟叔鲜所封"，在今郑州管城区一带。蔡，《正义》引《括地志》云"豫州北七十里上蔡县，古蔡国，武王封弟叔度于蔡是也。县东十里有蔡冈，因名也"，今河南上蔡县。

武王在克商之后，并未在商都长期逗留，便"罢兵西归"（《史记·周本纪》），途经今河南郑州、洛阳，于周正四月（即商正三月，牧野之战后武王遂改正朔，以殷三月为四月）庚戌回到宗周。在他新迁的都邑镐京（即宗周，今陕西西安西南沣河东岸）举行盛大典礼，正式宣告周王朝的建立。

关于这次大典，李学勤先生根据《逸周书·世俘》等的记载，认为前后共达6天。他说："第一天（庚戌），周武王朝至于周，降自车，即命'史佚繇（籀）书于天号'，即向天诵读书文，故孔晁注云'使史佚用书荐俘于天'。随后，'武王乃废于纣矢恶臣百人，伐右厥甲小子鼎；

大师伐厥四十夫家君鼎,师司徒、司马初厥于郊号',文字费解,但一定是荐俘于天的仪注,故在郊进行。

"荐俘于天以后,典礼转至周庙。篇文'武王乃夹于南门用俘,皆施,佩衣衣,先馘入',南门即王宫的皋门①。在南门用俘,与小盂鼎铭文可相印证。上文'废于纣矢恶臣百人',这百名纣臣没有被杀,因为癸丑日他们又一次出现;这里'用俘'也不是杀死,如果是作为人牲杀掉,不应在庙外宫门进行,死后也很难'先馘入'了。顾颉刚先生从沈延国说,读'施'为'襫',谓襫俘之衣,入庙时俘先馘后②,是正确的。这一点对如何理解卜辞中的'用',也很有参考价值。

"此时,武王于周庙举行祀典,由大师负悬挂纣首的白旂和悬挂纣二妻首的赤旂,先馘入庙。入庙的次第大约最先是俘,其次是纣及二妻之首,然后是馘即斩获的首级(传统说法是只取其耳)。于是,进行燎祭。"

"第二天辛亥,典礼仍在两处举行。在郊'用籥于天位','荐俘殷王鼎'。所荐俘得的殷王之鼎,很可能就是著名的九鼎。《克殷》'乃命南宫百达、史佚迁九鼎三巫',《周本纪》作'命南宫适、史佚展九鼎宝玉',洪颐煊云'三巫'即'宝玉'之讹③。《左传》桓二年:'武王克商,迁九鼎于洛邑。'而《周本纪》言成王时营洛邑,'卒营筑,居九鼎焉',是九鼎至成王时才定于洛邑④。九鼎先迁至宗周,并曾荐于上帝,正说明鼎是王权的一种象征。

"此后武王来到周庙,'秉黄钺,语治庶国',向列祖告殷之罪,又'秉黄钺,正国伯'。第三天壬子,武王又到周庙,'秉黄钺,正邦君'。

---

① 李学勤:《小盂鼎与西周制度》,《历史研究》,1987年第5期。——原文注。

② 《文史》第二辑。——原文注。

③ 朱右曾:《逸周书集训校释》四。——原文注。

④ 参看顾颉刚:《史林杂识初编·九鼎》。——原文注。

'庶国',总指各诸侯国,'语治'当系发布文诰。'国伯',诸侯之长;'邦君',即诸侯。可见两天间武王是在处理封缃各地诸侯的大政。

"第四天癸丑,'荐殷俘王士百人'。'王士'一词亦见《尚书·多士》,《正义》云:'士者,在官之总号',所以此处'殷俘王士'仍即上文在商都擒获的纣臣百人。庚戌日荐之于天,此日又荐之于周庙。

"第五天甲寅,以伐殷于牧野之事告庙。所告系战事,故武王'佩赤白旂',籥人奏《武》,'王入进万'等等,都是表示武勇。《武》本为武王克商所作①,万为武舞,前人论之已详。《武》的演奏,可能即以此为初次。

"第六天乙卯,武王率各诸侯'祀藏于周庙',当为以藏进献,并以六牛、二羊为牲。同一天还祭祀百神、水土与社,作为整个典礼的结束。至于段末所说各种祀典用牲之数,可能是总计前后所用,不一定都是乙卯一天的事情。"②

镐京在文王都城丰邑的东北,与丰邑合称丰镐,镐京为周的政治中心,丰邑为周的宗庙所在。

三、周公东征

武王在位4年(即公元前1046—1043年,据"夏商周断代工程"《夏商周年表》)病死,太子诵继位,是为成王。

当时成王年幼,尚"在强葆之中"。"周公恐天下闻武王崩而畔",

---

① 参看王国维:《周大武乐章考》,《观堂集林》卷二。——原文注
② 李学勤著,宫长为编:《李学勤说先秦》,上海科学技术文献出版社2011年,第160—161页。

"乃践阼代成王摄行政当国"①。"管叔、蔡叔群弟疑周公"②,"将不利于成王"③,乃"与武庚作乱",叛周④。东夷中的徐(在今江苏泗洪)、奄(在今山东曲阜)、薄姑(在今山东博兴东南)及熊、盈等也附从叛乱。

周公"奉成王命,兴师东伐"⑤,"三年毕定"⑥,"诛管叔,杀武庚,放蔡叔","宁淮夷东土"。"诸侯咸服宗周"⑦。"以微子开代殷后,国于宋。颇收殷余民,以封武王少弟封为卫康叔"(《史记·周本纪》)。"微子开"即"微子启"。宋,《正义》云"今宋州也",即今河南商丘。

四、营建洛邑

营建洛邑,是武王克商以后的既定国策。

武王克商以后只在商都停留了几天,于甲子之后的辛未到达今河南郑州。1976年在陕西临潼出土的利簋铭载:"辛未,王在阑师,锡右史利金。"于省吾先生认为阑即管,今郑州⑧。阑,亦作柬。武王凯旋西归的行程当是自朝歌南行渡黄河至柬,在柬停留后才开始西行的。"武王灭商后所以至柬,可能有两方面的考虑,一是柬为殷之亳都,二是安排管叔在此驻守"⑨。西行途中,于辛未之后的第四天乙亥日,武王又在"洛汭"

---

① 《史记·鲁周公世家》。

② 《史记·周本纪》。

③ 《鲁周公世家》。

④ 《史记·周本纪》。

⑤ 《史记·鲁周公世家》。

⑥ 《史记·周本纪》。

⑦ 《鲁周公世家》。

⑧ 于省吾:《利簋铭文考释》,《文物》,1977年第8期。

⑨ 晁福林:《夏商西周社会史》,北京师范大学出版2010年,第98页。

与"伊汭"一带停留,考察这里的地形,认为此地"依天室"、居"中国",是建都的好地方,于是"则廷告于天",说"余其宅兹中国,自之乂民",确定了周王朝营建东都洛邑的大计。

此事在《逸周书·度邑》《史记·周本纪》等传世文献中均有记述。

《逸周书·度邑》载:"王至于周,自鹿至于丘中,具明不寝。"周公问其因,王曰:"我未定天保,何寝能欲?""旦,予克致天之明命,定天保,依天室,志我共恶,俾从殷王纣。日夜劳来定我于西土,我维显服及德方明。""呜呼,旦!我图夷兹殷,其惟依天。其有宪命,求兹无远。天有求绎,相我不难。自洛汭延于伊汭,居阳无固,其有夏之居。我南望三涂,北望过于有岳,丕顾瞻过于河,宛瞻于伊洛,无远天室。'"

对于此,《史记·周本纪》中也类似的记述:"王曰:'定天保,依天室,悉求夫恶,贬从殷王受。日夜劳来定我西土,我维显服,及德方明。自洛汭延于伊汭,居易毋固,其有夏之居。我南望三涂,北望岳鄙,顾詹有河,粤詹雒、伊,毋远天室。'"

文中的"天室"为山名,即天室山,也即嵩山、太室山。天室是天神所处之室。周人把处于中土的嵩山称作崇、岳、天室或太室,也单称为天,认为天神都居住在这些高山峻岭之中①。"洛汭",即洛水入河处,在今河南巩义市北。水北曰汭;"伊汭",指伊水入洛处,在今河南偃师西南岳滩;"三涂",山名,杜预曰在河南陆浑县南,今洛阳嵩县西南、伊水之北;"岳鄙",指接近太行山的边鄙城邑。《逸周书汇校集注》引朱右曾云:"岳,司马贞以为太行山,在怀庆府河内县北。鄙,都鄙,近岳之邑也。""毋远",不要远离此地。"毋远天室",即在天室山附近建立周朝的都城。

武王于克商后即有营建洛邑的打算,已得到1963年于宝鸡贾村出土

---

① 王晖:《商周文化比较研究》,人民出版社2000年,第68页。

的"何尊铭"的证实。何尊腹内底有铭文122字，其中残损3字，因先秦史家对铭文考释争议较大，这里仅取一释如下："唯王初迁（此字在诠释中争议较大，诸家考释不一，有营、堙、相、雍等说），宅于成周。复禀武王丰（礼），福自天。在四月丙戌，王诰宗小子于京室。曰：'昔在尔考公氏，克弼文王，肆文王受兹大命。唯武王既克大邑商，则廷告于天，曰："余其宅兹中或（国），自之乂民。"呜呼！尔有唯小子亡（毋）识，视于公氏，有爵（恪）于天，彻命。敬享哉！'惠王恭德裕天，训我不敏。王咸诰。何赐贝卅朋，用作庾公宝尊彝。唯王五祀。"武王所谓"余其宅兹中国"的"中国"，即国中（四方中心），指洛邑。

成王五年（即周公摄政五年）二月，周成王在丰邑下令开始营建洛邑，"如武王之意"①。成王先派召公到洛邑"相土"（勘查、规划），又使周公"复卜申视"②、"往营成周洛邑"③。

《尚书·召诰》中有这一过程的详细记载。《召诰》云："惟二月既望，越六日乙未，王朝步自周，则至于丰。惟太保先周公相宅。越若来三月，惟丙午朏，越三日戊申，太保朝至于洛，卜宅；厥既得卜，则经营。越三日庚戌，太保乃以庶殷攻位于洛汭。越五日甲寅，位成。若翼日乙卯，周公朝至于洛，则达观于新邑营。越三日丁巳，用牲于郊，牛二。越翼日戊午，乃社于新邑，牛一，羊一，豕一。越七日甲子，周公乃朝用书，命庶殷侯、甸、男邦伯。厥既命殷庶，庶殷丕作。"大意是说，二月十六日后的第六天，是乙未日，这一天周成王为了要营建东都洛邑，早晨从镐京出发，到丰邑去祭告文王。命令太保召公在周公之前先去察看、规划。到了三月，初三月亮初出，是丙午日，隔了三天是戊

---

① 《史记·周本纪》。

② 《史记·周本纪》。

③ 《史记·鲁周公世家》。

申日,太保早上到了洛邑,占卜营建的地方;他得了吉兆,就开始丈量勘查。又隔了三天到了庚戌日,太保便带领众多殷商遗民在洛水隈曲处量定了城垣和宫室的基址。又隔了五天,到了甲寅日,勘查规划工作结束了。第二天乙卯日(即三月十二日),周公早上来到洛邑,把新都工地统统审查了一遍。隔了三天,到了丁巳日,他用两头牛祭祀了上天。再过一天是戊午日,又用牛、羊、猪各一头在新都祭祀了土地神。隔了七天,甲子日(即三月二十一日)的早晨,周公把详细的工程计划书写成文件,交与殷家的侯、甸、男众位诸侯。命令下达给广大殷民后,营建新都就大举动工了①。

《尚书·洛诰》中也有周公"复卜申视"洛邑的记载,曰:"予惟乙卯朝至洛师。我卜河朔黎水。我乃卜涧水东,瀍水西,惟洛食。我又卜瀍水东,亦惟洛食。伻来以图及献卜。"大意是说:我(指周公,下同)是乙卯那天早晨到达洛邑的。我先占卜了黄河北岸黎水一带,又占卜了涧水以东、瀍水以西的那片土地,只有洛水之地得到吉兆。又占卜了瀍水以东的地方,也还是这洛水之地得到吉兆。特遣使来把新邑地图及占卜的吉兆献上。"惟洛食"中的"洛",注释家多注为"洛水",作"洛水之地"或"洛邑"解,其方位当在洛水之北、涧水以东的瀍水两岸,在周公所献的洛邑规划图上应有明确标注,但由于此图早已失传,所以洛邑城址的位置还需要有其它资料的佐证。

《召诰》还记述了成王在平叛东方叛乱后不久即下令营洛的原因,是由于顾忌殷民难以统治的隐患,需要到中土建都,以便治理国家。云:"有王虽小,元子哉。其丕能诚于小民!今休,王不敢后,用顾畏于民碞。王来绍上帝,自服于土中。旦曰:'其作大邑,其自时配皇天。毖祀于上下,其自时中乂。王厥有成命治民,今休。'"

---

① 慕平译注:《尚书》,中华书局 2009 年第 1 版,第 198—200 页。

关于成周洛邑的建设规模和城市布局，《逸周书·作雒解》有比较详细的记载："城方千七百二十丈，郛方七十里，南系于洛水，北因于郏山，以为天下之大凑。制郊甸方六百里，因西土为方千里"，"设丘兆于南郊"，"建大社于国中"，"位五宫：太庙、宗宫、考宫、路寝、明堂，咸有四阿、反坫"，还有重梁、两庑、绘彩短柱等。郏山，即今洛阳邙山。

《作雒解》关于城、郛大小的记载，历代都有争议，至今仍莫衷一是。笔者仅取一说加以说明。清末经学家孙诒让认为，洛邑有郛有城，王宫方三里即五百四十丈，城方九里即一千六百二十丈，郛方二十七里即四千八百六十丈。"焦循云：'《匠人》营国方九里，计每五步得三丈，每百八十丈得一里，以九乘之，千六百二十丈，与《考工》九里正合。'《群经宫室图》金鹗云：'建城必合里之整数，而无奇零。若城方千七百二十丈，计十里则不足，计九里则有余，余百丈是为一百六十六步有奇，殊非法制。'又云：'七十里，当从《前编》作十七里，盖传写之讹也。《孟子》言三里之城七里之郭，七为五之讹，则郭大于城不及一倍。今郭方七十里大于城九倍，与《孟子》不合，且郭为外城当与近郊相远，与城相近，天子近郊五十里，郭方七十里，则近于近郊矣。'① 朱云：'古者六尺四寸为步，三百步为里，一里之长百九十二丈，依《考工记》国方九里，当云千七百二十八丈，今略其奇数耳。'案：此城方当依沈、焦、金说，从宋本《御览》作'方千六百二十丈'为是，朱说失之。郛不得大于城八倍，今本作七十里，宋本作七十二里，皆不可通。《前编》作十七里，亦无分率可证。窃疑当为二十七里，乃三城方之数也。《周礼·典命》郑注谓城方九里者，宫当方九百步，九百步即三里也。若然，周王宫方三里，城方九里，郛方二十七里，皆以三乘递加，衰分正合。宋本

---

① 《礼说》。

二、七互讹,今本又删二字,遂差忤不合耳。金说亦误。"①

方七十二里也好,方二十七里也罢,都说明当时洛邑规模很大。如此庞大的作雒工程,至成王七年才基本完工。

洛邑建成后,周公请成王来洛邑举行祀典、主持政务,周公摄政七年(即成王七年)十二月,成王在新都洛邑举行了冬祭和岁祭大典,洛邑正式成了周王朝的东都,周公也于是时还政于成王。《尚书·洛诰》记载了此事的过程。

《洛诰》首先记载了先前周公曾派使者至镐京转告成王他在洛邑"相土"的结果,并献上地图和卜兆这一史实。周公遣使转告成王说:"朕复子明辟,王如弗敢及天基命定命,予乃胤保大相东土,其基作民明辟。予惟乙卯,朝至于洛师。我卜河朔黎水。我乃卜涧水东,瀍水西,惟洛食。我又卜瀍水东,亦惟洛食。伻来,以图及献卜。"成王说:"公不敢不敬天之休,来相宅,其作周匹休。公既定宅,伻来,来视予卜,休,恒吉。我二人共贞。公其以予万亿年敬天之休。拜手稽首诲言。"② "洛师"指洛邑。"洛邑之所以又称洛师,当时由于周朝于此驻屯大军的缘故"③。

又记载了新邑建成后周公回到镐京请求成王来洛邑举行元祀、主持政务的过程。周公曰:"王肇称殷礼,祀于新邑,咸秩无文。予齐百工,伻从王于周,予惟曰:'庶有事。'今王即命曰:'记功宗,以功作元祀。'惟命曰:'汝受命笃弼,丕视功载,乃汝其悉自教工。'孺子其朋,孺子

---

① 黄怀信等:《逸周书汇校集注》(修订本),上海古籍出版社2007年,第526—527页。

② 王世舜、王翠叶译注:《尚书》,中华书局2012年,第229—231页。

③ 杨宽:《西周史》,上海人民出版社2003年,第160页。

其朋，其往！"① "殷礼"，王国维先生《洛诰解》释为"祀天改元之礼"；杨宽先生《西周史》解释为"殷见之礼"，"是大合内外臣工的殷见之礼"。笔者从王说。周公的意思是说：我（指周公，下同）王将要开始举行祀天改元的殷祭大典了，祭祀将在新邑举行，应按照礼法对天地神祇一一奉祀，不能紊乱。我召集百官，让他们跟随大王前往洛邑。我对他们说："你们百官将有祭祀大事。"现在我王可以请命于神说："祭祀于宗神，以有功者告庙，举行开国大典式的元祀。"还可以命令我说："你受先王遗命督促辅助我，你就履行你的职事吧，可自宣你的功劳，以示天下。"年轻的王啊，年轻的王啊，你还是和群臣一起去吧，一起去吧②！

面对请求，成王答应了周公，但鉴于政局还不稳定的现状，命周公继续留守洛邑，以治理东土。《洛诰》记成王之言曰："公，予小子其退，即辟于周，命公后。四方迪乱，未定于宗礼，亦未克敉公功。迪将其后，监我士、师、工，诞保文武受民，乱为四辅。" "公定，予往已公功肃将祇欢，公无困哉我！惟无斁其康事，公勿替刑，四方其世享。"意思是说，公啊！我（指成王，下同）要退居镐京，就君位于宗周，特命您留守洛邑。现在四方还没完全治理好，功宗元祀之礼也尚未完成，您的功业也未告竟。所以您还要继续留在洛邑主持政务，监督百官大臣，安定文王武王所受于天的民众，任为君王统治四方的辅佐（此处从杨宽先生之说）。您留下来，我去把您的功劳祭告宗庙，谨慎恭敬地完成灌献之礼，您一定留下来，不要使我为难。我将不懈地学习为政之方，您也不要废弃您的原有法则，好让我长久效法，四方之民就能世世享受您的德行了③。

---

① 慕平译注：《尚书》，中华书局2009年，第212—213页。
② 参阅慕平译注：《尚书》，中华书局2009年，第213—214页。
③ 参阅慕平译注：《尚书》，中华书局2009年，第217—218页。

《洛诰》在最后记述了成王在洛邑举行冬祭和岁祭之礼时的状况。记:"戊辰,王在新邑,烝祭岁。文王骍牛一,武王骍牛一。王命作册逸祝册,惟告周公其后。王宾,杀禋,咸格,王入太室裸。王命周公后,作册逸诰,在十有二月。惟周公诞保文武受命,惟七年。"大意是说,十二月戊辰,成王在新都洛邑,举行了冬祭和岁祭之礼。祭文王用一头赤色牛,祭武王也用一头赤色牛。成王命作册之官逸在祭祀时宣读祝册之文,向文王武王禀报了周公留守洛邑的事情。杀牲禋祀文王武王,文王武王都来享用。成王进入清庙中央之室,完成裸祭之礼。成王命周公留下后,由作册逸作诰,这件事发生在十二月。周公留在了洛邑,承受文王武王所赐予的大命,这一年是周公摄政七年[①]。

洛邑建成后,成王遂迁"殷顽民"(即不奉服周人的殷商遗民)于成周。"惟三月,周公初于新邑洛",代成王告谕商王臣,希望他们接受天命,在洛邑一带安居乐业,服事、承顺于周王朝。此诰辞保存在《尚书》里,就是《多士》一篇。多士,就是众士,指殷商旧臣。王曰:"猷告尔多士!予惟时其迁居西尔,非我一人奉德不康宁,时惟天命,无违!朕不敢有后,无我怨!惟尔知,惟殷先人有册有典,殷革夏命。今尔又曰:'夏迪简在王庭,有服在百僚。'予一人惟听用德,肆予敢求尔于天邑商。予惟率肆矜尔。非予罪,时惟天命!""多士!昔朕来自奄,予大降尔四国民命。我乃明致天罚,移尔遐逖,比事臣我宗,多逊。""告尔殷多士!今予惟不尔杀,予惟时命有申。今朕作大邑于兹洛,予惟四方;罔攸宾,亦惟尔多士攸服,奔走臣我,多逊。""尔乃尚有尔土,尔乃尚宁干止。尔克敬,天惟畀矜尔;尔不克敬,尔不啻不有尔土,予亦致天之罚于尔躬!今尔惟时宅尔邑,继尔居,尔厥有干有年于兹洛。尔小子乃兴,从尔迁。""时予,乃或言尔攸居。"大意是说,三月,周公第一次在新都洛

[①] 参阅慕平译注:《尚书》,中华书局 2009 年,第 221—222 页。

邑代成王告谕商王旧臣，王说："告诫你们这些殷商旧臣，我把你们迁居西面，不是我一人遵奉道德不让你们安宁，这是上天的命令，是违背不得的。我也不敢迁延怠慢，你们不要怨我。你们知道，只有你们殷商的先人留下有历史典册，上面记载着殷革夏命的故事。现在你们又说：'商曾选拔夏的遗臣留在王廷，担任各种官职为商王服务。'但我用人是以德行作为标准的，如果你们中有贤人，我一定会在商都里找出来的。但现在我只有哀怜、赦免你们而已。这不是我的过错，这是上天的命令。殷商旧臣们，从前我征伐了奄国回来，对参加叛乱的管、蔡、商、奄四国殷民厚赐恩德。为了明确表达出天的责罚，把你们从遥远的地方迁来，好亲近我们的政权，服事、承顺我们周朝。告诉你们这些殷商旧臣，现在我不杀你们，我把以前的命令重申一下。我们在洛水旁建造这座大城邑，为的是包容四方民众；不但不会拒绝你们，而且希望你们能替我们效力，奔走臣服我们，承顺我们周王朝。你们还是可以永远占有你们的土地，永远安宁地守护着它。只要你们恭恭敬敬的，老天就会怜悯你们。如果你们不能恭恭敬敬的，你们不但不能享有土地，我还要把上天的责罚加到你们的身上。现在你们在自己的城邑里，开始了稳定的生活。可以好好地在洛邑守护漫长的岁月。从你们迁居开始，你们的子孙后代也会兴旺发展起来的。顺从我吧，顺从我，才能在这里永久安居。"①

《多士》中的"惟三月"，究竟是哪年的"惟三月"，一直争议很大，或曰为成王五年，或曰为成王七年，或曰为周公还政后的第一年。后一种说法以郑玄为代表。郑玄曰："成王元年三月，周公自王城初往成周之邑，用成王命告商王之众士以抚安之。"

《书序》所说的"成周既成，迁殷顽民"于成周，当是说成王又迁来了一批殷商遗民。因为迁殷商遗民到洛邑一带，早在周公平定武庚叛乱

---

① 参阅慕平译注：《尚书》，中华书局2009年，第224—232页。

之后就开始了。《逸周书·作雒解》说，周公在平叛了东方的叛乱之后，"俘殷献民，迁于九里"。孔晁注："献民，士大夫也。九里，成周之地，近王化也。"① 九里在今河南偃师东南，嵩山西北，在成周的东南②。在成周未营建之前，部分殷商遗民已被迁移到洛邑一带居住。而他们正是营建洛邑时周公所依靠的主要力量，也即营洛主力。《召诰》云："越七日甲子，周公乃朝用书，命庶殷侯、甸、男邦伯。厥既命殷庶，庶殷丕作。"

迁移到洛邑的殷商遗民，有殷商旧臣，即贵族，也有普通百姓；有"仇民"，即殷顽，也有"友民"。他们居住在洛邑附近，今洛阳瀍河以东的白马寺一带为殷商贵族主要集中居住区域。但殷商贵族是居住在成周城内还是在成周城东郊，一直存在争议，郑玄等认为是在王城以东的成周城内，现代学者杨宽等则认为在成周城东郊地区。

关于营建洛邑，《史记》记载颇多，除引述《度邑》篇外，《周本纪》中还记载，"成王在丰，使召公复营洛邑，如武王之意。周公复卜申视，卒营筑，居九鼎焉。曰：'此天下之中，四方入贡道里均。'作《召诰》《洛诰》。成王既迁殷遗民，周公以王命告，作《多士》《无佚》"。但在开始营建洛邑的时间上，太史公似说在成王七年，而非成王五年，《鲁周公世家》云："成王七年二月乙未，王朝步自周，至丰，使太保召公先之洛相土。其三月，周公往营成周洛邑，卜居焉，曰吉，遂国之。"

实际上，在营建洛邑这个时间节点上，古文献中有着不同的记述，如《通鉴外纪》卷三引《尚书大传》云："周公居摄，一年救乱，二年克殷，三年践奄，四年建侯卫，五年营成周，六年制礼作乐，七年致政成王。"

---

① 黄怀信等：《逸周书汇校集注》（修订本），上海古籍出版社2007年，第521页。

② 杨宽：《西周史》，上海人民出版社2003年，第158—159页。

近现代学者对此问题的认识也不一致，王国维先生在《洛诰解》《周开国年表》中认为营洛是在周公居摄的第五年，《洛诰》中的"惟七年"是"武王克商后之七年，成王嗣位，于兹五岁"，而非周公居摄七年。杨宽先生从其说。

杨宽先生在《西周史》中说，当以《尚书大传》为是，成周兴建于周公摄政五年。指出：《史记》所说在周公行政七年或成王七年，是出于对《洛诰》末二句的误解。《洛诰》末二句"惟周公诞保文武受命，惟七年"，上一句纪事、下一句纪年。所谓"惟周公诞保文武受命"，就是指成王命令周公留守成周主持东都政务。因为成王的命令指出，任命周公留守成周为"四辅"，是为了"诞保文武受民"，就是为了"保"文王、武王从上天所授的"民"；而周公的答词，表示接受任命，也说是"王命予来承保文祖（指文王）受命民"。下一句"惟七年"，是说"既克商七年"，当时有此纪年方法，如《金縢》开头就说"既克商二年"。"既克商七年"就是周公摄政五年，也即成王五年。关于这点，王国维在《洛诰解》[①] 和《周开国年表》中的分析，十分正确。他用商末艅尊铭"惟王来正（征）人方，惟工廿有五祀"作比较。"惟王来征人方"是说这年殷王出征人方；"惟王廿有五祀"是说这年是殷王即位以后的25年，文例与《洛诰》末二句正相同。作者为了分清二句，每句开头都用"惟"字作发语词。《洛诰》也是同样每句开头都用"惟"字。后人不明这种"上纪事，下纪年"的文例，误解"惟"周公诞保文武受命是讲周公摄政，又误和下一句"惟七年"连读，于是发生周公摄政七年的误解。总之，《尚书大传》所说周公摄政五年"营成周"，是不错的。周公摄政七年之说以及摄政七年营建成周之说，都出于对《洛诰》末二句的误解。周公摄政五年三月开始动工兴建，"大概到年底以前，成周就基本建成"。

---

① 《观堂集林》卷一。

"周公摄政共有五年"①。

而张广志先生认为，营洛是在周公摄政七年。他说："周公于摄政的第七年、亦即最后一年，动手营建洛邑。据《尚书·召诰》载，这年三月戊申（初五），召公先到洛邑'卜宅'（卜问在此建都是否吉利），占得吉兆，两天后便开始整治地基，五天完工。次日，周公来到洛邑，全面视察了新都的规模。几天后，又接连举行了隆重的郊祭（祭天）、社祭（祭地）仪式，并于甲子这一天（3月21日）正式开始了大规模的营建工作。当年底，工程基本告成，周公亦于是时归政于成王。"②

刘起釪先生认为作雒工程于周公摄政五年开始，至七年宗庙部分完成。他在《尚书校释译论·多士》中说："周公称王执政的头三年（亦即周成王同时在位的三年），平定武庚、管、蔡等叛乱，即《大传》云'二年克殷三年践奄'之事。三年，归宗周，诰'四国多方殷侯尹民'于宗周，作《多方》。四年，封康叔于卫，作《康诰》《酒诰》《梓材》。接着以三监败后迁至洛邑的庶殷遗民筑成周都邑，形成一组诰辞，即五年所作的《召诰》《多士》，至七年作雒工程的宗庙部分完成，周公请成王来洛邑举行元祀所作的《洛诰》及《逸周书》的《作雒》，还有《康诰》之首的逸篇。这是《大诰》之后的《周书》主要几篇的先后写成情况。"③

关于洛邑、成周、王城的关系即方位，也存在争议。"认为成周与王城为二的学者，多认为洛邑指成周，王城为另一城。认为成周与王城为一地的学者，认为洛邑就是成周，其内的宫城为王城。"④ 前者以班固为

---

① 杨宽：《西周史》，上海人民出版社2003年，第169、533、534页。
② 张广志：《西周史与西周文明》，上海科学技术文献出版社2012年，第62页。
③ 转引慕平译注：《尚书》，中华书局2009年，第223页。
④ 张广志：《西周史与西周文明》，上海科学技术文献出版社2012年，第62页。

旗帜，后者以《逸周书·作雒解》为代表。

班固在《汉书·地理志》中说："雒阳，周公迁殷民，是为成周。《春秋》昭公三十二年，晋合诸侯于狄泉，以其地大成周之城，居敬王"；"河南，故郏鄏地。周武王迁九鼎，周公致太平，营以为都，是为王城，至平王居之"。"雒阳"和"河南"皆为汉河南郡22个县之一，雒阳县故城在今白马寺以东，西距瀍河约15公里，河南县故城在今洛阳市区。班固的意思是说，成周与王城为二城，一个在瀍河以东，一个在瀍河以西。"后郑玄等皆从其说，影响甚大。"①

张守节《史记·周本纪·正义》对此作了进一步的注解，关于成周城，《正义》："《尚书·洛诰》云：'我卜瀍水东，亦惟洛食，以居邶、鄘、卫之众。'又《多士篇序》云：'成周既成，迁殷顽民。'按：是为东周，古洛阳城也。《括地志》云：'洛阳故城在洛州洛阳县东北二十六里，周公所筑，即成周城也。'《舆地志》云'以周地在王城东，故曰东周。敬王避子朝乱，自洛邑东居此。以其迫厄不受王都，故坏翟泉而广之。'按：武王灭殷国为邶、鄘、卫，三监尹之。武庚作乱，周公灭之，徙三监之民于成周，颇收其余众，以封康叔为卫侯，即今卫州是也。"是说成周城是为安置殷商遗民所建，地在今白马寺以东。关于王城，《正义》引《括地志》云："故王城一名河南城，本郏鄏，周公新筑，在洛州河南县北九里苑内东北隅。自平王以下十二王皆都此城，至敬王乃迁都成周，至赧王又居王城也。《帝王世纪》云'王城西有郏鄏陌'。《左传》云'成王定鼎于郏鄏'。京相璠《地名》云'郏，山名。鄏，邑名'。"是说王城在今洛阳市老城区和西工区境内。

1929年，令彝（又称令方彝）铭出土后，唐兰先生等更认为"二城说"是毋庸置疑的。令彝出土于洛阳马坡，为西周早期青铜器，有铭文

---

① 张广志：《西周史与西周文明》，上海科学技术文献出版社2012年，第62页。

14 行 187 字。现将涉及"成周"与"王"的铭文摘引如下:"惟十月月吉癸未,明公朝至于成周。""甲申,明公用牲于京宫。乙酉,用牲于康宫。咸既。用牲于王。明公归自王。"铭文中的"王",唐先生认为系指王城,"用牲于王,王,王城也"①。陈梦家先生等从其说。洛阳当地学者也多以为二城说为是。

持一城说的学者认为,洛邑即成周,成周即东都,王城在成周城中,为成周之内城。整个成周大邑,有大小二城,小城叫"城",后来称为"王城",因王宫所在而得名。大城叫"郛",即是"郭",用作居民会集和军队留守之处。现代学者童书业、杨宽等力主此说。

杨宽先生认为:"成周大邑的布局,也该是王城在大郭的西边","成周的大郭,应该紧靠在王城以东,横跨瀍水两侧地区",如同隋唐洛阳城横跨瀍水一样,"只是西周成周的位置偏北,在洛水以北","隋唐洛阳城的位置则偏南,直跨洛水的南北两岸地区"。"郑玄解释《洛诰》,以瀍水以西所建的是王城,即是汉代的河南县城;瀍水以东所建的是成周,即汉代的洛阳县城,即今'汉魏洛阳城'遗址,这是沿袭了《公羊传》和《汉书·地理志》的错误。成周原来是一个大邑。一个大邑而连结有宫城和大郭,这是古代都城的通则,决不可能如《公羊传》和《汉书·地理志》所说那样,王城在汉代河南县,成周在汉代洛阳县,两城相距四十里。成周在《尚书》中只是一个邑,或者称为'新邑'(《洛诰》),或者称为'新邑洛'(《多士》),或者称'洛邑'(《多方》),或者说'作新大邑于东国洛'(《康诰》)。到春秋时,周敬王请晋国帮助'城成周',也还说'昔成王合诸侯城成周,以为东都,崇文德焉'(《左传·昭公三十二年》)。""至于令彝说:'明公朝(早)至于成周','明公归自王'。

---

① 唐兰:《作册令尊及作册令彝铭考释》,《国学季刊》第 4 卷第 1 号(1934 年);转引自王人聪:《令彝铭文释读与王城问题》,《文物》1997 年第 6 期。

'王'该指王城,王城也是指成周的宫城,唐兰和陈梦家根据《汉书·地理志》,把令彝的'王'和'成周',解释为相距四十里的两个邑,是不可信的。"①

对于洛邑、成周、王城的关系及方位,李学勤先生认为,西周时期,洛邑就是成周,成周为东都总名,包括王城和下都,敬王徙居下都后,下都始称成周,"从此以后,'王城'和'成周'便分指两城了"。他说:"西周初年,周公禀承武王的遗志,在今洛阳地区营建了东都,并把被征服的殷顽民也迁到该地。其宗庙宫寝所在,名为王城;殷顽民聚居的地带,据《尚书序》所载,则在其东郊,后来逐渐也形成城市。用汉代地名来说,王城即是河南;原殷民所居,即是洛阳。南宋学者吕祖谦指出:'孔子序《洛诰》曰"周公往营成周",则成周乃东都总名。河南,成周之王城也;洛阳,成周之下都也。'② 大体是正确的。

"西周昭王时青铜器令尊、令方彝铭云:'唯十月月吉癸未,明公朝至于成周,遂令。……既咸令,甲申明公用牲于京宫,乙酉用牲于康宫。咸既用牲于王,明公归自王。'铭文里的'王',唐兰先生释为王城。推求文义,公到成周而发令,既令之后用牲于京宫、康宫,二宫自在成周,何尊等器记成周有京室、京宗,即此铭京宫③。下文说'用牲于王',正表明王城是成周宗庙所在之地。西周时期的'王城'和'成周',并不是相排斥的两个地名。

"平王东迁,居于王城,后来的历代周王也都如此。到公元前520年,周景王卒,发生了王子朝争位之乱。敬王继位后,因王城王子朝之党势盛,徙居到过去殷民居处之地。公元前510年,晋人率诸侯'修成

---

① 杨宽:《西周史》,上海人民出版社2003年,第535—539页。
② 吕祖谦:《大事记解题》卷一,《金华丛书》。——原文注。
③ 李学勤:《何尊新释》,《中原文物》,1981年第1期。——原文注。

周之城',所指的就是敬王新徙之城。此城本来是东都成周的一部分,这时周王徙居,即称之为'成周',是很自然的。从此以后,'王城'和'成周'便分指两城了。《汉书·地理志》河南郡下载:'河南,故郏鄏地,周武王迁九鼎;周公致太平,营以为都,是为王城,至平王居之。''洛阳,周公迁殷民,是为成周。《春秋》昭公二(三)十二年,晋合诸侯于狄泉,以其地大成周之城,居敬王。'虽有不甚准确处,但基本上反映了当时的情况。后来的《战国策》高诱注、《国语》韦昭解及《左传》杜预注等,所述大致相同。"① 笔者从李说。

由于西周洛邑城址、宫殿墙垣至今尚未取得令人信服的发现,这种争论可能还会继续。

从上世纪50年代以来的考古发掘看,王城在瀍河西岸当是确定无疑了。因为在这一区域发现了数百座西周墓葬(其中多数为贵族墓)② 和一处面积达10万余平方米的西周前期的王家铸铜作坊遗址③,出土了数万件遗物,包括青铜礼器、兵器、车马器、玉器、陶范等。在瀍河以东地区也有不少西周遗址、遗物发现,其中包括两处西周时期城墙夯土遗迹,一处位于汉魏故城中部(是否就是周初成周城址,尚存争议)④,一处位于瀍河东花坛东⑤。

至于周初迁都洛邑的原因,学术界的看法则高度一致,徐金星、郑

---

① 官长为编:《李学勤说先秦》,上海科学技术文献出版社2011年,第205—206页。
② 洛阳市地方志编委会:《洛阳市志·文物志》,中州古籍出版社1995年,第112页。
③ 洛阳市地方志编委会:《洛阳市志·文物志》,中州古籍出版社1995年,第68页。
④ 中国社会科学院考古研究所洛阳汉魏城队:《汉魏故城城垣试掘》,《考古学报》,1998年3期。
⑤ 洛阳市地方志编委会:《洛阳市志(1991—2000)》第五卷,中州古籍出版社2006年,第346页。

贞富、余杰三位学者将之归纳为三点，十分精辟，云："其一是政治因素，殷商初亡，天下初定，宅此洛邑，便于治民。其二是地理位置，按照周公的话说，洛邑为天下之中。其三是历史因素，洛邑为夏商旧都，帝喾故墟，华夏宗地，迁宅于此，利于王化。"①

王晖先生从"无远天室"的角度分析了武王营建东都的原因，也十分精确，他说："在周武王的眼中，傍依天室山而建东都可一举三得：一能取得天的保佑，因傍依天室山，故'相我不难'；二是在此谋划平定刚刚收服的殷民比较方便，即'图夷兹殷'；三是嵩山附近是天下之中，利于统治天下。"②

有鉴于此，有关营洛的原因，笔者在此就不再赘述。

五、成康之治

还政成王后，周公以太师身份辅佐成王，主要留在洛邑主持东都政务，召公则以太保身份在镐京辅佐成王主持西都政务，形成所谓"自陕而东，周公主之；自陕而西，召公主之"的行政格局。"陕"，即今河南三门峡陕县。这种格局大约持续了三年。《尚书大传》说周公辅政三年之后"老于丰"。此"老"，杨宽先生解释为"周公已到告老的年龄"③。可备一说。据《史记·鲁周公世家》记载，"周公在丰，病，将没，曰：'必葬我成周，以明吾不敢离成王。'"是说周公病逝于丰邑，弥留之际还要求把他葬在成周，以表明他全力辅佐成王的决心。真可谓是鞠躬尽瘁，死而后已。也正因为如此，成王也很谦让，葬周公于毕（今陕西咸阳

---

① 徐金星等：《洛阳五千年》（上），光明日报出版社2006年，第80页。
② 王晖：《商周文化比较研究》，人民出版社2000年，第68页。
③ 杨宽：《西周史》，上海人民出版社2003年，第544页。

北），随从文王，以示他不敢把周公看作自己的臣子。为褒奖周公的大德，成王还特许周公的封国鲁国可以郊祭上天，立庙祭祀文王，享用天子礼乐。

成王亲政后，周朝进入了巩固时期。成王在位的时间，"夏商周断代工程"定为22年，即公元前1042年—前1021年。成王敬德爱民，节俭务实，并以勤勉著称，《诗》云"成王不敢康，夙夜基命宥密"[①]。因积劳成疾，成王英年早逝。临终前，成王"惧太子钊之不任，乃命召公、毕公率诸侯以相太子而立之"[②]，强调"奠丽陈教，则肄肄不违"，"敬迓天威、嗣守文武大训，无敢昏逾"，吩咐辅政大臣"用敬保元子钊，弘济于艰难，柔远能迩，安劝小大庶邦"[③]。成王死后，太子钊继位，是为康王。

《史记·周本纪》说，成王死后，召公、毕公率领诸侯，"以太子钊见于先王庙，申告以文王、武王之所以为王业之不易，务在节俭，毋多欲，以笃信临之，作《顾命》。太子钊遂立，是为康王。康王即位，遍告诸侯，宣告以文武之业以申之，作《康诰》。故成康之际，天下安宁，刑错四十余年不用"。

康王时，东都成周交由太师毕公管理，并让毕公根据殷商遗民之善恶来划分他们的居住区域，安定成周郊区。此事记载在《尚书·毕命》中。古文《尚书》中有《毕命》一篇。

《尚书·毕命》记，康王十二年六月壬申，王在丰邑，"以成周之众，命毕公保釐东郊"。毕公，名高，周文王之子，受封于毕（今陕西咸阳北），位居"三公"之一，因称毕公。东郊，即洛邑东郊，所迁殷民居住

---

① 《诗经·昊天有成命》。

② 《史记·周本纪》。

③ 《尚书·顾命》。

之地。王曰:"呜呼!父师,今予祗命公以周公之事,往哉!旌别淑慝,表厥宅里,彰善瘅恶,树之风声。弗率训典,殊厥井疆,俾克畏慕。申画郊圻,慎固封守,以康四海。政贵有恒,辞尚体要,不惟好异。商俗靡靡,利口惟贤,余风未殄,公其念哉!我闻曰:'世禄之家,鲜克由礼。'以荡陵德,实悖天道。敝化奢丽,万世同流。兹殷庶士,席宠惟旧,怙侈灭义,服美于人。骄淫矜侉,将由恶终。虽收放心,闲之惟艰。资富能训,惟以永年。惟德惟义,时乃大训。不由古训,于何其训。""呜呼!父师,邦之安危,惟兹殷士。不刚不柔,厥德允修。惟周公克慎厥始,惟君陈克和厥中,惟公克成厥终。三后协心,同底于道,道洽政治,泽润生民,四夷左衽,罔不咸赖。予小子永膺多福。公其惟时成周,建无穷之基,亦有无穷之闻。子孙训其成式,惟乂。呜呼!罔曰弗克,惟既厥心;罔曰民寡,惟慎厥事。钦若先王成烈,以休于前政。""父师",指毕公,当时毕公为太师,因称父师。"三后",指周公、君陈、毕公三人,因其主持治理殷民之政,故称三后。后,主,指主政者。康王任命毕公为太师至洛邑治理成周,要求毕公继承周公的传统,在所管辖的区域之内识别出好人、坏人,表彰好人、憎恨坏人,树立起良好的风气。不遵守教令的,要为他们单独划定不同的居住区域,以便使他们能够知道畏惧和向慕。并申明旧有的区划,谨慎固守封界,从而使四海安康。康王提醒毕公,政令贵在持之以恒,言辞贵在简明扼要,"不惟好异"。成王指出殷民难以治理的根本原因在于"世禄之家,鲜克由礼",即世代享受俸禄之家,很少能够遵从礼的。强调能否治理好这些殷民,关系到国家的安危,因此施政要"不刚不柔",既不要过于刚猛,也不要过于柔弱,以便培养好殷民的品德。勉励毕公应当尽力竭力,在洛邑建立无穷的基业,取得比前人更好的政绩①。

---

① 参阅王世舜、王翠叶译注:《尚书》,中华书局2012年,第480—486页。

康王在位时间，"夏商周断代工程"《夏商周年表》定为 25 年，即公元前 1020 年—前 996 年，和成王 22 年一起共 47 年。这一推定与文献记载成康之际"刑错四十余年不用"相符合，也与"夏商周断代工程"的"西周金文历谱"相一致。但在成康各自在位的时长上存在争议，这一争议缘于觉公簋的出现。簋铭云："觉公作妻姚簋，遘于王命唐伯侯于晋，唯王廿又八祀。"铭文中的"王"，李学勤等考证为康王，"唯王廿又八祀"是指康王二十八年。这样，"夏商周断代工程"所推定的康王在位只有 25 年的结论，就与觉公簋铭不符，因此李学勤先生建议修改"夏商周年表"，将康王在位时间定为 28 年，即公元前 1023 年—前 996 年，成王为 19 年，即公元前 1042 年—前 1024 年，成康总年数仍为 47 年。他说："大家知道，成康之世要在四十年以上，才合乎成康之际刑错四十余年之说。'西周金文历谱'成康加在一起是四十七年。设取小盂鼎的康王二十五年为公元前 999 年，康王共二十八年，成王十九年；设取公元前 1004 年，康王共三十三年，成王仅十四年，即在《召诰》后只有七年。考虑到《尚书·顾命》成王卒时，周公、太公都已不在，后者似乎太短。从各种因素推敲，还是定康王共二十八年为好。"① 当然，此说也存在争议，争议的焦点还是觉公簋的时代范围。

成康在位这 40 多年，是周王朝最为强盛的时期。此时政治清明，经济繁荣，社会安定，虽各种典章制度、礼仪、刑法都逐渐完备，但"刑错四十余年不用"，因此被后世史家誉为"成康之治"。旧史也常"把成康与文景、贞观等并列，誉为古代社会最美妙的时期"②。如《诗经·执竞》颂曰："不显成康，上帝是皇。自彼成康，奄有四方，斤斤其明。"是说成康二王真伟大，上帝赞赏命为长。从那成康时代起，拥有天下占

---

① 李学勤：《通向文明之路》，商务印书馆 2010 年，第 115 页。
② 晁福林：《夏商西周社会史》，北京师范大学出版社 2010 年，第 105 页。

四方,英明善察好眼光。这其中虽不乏溢美成分,但基本符合当时的实际。

"亲政后的成王和康王时期,虽还不时有对外征伐之举,如成王之伐录(《大保簋》。郭沫若以为"录"即群舒之"六",在今安徽六安),康王时伯懋父对东夷的征伐和北征(《小臣谜簋》《吕壶》等),盂对鬼方的征伐(《小盂鼎》),以及康王十六年'南巡狩至九江庐山'(《今本竹书纪年》)和改封夨至宜地所反映出的对东南地区的拓展等,但总的来说,成康之世的施政方向已主要转向内部事务,转向'息民'(《左传·昭公二十六年》)上。"① 这其中也包括分封诸侯。通过分封,使周朝的统治更加稳固。

六、昭王南征与穆王远游

康王死后,其子瑕继位,是为昭王。昭王之时,文王、武王以来形成的治理国家的优良政治方略,也即所谓的"王道"②,已经衰微残缺了。昭王一改成康时期的"息民"政策,将施政方针转向外事征伐上,意欲扩大周的疆域,重点是向南发展,因此,南征荆楚就成为昭王征伐的特征。

按照《古本竹书纪年》的记载,昭王南征有两次大规模的行动。第一次是昭王十六年,"伐楚荆,涉汉,遇大兕"③;第二次是昭王十九年,

---

① 张广志:《西周史与西周文明》,上海科学技术文献出版社2012年,第63—64页。

② 《史记·周本纪》。

③ 《初学记》卷七《地部》下引。

"天大曀，雉兔皆震，丧六师于汉"①，"王南巡不返"②。昭王亲率大军，"经由唐（今湖北随州市西北）、厉（今湖北随州市北）、曾（今湖北随州市）、夔（今湖北秭归县东），直至江汉地区"③。第一次南征，昭王大获全胜。第二次则"丧六师于汉"，昭王自己也在归途中溺水身亡。关于昭王死因，《史记·周本纪·正义》引《帝王世纪》云："昭王德衰，南征，济于汉，船人恶之，以胶船进王，王御船至中流，胶液解，王及祭公惧没于水中而崩。其右辛游靡长臂且多力，游振得王，周人讳之。"是说昭王还师横渡汉水时，当地人用胶粘的船只运载昭王，至江中船体分解，昭王溺水而死。《吕氏春秋·音初》的记述与《帝王世纪》略有不同："周昭王亲将征荆，辛余靡长而多力，为王右。还返涉汉，梁败，王及蔡（祭）公抎（陨）于汉中。辛余靡振王北济，又反振蔡（祭）公。"是说昭王因"梁败"而溺水身亡。"梁"可能和《诗经·大明》"造舟为梁"相同，是并船水上做成的临时性的浮桥④。细节虽有不同，但昭王溺死于汉水应是史实无疑。昭王溺水之处，据唐兰先生考证，在《水经·沔水注》中的"左桑"，在今湖北沔阳东北的汉水开阔处⑤。

关于昭王南征，《史记·周本纪》记载较略，仅云："昭王南巡狩不返，卒于江上。其卒不赴告，讳之也。"

除南征外，昭王还曾征伐会（《员卣》）、虎方（《中方鼎》）等。会，又作郐、桧，《史记·楚世家·正义》引《括地志》云："故郐城在郑州新郑县东北二十二里。《毛诗谱》云'昔高辛之土，祝融之墟，历唐至

---

① 《初学记》卷七《地部》下引。
② 《太平御览》卷八七四《咎征部》引。
③ 刘起釪等：《先秦史》，中国大百科全书出版社2012年，第71页。
④ 晁福林：《夏商西周社会史》，北京师范大学出版社2010年，第109页。
⑤ 唐兰：《论周昭王时代的青铜器铭刻》，《古文字研究》第二辑。

周,重黎之后妘姓处其地,是为郐国,为郑武公所灭也。'"郐国故城在今河南新密境内。虎方的地望,分歧较大,或曰在淝水流域,今安徽长丰南;或曰在汉水附近。

昭王死后,其子满继位,是为穆王。《史记·周本纪》说,穆王继位时"春秋已五十矣",共在位55年,即公元前976年—前992年(据"夏商周断代工程"《夏商周年表》),是周王朝在位时间最长的一个国王。穆王时期,继续昭王向四方发展政策,经常巡游征伐。《古本竹书纪年》云,穆王北征,"行流沙千里"①;西征,"至昆仑丘,见西王母"②;南征,"至于九江,比鼋鼍为梁"③。

穆王西征,其他文献上也有记载,如:《国语·周语上》云,穆王将要远征犬戎,祭公谋父劝谏说"不可",因为先王以道德昭示天下而不炫耀武力,征伐犬戎也不符合先王的制度规定。"夫先王之制,邦内甸服,邦外侯服,侯、卫宾服,蛮、夷要服,戎、狄荒服。甸服者祭,侯服者祀,宾服者享,要服者贡,荒服者王。日祭、月祀、时享、岁贡、终王,先王之训也。有不祭则修意,有不祀则修言,有不享则修文,有不贡则修名,有不王则修德,序成而有不至则修刑。于是乎有刑不祭,伐不祀,征不享,让不贡,告不王。于是乎有刑罚之辞,有攻伐之兵,有征讨之备,有威让之令,有文告之辞。布令陈辞而又不至,则增修于德而无勤民于远,是以近无不听,远无不服。"但穆王不听劝谏,执意西征犬戎,"得四白狼,四白鹿以归"。祭公谋父为周王的卿士,字谋父,封于祭(西周时在王畿之内,东迁后在今河南郑州市东北)。穆王坚持征伐的理由是"戎狄不贡"(《后汉书·西羌传》)。实际上,处"荒服"区域里的

---

① 《山海经·大荒北经》注、《文选·江赋》注引。
② 《艺文类聚》卷七《山部》、《太平御览》卷三八《地部》引。
③ 《艺文类聚》卷九《水部》、《初学记》卷七《地部》下引。

犬戎，自其君大毕、伯士以来，一直"以其职来王"（即按照旧有的职分入朝尊王），实行"终王"（旧君死新君继位才到王城进见）之礼，朝见每一位新嗣位的周王。穆王不满犬戎几十年才入朝见王一次的现状，要犬戎按季度进京随祭先王，故征之。这其中也有向犬戎炫耀武力的因素。征伐虽取得了胜利，但影响却出乎穆王的预料，"自是荒服者不至"，即从这以后，荒服的邦国就不再入朝见王了。

穆王西征犬戎的情况，《后汉书·西羌传》中也记述："至穆王时，戎狄不贡，王乃西征犬戎，获其五王，又得四白鹿、四白狼。王遂迁戎于太原。"是说把犬戎迁到今宁夏固原（一说甘肃镇原）一带。

班簋铭中有穆王令毛公班伐东国痟戎的记载，此次征伐三年才结束。痟戎，郭沫若先生以为"当即奄人"①；唐兰先生则认为，痟字"疑与偃通，偃戎即徐戎"，"徐又称偃，如荆又称楚，吴又称邘之类"②。

穆王好游行，一生以远游著称。《左传·昭公十二年》载："昔穆王欲肆其心，周行天下，将皆必有车辙马迹焉。"是说穆王想要放纵他自己的私心，周游天下，想要让天下到处都有他的车辙马迹。

穆王最著名的远游是《古本竹书纪年》所说的"穆王十七年，西征，至昆仑丘，见西王母，王母止之"（《艺文类聚》卷七《山部》引）。

穆王远游的故事，主要记述在《穆天子传》中。这部晋代汲冢出土的战国竹简，"虽多不真实，但反映了当时穆王意欲周游天下，以及与西北各方国部落往来的情形"③，具有一定的参考价值。

纵观昭穆二王，"虽在文治上无什么建树，但凭借国力在武功上仍有

---

① 郭沫若：《两周金文辞大系图录考释》，上海书店出版社1999年，第21页。

② 唐兰：《西周青铜器铭文分代史证》，中华书局1986年，第351页；转引自张广志：《西周史与西周文明》，上海科学技术文献出版社2012年，第65页。

③ 刘起釪等：《先秦史》，中国大百科全书出版社2012年，第72页。

一幕幕壮烈演出,在前代基础上进一步拓展了疆土"。昭穆时代,"鲁、齐、燕、卫、晋等主要封国,都不仅在当地站稳了脚跟,且有较快发展;南方的吴、楚、巴、蜀等,其与周室的关系虽与鲁、齐等国不可同日而语,但亦与周室及中原各国交往不断。这样,经周王朝百余年之开拓、经营,一个以周王室为标志、代表的规模空前的华夏国家已粗具规模,初步奠立"。当然,从另一方面来说,由于不断征伐,西周国力亦渐露透支征兆,再加上其他因素的作用,"西周王朝终盛极而衰,逐渐走上了下坡路"[①]。

七、西周中期列王

穆王死后,共王繄扈、懿王囏、孝王辟方、夷王燮相继继位。"经过昭穆时代,周朝实力削弱,中期四王仅能守成"[②]。

但这一时期的周朝仍能号令、钳制诸侯,共王"灭密"、夷王"烹齐哀公于鼎"就是例证。

据《史记·周本纪》记载,由于密康公不献美女于周,被共王灭其国。密国故城在今甘肃灵台西南。《周本纪》云:"共王游于泾上,密康公从,有三女奔之。其母曰:'必致之王。夫兽三为群,人三为众,女三为粲。王田不取群,公行不下众,王御不参一族。夫粲,美之物也。众以美物归女,而何德以堪之?王犹不堪,况尔之小丑乎!小丑备物,终必亡。'康公不献,一年,共王灭密。"意思是说,共王在泾水边游玩,密国诸侯康公跟从,有三个美女投奔密康公。密康公的母亲说:"一定要把她们送给共王。三只兽就成群,三个人就成众,三个女子就成粲。天

---

① 张广志:《西周史与西周文明》,上海科学技术文献出版社2012年,第66页。

② 刘起釪等:《先秦史》,中国大百科全书出版社2012年,第72页。

子打猎不将一群全部获取，诸侯出行不使众人下车致敬，王娶嫔妃不娶同一家的三个女子。粲，是美好的东西。三个美女同时嫁给你，你有啥德行能够承受？国王还不能承受，更何况你这样的小人物呢！小人物美物皆备，最终一定会灭亡。"密康公不愿献出三个美女。一年之后，共王消灭了密国。

夷王"烹齐哀公于鼎"，见于《古本竹书纪年》。《太平御览》卷八五"皇王部"引《古本竹书纪年》说："三年，王致诸侯，烹齐哀公于鼎。"《史记·齐太公世家》也说："哀公时，纪侯谮于周，周烹哀公，而立其弟静，是为胡公。胡公徙都薄姑，而当周夷王之时。"夷王烹死齐哀公的原因是由于"哀公荒淫田游"①，纪侯告之。

这一时期，西北地区的戎狄逐渐兴盛。懿王时，"王室遂衰，戎狄交侵，暴虐中国"②。夷王时，"荒服不至，乃命虢公率六师，伐太原之戎，至于俞泉，获马千匹"③。夷王虽取得了征伐太原之戎的胜利，但并未从根本上解除戎狄对周朝的威胁。

经过百余年的平稳发展，懿王以后，周王室内部的矛盾开始趋于尖锐，王位继承出现了不正常的情况。《史记·周本纪》记载："懿王崩，共王弟辟方立，是为孝王。孝王崩，诸侯复立懿王太子燮，是为夷王。"从孝王以共王弟弟身份继其侄懿王后立、孝王死后诸侯重新扶立懿王的太子燮来看，其间似发生过一场王位之争。因为孝王继立不符合周王朝的正统。由于史籍失载，其中原因已不得而知。但从"诸侯复立懿王太子燮"看，王位之争已相当激烈，需借助王室以外的力量才能实现。

---

① 《史记·齐太公世家·索隐》引宋忠语。
② 《汉书·匈奴传》。
③ 《后汉书·西羌传》注引《古本竹书纪年》。

中期四王共历45年①，其中共王在位23年（即前922年—前900年。共王在穆王去世当年改元），懿王8年（前899年—前892年），孝王6年（前891年—前886年），夷王8年（前885年—前878年）。除共王历年较长外，其余皆为几年，如此频繁的国王更替，也反映出此期周王室的动荡不安。

八、厉王"专利"与共和行政

夷王死后，儿子厉王胡继位，在位37年（即公元前877年—前841年）。"在后世史家笔下，厉王是继夏桀、商纣之后的又一著名暴君"②，他好专利，堵言路，行为暴虐，态度傲慢。

关于厉王，《史记·周本纪》记述较详，云："厉王即位三十年，好利，近荣夷公。大夫芮良夫谏厉王曰：'王室其将卑乎？夫荣公好专利而不知大难。夫利，百物之所生也，天地之所载也，而有专之，其害多矣。天地百物皆将取焉，何可专也？所怒甚多，而不备大难，以是教王，王其能久乎？夫王人者，将导利而布之上下者也，使神人百物无不得极，犹日怵惕惧怨之来也。故《颂》曰"思文后稷，克配彼天，立我蒸民，莫匪尔极"。《大雅》曰"陈锡载周"。是不布利而惧难乎，故能载周以至于今。今王学专利，其可乎？匹夫专利，犹谓之盗，王而行之，其归鲜矣。荣公若用，周必败也。'厉王不听，卒以荣公为卿士，用事。

"王行暴虐侈傲，国人谤王。召公谏曰：'民不堪命矣。'王怒，得卫巫，使监谤者，以告则杀之。其谤鲜矣，诸侯不朝。三十四年，王益严，国人莫敢言，道路以目。厉王喜，告召公曰：'吾能弭谤矣，乃不敢言。'

---

① 据"夏商周断代工程"《夏商周年表》。
② 张广志：《西周史与西周文明》，上海科学技术文献出版社2012年，第68页。

召公曰：'是鄣之也。防民之口，甚于防水。水壅而溃，伤人必多，民亦如之。是故为水者决之使导，为民者宣之使言。故天子听政，使公卿至于列士献诗，瞽献曲，史献书，师箴，瞍赋，矇诵，百工谏，庶人传语，近臣尽规，亲戚补察，瞽史教诲，耆艾修之，而后王斟酌焉，是以事行而不悖。民之有口也，犹土之有山川也，财用于是乎出；犹其有原隰衍沃也，衣食于是乎生。口之宣言也，善败于是乎兴。行善而备败，所以产财用衣食者也。夫民虑之于心而宣之于口，成而行之。若雍其口，其与能几何？'王不听。于是国莫敢出言，三年，乃相与畔，袭厉王。厉王出奔于彘。"

《国语·周语上》中也有类似的记述。

上文中的荣夷公为荣国君主，姬姓，夷为其谥号，"好专利"，厉王任之为卿士；芮良夫为周王室大夫，姬姓，名良夫，食采邑于芮（今山西芮城）；召公，即召穆公，名虎，是召康公之后，为王卿士。"卫巫"，《集解》引韦昭曰"卫国之巫也"，即卫国的巫师，据说卫巫具有特殊功能，知道谁在诽谤厉王。

上文是说，厉王任用荣夷公为卿士，实行"专利"，将原本属于社会的山林川泽等收归王室所有，引起贵族、平民等阶层的不满。正如《国语·周语上》所说的"厉王虐，国人谤王"。面对指责，厉王命卫巫监视，有"谤王"者即加杀戮。弄得人人自危，不敢说话，在路上相遇，也只是彼此用眼睛看看而已。三年之后（前841）终于引发国人暴动，厉王出奔于彘（今山西霍州东北）。由于厉王无道，也由于国势衰微，周室与戎狄、蛮夷间的矛盾趋于激化，入侵与反入侵、征伐与反征伐等战事不断。西北戎狄，特别是猃狁，已成为周室的心头之患，不时入侵，甚至直逼宗周镐京。《后汉书·西羌传》注引《古本竹书纪年》云："厉王无道，戎狄寇掠，乃入犬丘，杀秦仲之族。王命伐戎，不克。"《多友鼎》铭也说，猃狁犯京师。东南淮夷也不断侵犯周室。《后汉书·东夷传》

载:"厉王无道,淮夷入寇,王命虢仲征之,不克。"《敔簋》铭云,南淮夷的入侵已深入到洛水伊水之间。对于淮夷,厉王也曾多次进行过征伐,此期的铜器铭文中多有厉王南征的记载,如《虢仲盨》载,虢仲与"王南征,伐南淮夷"。

厉王出奔于彘后,周朝进入了"共和行政"时期。共和当年改元。共和元年,即公元前841年,是中国历史有确切纪年的开始。

但何谓"共和",历来说法不一。《史记》认为,"召公、周公二相行政,号曰"共和"。《周本纪》云,厉王逃亡后,"太子静匿召公之家,国人闻之,乃围之。召公曰:'昔吾骤谏王,王不从,以及此难也。今杀王太子,王其以我为仇而怼怒乎?夫事君者,险而不仇怼,怨而不怒,况事王乎!'乃以其子代王太子,太子竟得脱。召公、周公二相行政,号曰'共和'。共和十四年,厉王死于彘。太子静长于召公家,二相乃共立之为王,是为宣王"。召公即召穆公虎,周公即周定公。

张守节《正义》从之。《史记·周本纪·正义》:"韦昭云:'彘之乱,公卿相与和而修政事,号曰共和也。'《鲁连子》云:'卫州共城县本周共伯之国也。共伯名和,好行仁义,诸侯贤之。周厉王无道,国人作难,王奔于彘,诸侯奉和以行天子事,号曰"共和"元年。十四年,厉王死于彘,共伯使诸侯奉王子靖为宣王,而共伯复归国于卫也。'世家云:'釐侯十三年,周厉王出奔于彘,共和行政焉。二十八年,周宣王立。四十二年,釐侯卒,太子共伯馀立为君。共伯弟和袭攻共伯于墓上,共伯入釐侯羡自杀,卫人因葬釐侯旁,谥曰共伯,而立和为卫侯,是为武公。'按此文,共伯不得立,而和立为武公。武公之立在共伯卒后,年岁又不相当,年表亦同,明《纪年》及《鲁连子》非也。"张守节是说,"公卿相与和而修政事,号曰共和",《汲冢纪年》与《鲁连子》相关记载与史实不符。

但《史记》此说,遭到一些史家的质疑,认为太史公的这个说法不太正确,所谓"共和",是指共伯和代行天子之政,而非"召公、周公二相行政"。

《晋书·束皙传》引《古本竹书纪年》云:"(幽)〔厉〕王既亡,有共伯和者摄行天子事。"《通鉴外纪》卷三也引《纪年》说:"共国之伯名和,行天子之政。"《史记·周本纪·索隐》:"若《汲冢纪年》则云'共伯和干王位'。共音恭。共,国;伯,爵;和,其名;干,篡也。言共伯摄王政,故云'干王位'也。"《庄子·让王》《释文》引司马彪注云:"共伯名和,修其行,好贤人,诸侯皆以为贤。周厉王之难,天子旷绝,诸侯皆请以为天子,共伯不听,即干王位。"《史记·周本纪·正义》引《鲁连子》云:"十四年,厉王死于彘,共伯使诸侯奉王子靖为宣王,而共伯复归国于卫也。"《吕氏春秋·开春》云:"共伯和修其行,好贤仁,而海内皆来为稽矣。周厉之难,天子旷绝,而天下皆来谓矣。"《开春》是说,共伯和修养品行,喜好贤士仁人,海内就都因此来归附了。厉王之乱,王位废缺,天下诸侯就都来朝见共伯和了。

"共和"即共伯和的说法,在近今史家中颇为盛行,梁玉绳、郭沫若、顾颉刚、陈梦家、杨宽、晁福林等皆宗此说。顾颉刚、晁福林更认为共伯和即卫武公[1]。郭沫若、陈梦家等认为彝铭中伯龢父即共伯和[2]。

九、宣王中兴

共和十四年(前828),厉王死于彘。次年,成长于召公家的太子静

---

[1] 顾颉刚:《史林·"杂识"》,中华书局1963年,第208页;晁福林:《夏商西周社会史》,北京师范大学出版社2010年,第114页。

[2] 郭沫若:《两周金文辞大系图录考释》,科学出版社1957年,第114页;陈梦家:《西周年代考》,商务印书馆1955年,第35页。

继位，是为宣王，在位共 46 年（前 827 年—前 782 年）。《史记·周本纪》载，"宣王即位，二相辅之，修政，法文、武、成、康之遗风，诸侯复宗周"。《汉书·匈奴传》亦载，"是时四夷宾服，称为中兴"。

宣王初年，西戎气焰嚣张，曾一度攻打到"泾阳"（泾水北岸）。宣王以秦仲为大夫，讨伐西戎。宣王四年（前 824），秦仲被西戎所杀。秦仲"有子五人，其长者曰庄公"。周宣王"乃召庄公昆弟五人，与兵七千人，使伐西戎，破之"①，封秦庄公为西垂大夫（即西垂地区的行政长官；古西垂的地望或曰在今甘肃天水一带）。

《兮甲盘》载，五年三月，宣王曾亲征猃狁。铭曰，"唯五年三月既死霸庚寅，王初格伐猃狁"，名兮甲者曾随王出征，"折首折讯"。"兮甲"又称"兮白（伯）吉父"，郭沫若先生说："即《小雅·六月》之'文武吉甫'，伯吉父其字，甲其名，兮其氏。旧亦称尹吉甫。"②《诗经·小雅·六月》是一首歌颂抗击猃狁（即猃狁）入侵胜利归来的诗。诗云"薄伐猃狁，至于太原"，即把猃狁一直追击到今宁夏固原一带的太原。

《虢季子白盘》也记载有宣王时伐猃狁的事，铭曰虢季子白"搏伐猃狁，于洛之阳，折首五百，执讯五十"。是说虢季子白率兵在洛河北岸同猃狁战斗，一次就斩首 500，俘敌 50。

击败猃狁之后，宣王转而讨伐淮夷。淮夷本为周室赋贡重地，但自厉王以后则多有反叛，故宣王伐之。《师寰簋》铭说，名师寰者曾奉命率兵征伐淮夷，折首执讯，俘士女牛羊。铭中师寰，郭沫若先生说就是《诗

---

① 《史记·秦本纪》。

② 郭沫若：《两周金文辞大系图录考释》，科学出版社 1957 年，第 144 页；转引自晁福林：《夏商西周社会史》，北京师范大学出版社 2010 年，第 116 页。

经·小雅·采芑》所颂扬的率3000辆战车征伐荆蛮的方叔①。讨伐东夷，《诗经·大雅·江汉》中也有记述，诗云召虎奉宣王之命南平淮夷之乱获得成功。召虎因此受到赏赐，并作《召公考》以记其事。考，即簋，郭沫若先生认为考为簋之假借字。今有《召伯虎簋》传世，郭沫若先生说，器铭中的"召伯虎，即《大雅·江汉》之召虎"，"此铭所记与《大雅·江汉》篇乃同时事"②。据《兮甲盘》载，宣王还曾任命兮甲主管成周周围包括南淮夷在内的财政收入，并授予兮甲兴兵讨伐南淮夷的权力。

据《诗经·大雅·常武》，宣王曾令执政大臣南仲、太师皇父、司马程伯休父等率六师沿淮东下，征伐徐方。诗云，"整我六师，以修我戎"；"率彼淮浦，省此徐土"；"铺敦淮濆，仍执丑虏"；"四方既平，徐方来庭"。迫使徐方最终归顺了朝廷。此次征伐，或曰是宣王亲征。

宣王时期的这些胜利，多发生在宣王前期，宣王后期，周王朝重新出现了衰象。宣王三十一年（前797），"王遣兵伐太原戎，不克"③。"三十二年春，宣王伐鲁，立孝公，诸侯从是而不睦"④。三十六年，"王伐条戎、奔戎，王师败绩"⑤。三十八年，"王征申戎，破之"⑥。三十九年（前789），与西戎别支姜氏之戎战于千亩（今山西介休南），"王师败绩"，"丧南国之师"⑦。为了继续防御猃狁，宣王不得不"料民于太

---

① 郭沫若：《两周金文辞大系图录考释》，科学出版社1957年，第146页。

② 郭沫若：《两周金文辞大系图录考释》，上海书店出版社1999年，第145页；转引自张广志：《西周史与西周文明》，上海科学技术文献出版社2012年，第73页。

③ 《后汉书·西羌传》注引《古本竹书纪年》。

④ 《国语·周语上》。

⑤ 《后汉书·西羌传》注引《古本竹书纪年》。

⑥ 《后汉书·西羌传》注引《古本竹书纪年》。

⑦ 《国语·周语上》。

原"①。"这表明周朝的实力已趋于空虚"②。

所谓"料民于太原",就是在太原清查人口,以为兵备。太原地望,史家解释不一,或曰"在今甘肃镇原一带"③,或曰"在今甘肃平凉一带"④,或曰"指今山西省的西南部地区,兼有汾、洮流域"⑤,或曰在今宁夏固原一带。镇原、平凉、固原三地相近,诸说皆有道理,但比较而言,固原说似更近史实,故笔者从此说。宣王"料民于太原"见于《国语》。《国语·周语上》载:"宣王既丧南国之师,乃料民于大原。仲山父谏曰:'民不可料也!夫古者不料民而知其少多,司民协孤终,司商协民姓,司徒协旅,司寇协奸,牧协职,工协革,场协入,廪协出,是则少多、死生、出入、往来者皆可知也。于是乎又审之以事,王治农于籍,蒐于农隙,耨获亦于籍,狝于既烝,狩于毕时,是皆习民数者也,又何料焉?不谓其少而大料之,是示少而恶事也。临政示少,诸侯避之。治民恶事,无以赋令。且无故而料民,天之所恶也,害于政而妨于后嗣。'王卒料之,及幽王乃废灭。"这里是说,宣王丧失了南国军队后,就在太原清查人口,仲山父劝谏说"人口是不可以清查的",但宣王不听,最终还是清查了人口,到宣王之子幽王时,西周就灭亡了。

四十六年(前782),"宣王崩,子幽王宫涅立"。关于宣王之死,有文献说他死于非命。《史记·周本纪·正义》:"《周春秋》云:'宣王杀杜伯而无辜,后三年,宣王会诸侯田于圃,日中,杜伯起于道左,衣朱衣冠,操朱弓矢,射宣王,中心折脊而死。'《国语》云:'杜伯射王于

---

① 《国语·周语上》。

② 刘起釪等:《先秦史》,中国大百科全书出版社2012年,第74页。

③ 刘起釪等:《先秦史》,中国大百科全书出版社2012年,第72页。

④ 晁福林:《夏商西周社会史》,北京师范大学出版社2010年,第109页。

⑤ 韩兆琦评注:《史记》(评注本),岳麓书社2004年,第74页。

鄙。'"是说宣王被杜伯射杀。

十、幽王之死与西周覆灭

公元前781年，幽王宫湦继位，在位11年，其间天灾、人祸、边患交错。

幽王二年，渭、泾、洛三川地区发生强烈地震，三川枯竭，岐山崩塌。《国语·周语上》载："幽王二年，西周三川皆震。伯阳父曰：'周将亡矣！夫天地之气，不失其序；若过其序，民乱之也。阳伏而不能出，阴迫而不能烝，于是有地震。今三川实震，是阳失其所而镇阴也。阳失而在阴，川源必塞；源塞，国必亡。夫水土演而民用也。水土无所演，民乏财用，不亡何待？昔伊、洛竭而夏亡，河竭而商亡。今周德若二代之季矣，其川源又塞，塞必竭。夫国必依山川，山崩川竭，亡之征也。川竭，山必崩。若国亡不过十年，数之纪也。夫天之所弃，不过其纪。'是岁也，三川竭，岐山崩。"伯阳父是说，西周要亡了！山峦崩塌，河流枯竭，这是国家灭亡的征兆。如果西周亡国，那么不会超过十年，因为这是数的终极，数起于一终于十至十又另起头绪。

三年，伐六济之戎失败。《后汉书·西羌传》注引《古本竹书纪年》云："幽王命伯士伐六济之戎，军败，伯士死焉。"此六济之戎，"疑在陕以东，或者与济水相近"①。《左传·昭公四年》云："周幽为大室之盟，戎狄叛之。"大室，即太室，指嵩山。是说周幽王举行太室盟会，戎狄背叛了他。

同年（前779），幽王宠爱褒姒，并由此酿成大祸，引发灭顶之灾。

《史记·周本纪》曰："三年。幽王嬖爱褒姒。褒姒生子伯服，幽王

---

① 晁福林：《夏商西周社会史》，北京师范大学出版社2010年，第118页。

欲废太子。太子母申侯女，而为后。后幽王得褒姒，爱之，欲废申后，并去太子宜臼，以褒姒为后，以伯服为太子。周太史伯阳读史记曰：'周亡矣。'昔自夏后氏之衰也，有二神龙止于夏帝庭而言曰：'余，褒之二君。'夏帝卜杀之与去之与止之，莫吉。卜请其漦而藏之，乃吉。于是布币而策告之，龙亡而漦在，椟而去之。夏亡，传此器殷。殷亡，又传此器周。比三代，莫敢发之，至厉王之末，发而观之。漦流于庭，不可除。厉王使妇人裸而噪之。漦化为玄鼋，以入王后宫。后宫之童妾既龀而遭之，既笄而孕，无夫而生子，惧而弃之。宣王之时童女谣曰：'檿弧箕服，实亡周国。'于是宣王闻之，有夫妇卖是器者，宣王使执而戮之。逃于道，而见乡者后宫童妾所弃妖子出于路者，闻其夜啼，哀而收之，夫妇遂亡，奔于褒。褒人有罪，请入童妾所弃女子者于王以赎罪。弃女子出于褒，是为'褒姒'。当幽王三年，王之后宫见而爱之，生子伯服，竟废申后及太子，以褒姒为后，伯服为太子。太史伯阳曰：'祸成矣，无可奈何！'褒姒不好笑，幽王欲其笑万方，故不笑。幽王为烽燧大鼓，有寇至则举烽火。诸侯悉至，至而无寇，褒姒乃大笑。幽王说之，为数举烽火。其后不信，诸侯益亦不至。"是说幽王废掉正后申侯之女及太子宜臼，改以嬖宠美人褒姒为后，其子伯服为太子。为博得美人一笑，不惜多次烽火戏诸侯。"幽王以褒后故，王室治多邪，诸侯或畔之。"（《史记·郑世家》）幽王因为宠爱褒姒的缘故，王室的政事大多背离了正道，诸侯有的背叛了幽王。

除废立风波外，腐朽昏愦的幽王还任用佞巧善谀好利的虢石父为卿士，执掌政治权力，引起了国人的怨恨。

《国语·郑语》云："今王弃高明昭显，而好谗慝暗昧；恶角犀丰盈，而近顽童穷固。去和而取同。""夫虢石父谗谄巧从之人也，而立以为卿士，与刖同也；弃聘后而立内妾，好穷固也；侏儒戚施，实御在侧，近顽童也；周法不昭，而妇言是行，用谗慝也；不建立卿士，而妖试幸措，行暗昧也。是物也，不可以久。"史伯的意思是说，周幽王抛弃光明正大之人，喜欢进谗邪恶、内心黑暗之徒，讨厌贤明，亲近愚顽鄙陋，不立有德之人为卿士，而重用妖臣佞幸。这种状况，不可以长久。

《史记·周本纪》曰："幽王以虢石父为卿，用事，国人皆怨。石父为人佞巧善谀好利，王用之。又废申后，去太子也。申侯怒，与缯、西夷犬戎攻幽王。幽王举烽火征兵，兵莫至。遂杀幽王骊山下，虏褒姒，尽取周赂而去。于是诸侯乃即申侯而共立故幽王太子宜臼，是为平王，以奉周祀。平王立，东迁于洛邑，辟戎寇。平王之时周室衰微，诸侯强并弱，齐、楚、秦、晋始大，政由方伯。"意思是说，虢石父为人谄佞巧作，善于奉承贪好财利，幽王却信用他。他又参与废掉了申后，除去了太子，引起申侯愤怒。申后联合缯国（在今河南方城，属南阳）、西夷犬戎（当时活动于陕西西北部地区，邻近宁夏、甘肃）来进攻幽王。幽王点燃烽火征求诸侯救兵，但诸侯救兵没有一个到达。西夷犬戎就把幽王杀死在骊山脚下，俘虏了褒姒，尽取周朝的财宝而西去。于是四方诸侯就按照申侯的愿望共同扶立原幽王的太子宜臼，这就是平王，来供奉周家的祭祀。平王即位，把都城往东迁徙到洛邑（指王城），避免西方戎族的寇害。平王的时候，周王室衰败微弱，诸侯互相之间强国兼并弱国，齐国、楚国、秦国、晋国开始强大，政治形势由四方诸侯中的首领所左右。

幽王死这年，是周幽王十一年，公元前771年。平王东迁洛邑，发生在公元前770年。幽王死，标志着西周亡。据"夏商周断代工程"《夏商周年表》，西周共存在了276年，即公元前1046—前771年。平王东迁洛邑，是东周王朝的开始。

"平王之立和西、东周的交替，可能并不像太史公所描述的那样简易，其间，还有些插曲、波折。"① 《左传·昭公二十六年·正义》引《古本竹书纪年》云："平王奔西申，而立伯盘为太子。〔伯盘〕与幽王俱死于戏。先是，申侯、鲁侯及许文公立平王于申，以本大子，故称天王。幽王既死，而虢公翰又立王子余臣于携。周二王并立。"伯盘，即伯服。戏，在今陕西临潼东。携，今地不详。《通鉴外纪》卷三引《古本竹书纪年》云："幽王死，申侯、鲁侯、许文公立平王于申，虢公翰立王子余，二王并立。"是说幽王死后，周王朝曾出现过二王并立的局面。此说得到部分史家的认可。但这种局面持续时间不长。余臣（即王子余）在公元前760年被晋文侯所杀。

---

① 张广志：《西周史与西周文明》，上海科学技术文献出版社2012年，第78页。

第十章　西周典章制度

西周的典章制度内容很多，包括分封制、嫡长子继承制、宗法制、井田制、畿服制、官职和法制，等等。传说这些制度的建立健全或与周公相关。

一、分封制

分封制是西周制度中最为重要的一项，是其他许多制度的基础。

周的分封诸侯，在武王时就已开始，但规模不大。大规模分封是在周公摄政时期及其此后的成康时代。《左传·昭公二十六年》云："昔武王克殷，成王靖四方，康王息民，并建母弟，以蕃屏周。"康王以后，由于周朝疆域基本固定，分封的机会也逐渐减少，但并未绝迹，直到周宣王二十二年（前806），宣王还把他的弟弟友分封在郑（今陕西华县东）。

据《左传·昭公二十八年》，周武王时封"其兄弟之国者十有五人，姬姓之国者四十人"。《史记·周本纪》载，武王灭商以后，"追思先圣王，乃褒封神农之后于焦，黄帝之后于祝，帝尧之后于蓟，帝舜之后于陈，大禹之后于杞"。焦，在今河南陕县西。祝，在今山东莱芜东南。蓟，在今北京市西南。陈，在今河南淮阳。杞，始在今河南杞县，后迁至山东安丘东北。

《史记·周本纪》接下来又记，武王又"封师尚父于营丘，曰齐。封弟周公旦于曲阜，曰鲁。封召公奭于燕"。太史公是说，周武王时已有鲁、齐、燕三国之封。但《礼记·明堂位》却云："成王以周公为有勋劳于天下，是以封周公于曲阜。"《汉书·地理志下》说："周成王时，薄姑氏与四国共作乱，成王灭之，是为太公。"与《史记》所言不同。

关于鲁（今山东曲阜）、齐（在今山东临淄北）、燕（原在今北京市西南琉璃河，后迁于蓟即今北京市西南）三国之封，"近世学者，多以武王时周人势力尚未及于东方为由，认为鲁、齐、燕封于武王时不太可能，三国之封当在周公东征后。傅斯年认为：鲁、燕、齐'三国者，皆初封于成周东南，鲁王至曲阜，燕之至蓟丘，齐之至营丘，皆后来事也'"①②。

《左传·僖公二十四年》云，周公东征后，"吊二叔之不咸，故封建亲戚以蕃屏周"。将文王之子分别封于管（今河南郑州）、蔡（今河南上蔡西南）、郕（今山东汶上西北）、霍（今山西霍州西南）、卫（今河南淇县）、毛（今地未详）、聃（今湖北荆门东南）、郜（今山东成武东南）、雍（今河南修武西）、曹（今山东定陶西）、滕（今山东滕州西南）、毕（今陕西咸阳西北）、原（今河南济源西北）、酆（今陕西西安西北）、郇（今山西临猗西南）；将武王之子分别封于邘（今河南沁阳西北）、晋（始封在今山西翼城西）、应（今河南平顶山）、韩（今山西河津东北）；将周公之子分别封于鲁（今山东曲阜）、凡（今河南辉县西南）、蒋（今河南固始西北）、邢（今河北邢台）、茅（今山东金乡西北）、胙（今河南延津北）、祭（今河南郑州东北）。一共分封了 26 个姬姓国。

除封姬姓国外，周公还分封了齐、宋等一批异姓国。《史记·宋微子

---

① 《大东小东说》，《国立中央研究院历史语言研究所集刊》第 2 本第 1 分，1930 年。——原文注

② 张广志：《西周史与西周文明》，上海科学技术文献出版社 2012 年，第 123—124 页。

世家》云："武王封纣子武庚禄父以续殷祀，使管叔、蔡叔傅相之。""武王崩，成王少，周公旦代行政当国。管、蔡疑之，乃与武庚作乱，欲袭成王、周公既承成王命诛武庚，杀管叔，放蔡叔，乃命微子开代殷后，奉其先祀，作《微子之命》以申之，国于宋。"是说封殷后微子启于宋（今河南商丘）。

据《荀子·儒效》说，"（周公）兼制天下，立七十一国，姬姓独居五十三人焉"。周公封了71个诸侯，姬姓占53人。

周初（指武王及成康之时）一共封了多少个诸侯，史籍记载不详，太史公也仅记了个大概，《史记·汉兴以来诸侯王年表》云："武王、成、康所封数百，而同姓五十五。"

关于周初分封的具体情况，《左传·定公四年》中有一段较为详备的记述，曰："昔武王克商，成王定之，选建明德，以藩屏周。故周公相王室，以尹天下，于周为睦。分鲁公以大路、大旂，夏后氏之璜，封父之繁弱，殷民六族，条氏、徐氏、萧氏、索氏、长勺氏、尾勺氏，使帅其宗氏，辑其分族，将其类丑，以法则周公，用即命于周。是使之职事于鲁，以昭周公之明德。分之土田陪敦，祝、宗、卜、史，备物典策，官司彝器。因商奄之民，命以伯禽，而封于少皞之虚。分康叔以大路、少帛、綪茷、旃旌、大吕，殷民七族，陶氏、施氏、繁氏、锜氏、樊氏、饥氏、终葵氏，封畛土略，自武父以南及圃田之北竟，取于有阎之土，以共王职。取于相土之东都，以会王之东蒐。聃季授土，陶叔授民，命以《康诰》，而封于殷虚，皆启以商政，疆以周索。分唐叔以大路、密须之鼓，阙巩、沽洗，怀姓九宗，职官五正。命以《唐诰》，而封于夏虚，启以夏政，疆以戎索。三者皆叔也，而有令德，故昭之以分物。不然，文、武、成、康之伯犹多，而不获是分也，唯不尚年也。"这是一段周初分封鲁国、卫国和晋国时的记述。从这段记述看，周王分封亲戚也不是一味崇尚年龄，而是选择有明德的人，分封的目的是把他们作为保卫周朝的藩篱屏障。分赐给诸侯国的东西品种不一，人口多寡各异，爵位高低不等，疆域大小有别，如：分赐给鲁公大路（杜预注：金路，锡同姓诸侯车也）、大旂（杜注：交龙为旂，周礼同姓以封），夏后氏的璜玉，封父的繁弱（大弓名），殷民六族。还有土田陪敦，祝、宗、卜、史，备物典策，官司（即百官）彝铭，而封在少皞之墟（今山东曲阜）；分赐给康叔大路、少帛、綪茷、旃旌、大吕（钟名），殷民七族，从武父以南到达圃田北界的疆土，而封在殷墟（即朝歌，今河南淇县）；分赐给康叔大路、密须的鼓、阙巩（甲名）、沽洗（钟名），怀姓（杜注：唐之余民）九宗，职官五正（即五官之长），而封在夏墟（今山西翼城西，一说今山西夏县）。这其中最核心的内容是授民、授疆土、授爵职。当然分封时还有隆重的策命仪式。

西周分封的情况，《史记·汉兴以来诸侯王年表》中也有记载，云："周封五等：公，侯，伯，子，男。然封伯禽、康叔于鲁、卫，地各四百里，亲亲之义，褒有德也；太公于齐，兼五侯地，尊勤劳也。武王、成、康所封数百，而同姓五十五，地上不过百里，下三十里，以辅卫王室。管、蔡、康叔、曹、郑，或过或损。厉、幽之后，王室缺，侯伯强国兴焉，天子微，弗能正。非德不纯，形势弱也。"太史公是说，周代封爵诸侯分为五个等级：公、侯、伯、子、男。然而分封伯禽、康叔在鲁、卫，他们得到的封地各有400里，这是表示了亲近自己的亲属的意思，更是对德行高者的褒奖；太公姜尚被封在齐地，占有5个侯爵那么大的领地，这是为了特别褒奖太公佐周的功劳。武王、成王、康王所封的诸侯有几百个，其中同是姬姓的有55个，他们的封地最多的不超过100里，最少的只有30里，这样做是要用他们辅助保卫朝廷。管叔（武王之弟，名鲜，被封于管）、蔡叔（武王之弟，名度，被封于蔡）、曹叔（武王之弟，名振铎，被封于曹）、郑伯（宣王之弟，名友，即郑桓公，被封于郑），他们的封地有的超过了100里，有的又少于30里。厉王、幽王以后，周家王室亏缺,诸侯方伯中的强国兴盛起来了,天子力量微薄,不能正定他们的僭越行为。不是周天子的德行不纯一,而是因为形势衰弱了。

西周各地几乎都有周王的封国,一般而言,姬姓封国多分布在经济发达地区和周王朝统治的核心地带,如今关中地区和今黄河中下游一带;异姓封国多在距离周朝较远、经济又相对落后的地方。但在中原及其周边地区则是姬姓与异姓封国交错并存。宣王时期的史伯曾这样概述成周洛邑附近的封国,他说:"当成周者,南有荆蛮、申、吕、应、邓、陈、蔡、随、唐,北有卫、燕、狄、鲜虞、潞、洛、泉、徐、蒲,西有虞、虢、晋、隗、霍、杨、魏、芮,东有齐、鲁、曹、宋、滕、薛、邹、莒,是非王之支子母弟甥舅也,则皆蛮荆戎狄之人也。"(《国语·郑语》)这一分布的情况表明,"成周东西以姬姓诸国为主,其南北则异姓诸国居多"①。

西周分封是在土地王有的前提下,利用宗法血缘纽带,"封建亲戚,以藩屏用"。通过分封,建立起周天子统辖下的地方行政系统,从而在一定时期内起到了加强周王朝统治的作用。

二、宗法制

宗法制是从原始社会后期父系家长制演变而来的,商代已具雏型,至西周逐渐完备,是中国古代社会"以家庭为中心,按血统、嫡庶来组织、维系社会,分配财产、权力,以维护贵族世袭统治的一项制度"②。

严格区别嫡庶,并由此形成严密的大宗、小宗体系,是宗法制的基本特征。在宗法制度下,"周王自称'天子'即上天的儿子,既是政治上

---

① 晁福林:《夏商西周社会史》,北京师范大学出版社2010年,第249页。

② 张广志:《西周史与西周文明》,上海科学技术文献出版社2012年,第145页。

的共主，又是天下的大宗。其王位由嫡长子继承，世代保持大宗的地位；嫡长子的兄弟们则受封为诸侯或卿大夫，对周王而言则处于小宗的地位。诸侯在其封国内又为大宗，其君位也由嫡长子继承；嫡长子的兄弟们再分封为卿大夫，又为各封国的小宗，而卿大夫在其本宗族的各个分支中则又处于大宗的地位"①。卿大夫的爵位也由嫡长子继承，众庶子为士，即小宗。士的嫡长子仍为士，其余诸子为庶人。大宗享有继承权和主祭权。

关于宗法制度的基本特征，古代的礼学家曾经有过不少典型的表述，如《礼记·丧服小记》云："别子为祖，继别为宗，继祢者为小宗。有五世而迁之宗，其继高祖者也。是故祖迁于上，宗易于下。尊祖，故敬宗；敬宗，所以尊祖祢也。庶子不祭者，明其宗也。"《礼记·大传》亦云："别子为祖，继别为宗，继祢者为小宗。有百世不迁之宗，有五世则迁之宗。百世不迁者，别子之后也，宗其继别子之所自出者，百世不迁者也。宗其继高祖者，五世则迁者也。尊祖，故敬宗；敬宗，尊祖之义也。有小宗而无大宗者，有大宗而无小宗者，有无宗亦莫之宗者，公子是也。""别子为祖"，郑玄注："诸侯之庶子别为后世为始祖也。谓之别子者，公子不得祢先君。""继别为宗"，郑注："别子之世嫡也，族人尊之，谓之大宗"，"所谓百世不迁之宗"。"继祢者为小宗"，郑注："别子庶子之长子为其昆弟为宗也。谓之小宗者，以其将迁也。"

对于《礼记》所说，现代学者王玉哲先生曾作如下解读："所谓'别子为祖，继别为宗，继祢者为小宗'，别子就是有别于长支的旁支，与长支长子分别，故名为'别子'。因为自他开始分出来独立为一家之长，所以他也成了他的后代子孙之始祖。这一支的嫡长子（继别者）成了他这一支的'大宗'，大宗又称'宗子'。嫡长子的诸弟（继祢者），则为'小宗'。从具体的政治制度结合宗法看就更清楚了。如各诸侯国君的嫡

---

① 郭沫若：《中国史稿》第1册，人民出版社1976年，第262页。

长子是第二世的国君,国君之弟,受封为卿大夫,成了这一分支之祖,即'别子为祖'。别子之嫡长子世世代代继承下去,所以说'继别为宗',这个宗就是'大宗'。整个说来,最高、最早的只有一个最大的大宗,其后的大小宗俱宗事之。每个小宗自身又成继别的宗的大宗,包括其下的许多小宗。如此推衍下去,层层相因,成为一错宗而有系统的宗法形式的政治组织。"① 王说甚确。

以嫡长子继承制为主要内容的宗法制,其目的就是要稳固并维护贵族间的等级秩序,以巩固政权、族权、神权和夫权。正像《吕氏春秋·慎势》所说的那样:"先王之法,立天子不使诸侯疑焉,立诸侯不使大夫疑焉,立適子不使庶孽疑焉。疑生争,争生乱。是故诸侯失位则天下乱,大夫无等则朝廷乱,妻妾不分则家室乱,適孽无别则宗族乱。"文中"疑",通"拟",相比拟,即僭越。大意是说,先王的法度是,立天子不让诸侯僭越,立诸侯不让大夫僭越,立嫡子不让庶子僭越。僭越就会产生争夺,争夺就会产生混乱。因此,诸侯丧失了爵位,天下就会混乱;大夫没有等级,朝廷就会混乱;妻妾不加区分,家庭就会混乱;嫡子庶子没有区别,宗族就会混乱。

宗法制只适用于同姓贵族,但由于周人实行同姓百世不婚,而异姓则互为婚媒,这样就用婚姻关系也把异姓贵族联系了起来。周天子称同姓诸侯为伯父、叔父,称异姓诸侯为伯舅、叔舅。"这样,国家就宛如一个庞大的家族系统,形成族权和政权的结合。"②

---

① 王玉哲:《中华远古史》,上海人民出版社2000年,第566页。

② 詹子庆、田泽滨:《中国古代史》(上册),高等教育出版社1986年,第70页。

三、畿服制

"西周时期，周王直接治理的地区称为王畿；以王畿为中心，直到周朝势力所及的远方，按照地理的远近和王朝关系的疏密，划分若干服，合称畿服。"①

关于畿服的划分，古文献中主要有两种不同的说法，即五服说和九服说。《国语·周语上》云："夫先王之制，邦内甸服，邦外侯服，侯、卫宾服，夷、蛮要服，戎、狄荒服。甸服者祭，侯服者祀，宾服者贡，荒服者王。日祭、月祀、时享、岁贡、终王，先王之训也。"是说全国划分为五服，即甸服、侯服、宾服、要服和荒服。

但《逸周书·职方解》则云畿服分为九服，即侯服、甸服、男服、采服、卫服、蛮服、夷服、镇服、藩服。云："乃辩九服之国：方千里曰王圻，其外方五百里为侯服，又其外方五百里为甸服，又其外方五百里曰男服，又其外方五百里为采服，又其外方五百里为卫服，又其外方五百里曰蛮服，又其外方五百里为夷服，又其外方五百里为镇服，又其外方五百里为藩服。凡国，公侯伯子男，以周知天下。凡拜国，大小相维，王设其教。制其职，名以其所能；制其贡，各以其所有。"

面对如此整齐的规划模式，学者们多认为这其中显然带有理想化成分而不可尽信，但绝非全无根据，畿服制确曾在周代实行过。因为《诗经·文王》《尚书·酒诰》《左传·昭公十三年》中都有西周畿服的记载。对于《国语》与《逸周书》中的两种不同记载，当今学者多以"五服制"为是。

五服对王朝负有不等的义务，史称职贡。从《国语·周语上》可知，

---

① 刘起釪等：《先秦史》，中国大百科全书出版社2012年，第77页。

甸服随时有贡（供日祭），侯服每月一贡（供月祀），宾服每季一贡（供时享），要服每年一贡（供岁贡），荒服则其君终身只朝见一次天子。甸服地处王畿之中，对王朝的义务最大，除供奉上帝山川百神的祭祀之外，还要预备百官兆民的财用等。

四、官制

西周王朝的官制是在商代官制的基础上发展而来的，但由于西周王朝的统治权力较之殷商王国更为强化，所以它的官制更加复杂，官僚机构也更为庞大。

记载西周官制的资料很多，有文献，也有彝铭。文献有《诗》《书》《礼记》《周礼》等，其中以《周礼》记载最为详备，但由于《周礼》成书于战国时期，学者多认为其中有不确之处，不如《诗经》《尚书》所反映的西周官制可靠。

据彝铭和文献资料，西周中央职官设有两大系统，即卿事寮（即僚）和太史寮。

关于卿事寮，出土于洛阳的令方彝（亦称令彝）记载最详，其铭曰："惟八月辰在甲申，王令周公：'子明保尹三事四方，受卿事僚。'丁亥，令矢告于周公宫，公令遂同卿事僚。惟十月月吉癸未，明公朝至于成周，遂令舍三事令，眔卿事僚，眔诸尹，眔里君，眔百工，眔者（诸）侯：侯、田（甸）、男，舍四方令。"

令方彝铭中的"卿事"，罗振玉、徐喜辰、李学勤等都认为就是《尚书》《诗经》等文献中的"卿士"。"卿士一词有广狭两义，广义泛指众卿，狭义专指执政之卿。""令方彝所说卿事僚义为卿士官。此处卿士系广义，即指众卿。"① 僚，同"寮"，《尔雅·释诂》释僚为"官也"。

对于上引令方彝铭文，李学勤先生是这样解读的，他说："方彝铭中王是昭王，周公是见于《吕氏春秋·音初》的昭王时执政的周公，而不是他的祖先周公旦。铭文说昭王命周公辅佐治理三事四方，其身份是执政之卿，故云'受卿事僚'，意谓众卿归周公领导。四天后，昭王命矢，即作册令，以此事在周公处宣示，周公'令遂同卿事僚'。遂训为即②，同训为聚，句意是随即召集众卿。以上是当年八月的事。到十月，这位周公来到东都成周，宣布命令，其三事之令及于卿事僚、诸尹等等。"③

令彝中的"三事四方"，近今学者的解读有差异，杨宽先生认为，"所谓'三事'，就是指王畿以内的三种政务；所谓'四方'，就是指王畿以外所分封的四方诸侯地区的政务"。"'三事'这个称谓，见于《尚书·立政》和《诗经·小雅·雨无正》等"。《尚书·立政》说："王左右常伯、常任、准人、缀衣、虎贲。……宅乃事，宅乃牧，宅乃准，兹惟后矣。……立政：任人、准夫、牧，作三事；虎贲、缀衣、趣马、小尹、左右携仆、百司、庶府；大都、小伯、艺人、表臣百司、太史、尹伯、庶常吉士；司徒、司马、司空、亚旅；夷、微、卢烝、三亳、阪尹。文王惟克厥宅心，乃克立兹常事、司、牧人，以克俊有德。……孺子王矣，继自今我其立政：立事、准人、牧夫。……自古商人，亦越我周文王立政：立事、牧夫、准人。"《立政》中的"常伯"等，杨宽先生认为："'常伯'就是'牧'，他的政务是'牧'，是指王畿以内的地方官。郑玄解释说：'殷之州牧曰伯，虞夏及周曰牧'（《书疏》引）。伯或牧是对地方官的统称。'常任'就是'任人'，他的政务是'事'，是指王畿

---

① 官长为编：《李学勤说先秦》，上海科学技术文献出版社2011年，第189—190页。

② 裴学海：《古书虚字集释》卷八。

③ 官长为编：《李学勤说先秦》，上海科学技术文献出版社2011年，第190页。

以内掌管军政大事的执行官。'准人'就是'准夫',他的政务是'准'。伪《孔传》说:'准人平法,谓士官。'孙星衍又说:'"准"字熹平石经作"辟",辟亦法也'(《尚书今古文注疏》)"①。

《诗经·小雅·雨无正》云:"周宗既灭,靡所止戾。正大夫离居,莫知我勚。三事大夫,莫肯夙夜。邦君诸侯,莫肯朝夕。"对于《雨无正》中的'三事大夫',杨宽先生指出:"胡承珙认为《雨无正》之'三事大夫'即是《尚书·立政》所说'作三事','任人是任事之官,准夫是平法之官,牧谓养民之官','三事大夫疑为在内卿大夫之总称,对于下邦君句,为在外诸侯之统称'(《毛诗后笺》卷十九)。这是正确的。"令方彝铭中的"诸尹、里君、百工,即是王畿以内官员的总称,就是'三事大夫'。诸尹相当于'任人'或'常任',里君相当于'牧'或'常伯',只是'百工'泛指各种官吏,和《立政》所谓'准人'有出入。《雨无正》所说'三事',是指王畿以内统治的官吏,即《尚书·酒诰》所谓'内服';所说'邦君诸侯',是指王畿以外统治四方的诸侯,即《尚书·酒诰》所谓'外服'"②。

对于"三事",晁福林先生也认为,就是《雨无正》中的"三事大夫",但在具体所指上,疑"三事"为司徒、司马和司空。他说:"'三事'的具体内容,有的以为是三公,《尚书·立政》则说是任人、准夫、牧三者,职守含糊。疑'三事'为彝铭中常见的'参(三)有司',指司徒、司马、司空。司徒在彝铭中又作司土,主要管理土地和农、牧、渔业生产。……司马是职掌军事之官,在文献中又称为司武(《左传》襄公六年)、祈父(《诗经·祈父》)。……司空是掌管营建、制造的官职,在彝铭中均作司工。……除'三事'之外,属于卿士统领的其他职官还

---

① 杨宽:《西周史》,上海人民出版社2003年,第324页。

② 杨宽:《西周史》,上海人民出版社2003年,第324—325页。

有诸尹、里君和百工,但皆不如'三事'重要。"①

令彝铭中的"眾者(诸)侯:侯、田(甸)、男,舍四方令",杨树达先生认为是倒装句,是说四方令发布到四方诸侯,包括侯、甸、男在内②。"这又和《雨无正》所说'邦君诸侯'相当"③。

"卿士寮不仅主管王畿以内的'三事',所属有'三事大夫',而且主管王畿以外'四方'的事,四方的诸侯也由他们管理。《左传·定公四年》说:'周公相王室,以尹天下。'所谓'以尹天下',就是管理四方诸侯。卿事寮可以说是周王的办公厅和参谋部,掌管着政治、军事、刑法,等等。古代是兵刑不分的。卿事寮的长官,无论大师或大保都掌握军政大权,所以召公和周公都曾出征。周公还曾作《誓命》,主管刑罚,说'在九刑不忘(妄)'(《左传·文公十八年》)。"④

太史寮一词,见于商末卜辞(《合集》36423)。西周晚期彝铭中常与卿事僚并举,位列卿事僚之后。如:"王命歔司公族、卿事、太史僚"(番生簋铭);"父厝,已曰及兹卿事僚、太史僚于父即尹;命汝歔司公族,粤参有司小子,师氏虎臣,粤联褒事"(毛公鼎铭)。从太史僚与卿事僚并举,可知太史并不是卿,太史僚就是太史官。

彝铭中之所以把太史僚与卿事僚并举,李学勤先生认为这和史官在古代的特殊地位有关。他说:"太史的特殊性,在《周礼》书中已有表现。据书内所述,太史一系职官属于宗伯,但其特殊性在职掌上反映得很清楚。《周礼》六官,除冬官亡佚外,大宰等五官之首职掌均作'掌建邦之……'云云,此外惟有太史'掌建邦之六典,以逆邦国之治',竟与

---

① 晁福林:《夏商西周社会生活史》,北京师范大学出版社2010年,第268页。
② 杨树达:《积微居金文说》卷一《矢令彝三跋》。
③ 杨宽:《西周史》,上海人民出版社2003年,第325页。
④ 杨宽:《西周史》,上海人民出版社2003年,第325页。

大宰'掌建邦之六典,以佐王治邦国'相似。郑玄注、贾公彦疏以至孙诒让《正义》,都注意到太史的这个特点。我国古代史官一般都是世代相传,有独特的传授和教育,其工作有一定的独立性。《史记·太史公自序》云:'司马氏世典周史。'一直到汉代,《说文·叙》所引尉律还表明史有其特别的教育要求。近些年发现的西周史墙盘,铭文记其一家世为史或作册,秦律竹简规定非史之子不得入学室学史等等,均足与文献印证。史官的这种封闭性,使其在百官中据有特殊地位,也形成其本身的传统,其间优秀人物能具有不畏强暴、秉笔直书的精神,如人所艳称的齐太史、南史氏。西周的太史官虽卑于众卿,出于这样的缘故,在铭文中还是要特别提到。"①

西周时期,担任过史官的人很多,据晁福林先生统计,见诸彝铭的西周早期的史官有史工父、史伏、史见、史寅、史丧、史农等,中期的有史先、史昔、史孟、史南、史墙等,晚期有史次、史敖、史留、史仆等②。在《周礼》中,史官也是数量最多的职官之一,其名目甚多,有太史、内史、内史尹、古史、中史,等等,"其职守主要是草拟和宣布册命,传达周王命令,整理和保存文化典籍,参与各处礼仪和祭祀等",他们是周王的近臣,所以《礼记·玉藻》有"动则左史书之,言则右史书之"的说法③。

杨宽先生认为,"太史寮的官长是太史,掌管册命、制禄、图籍、记录历史、祭祀、占卜、礼制、时令、天文、历法、耕作等等","其地位仅次于主管卿事寮的太师或太保"。《礼记·曲礼下》云:"天子建天官,先六大,曰:大宰、大宗、大史、大祝、大士、大卜,典司六典。天子

---

① 官长为编:《李学勤说先秦》,上海科学技术文献出版社2011年,第191页。
② 晁福林:《夏商西周社会史》,北京师范大学出版社2010年,第268页。
③ 晁福林:《夏商西周社会史》,北京师范大学出版社2010年,第26页。

之五官，曰：司徒、司马、司空、司士、司寇，典司五众。"《礼记·曲礼下》中"这些官制，虽然出于后人记述，但是它的来源比较原始。它把'六大'称为'天官'，看作神职，是有来历的。他把大史作为六大之一，其实大史就是'六大'之长，'六大'都该属于太史寮，而太史就是太史寮的官长。至于'天子之五官'，都是治民之官，该属于卿事寮"①。

前引令彝铭中的"四方"，指的是王畿以外的四方诸侯和方国部落，包括侯、甸、男等诸侯，也可以说是西周的地方政权。

西周时期畿外的封君一般都称为侯，如鲁、卫之君称鲁侯、卫侯；畿内的封君多称伯，如芮伯、郑伯等，便是其例。侯、伯当是爵位名称，公的称谓也比较常见，王朝中的大臣大多称公，如周公、召公、毕公等，公在当时也可能是一种爵位。《礼记·王制》曰："王者之制禄爵，公、侯、伯、子、男凡五等。……天子之田方千里，公、侯田方百里，伯七十里，子、男五十里。"《公羊传·隐公五年》曰："诸侯者何？天子三公称公，王者之后称公，其余大国称侯，小国称伯、子、男。"《史记·汉兴以来诸侯王年表》云："周封五等，公、侯、伯、子、男。"是说西周实行公侯伯子男五等爵制。此说虽有争议，但认同者众。彝铭中的记述也与此说大体相符。按照周制，大国诸侯有时还可以兼任王室的官吏，例如周初卫康叔为王朝司寇，西周末郑桓公为司徒，都是其例。诸侯在其封国内设置的官制，大略与王室相等。西周国王对诸侯拥有较大的权威，诸侯还能听命纳贡。除贡纳外，还需朝觐述职，出兵从征。周天子有权干涉诸侯内政，有时还向诸侯国派遣监国的使臣，与诸侯并称为"诸侯、诸监"②。

---

① 杨宽：《西周史》，上海人民出版社2003年，第325—326页。

② 参见白寿彝总主编：《中国通史》第三卷《上古时代》（上），上海人民出版社1994年，第321—322页。

此外，在任官制度上，西周普遍存在世官（卿）世禄现象。西周的统治者都是世袭的贵族，也称世族。他们世代为官，享有俸禄，即所谓世官世禄。西周的世族、世官见于文献和金文的有很多，在此仅举几例说明，如：《史记·鲁周公世家·索隐》云："周公元子就封于鲁，次子留相王室，世为周公。"直到春秋时，周公忌父、周公阅、周公楚等仍秉周室之政，为王朝卿士（事见《左传》庄公十六年、文公十四年、成公十一年）。《史记·燕召公世家·索隐》云："武王封之北燕，在今幽州蓟县故城是也。亦以元子就封，而次子留周室代为召公。"厉、宣之世甚为王室倚重、曾协助申伯经营江汉的召伯虎（也即召穆公虎。事见《诗经·大雅·崧高》《江汉》）即其后。虢氏一族，自文王弟虢仲、虢叔"为文王卿士，勋在王室"（《左传·僖公五年》）始，亦世代为王朝卿士，称"虢公"，著名的《虢季子白盘》中的虢季子、谏宣王"不籍千亩"的虢文公、助幽王为虐紊乱朝政的虢石父，皆其族。"世族虽世官、世禄，但亦须得到周王或上级贵族的认可，以表示上下关系的存在。这种重新确认、认可，在封主或被封者任何一方发生变换时皆须进行。""虽然并不是所有的贵族一旦成为贵族后就毫无例外地世世代代永远为贵族，因种种原因中途衰落或昙花一现的固然也有，但从主流看，从制度的层面看，世官世禄在西周的确是存在的。"①

五、兵制

西周王朝的军队，最主要的是"师"②。"师"有"六师""八师"。"六师"一词屡见于《诗经》《尚书》《国语》等文献。《诗经》云：

---

① 张广志：《西周史与西周文明》，上海科学技术文献出版社2012年，第196—198页。

② 晁福林：夏商西周社会生活史，北京师范大学出版社2010年，第273页。

"周王于迈，六师及之"（《棫朴》）；"整我六师，以修我戎"（《常武》）。《尚书·顾命》说："今王敬之哉！张皇六师，无坏我高祖寡命。"张皇六师，就是整顿军队。"六师"也见于盠方彝、南宫柳鼎等彝铭，但"师"字在金文中作"自"，"六师"作"六自"。由于六师常驻镐京宗周，所以在金文中又称为"西六自"（禹鼎铭）。

"六师"，注释家多释为"六军"。如孙星衍云："六师，六军也。"（《尚书今古文注疏》）陈奂亦云："六师即六军也。"（《诗毛氏传疏》）这是由于"军"与"师"散见时可以通称的缘故①。

六师是周王朝的主力军，周王常率六师外出远征。

六师由六乡的丁壮组成。《周礼·地官·小司徒》贾公颜疏："六军之士出自六乡"，"六乡之内，有比、闾、族、党、州、乡。一乡出一军，六乡还出六军"。六乡每家出一人为兵。

乡是周在国中的区划单位。西周实行国野、乡遂制度。周王或诸侯所居都城及其近郊称为国，郊以外称为野。居住在国中的称国人，其余的则称为野人或鄙人。国中分划为乡。周有六乡，诸侯国大的有三乡。乡以下设州、党、族、闾、比。《周礼·地官·大司徒》说："五家为比"，"五比为闾"，"四闾为族"，"五族为党"，"五党为州"，"五州为乡"。乡有乡大夫，以下各级有长。国人的士、庶人是西周军队的主要来源。野一部分分划为遂，其余封予卿大夫作为采邑。周有六遂，诸侯国大的有三遂。遂以下设县、鄙、酂、里、邻。《周礼·地官·遂人》云："五家为邻，五邻为里，四里为酂，五酂为鄙，五鄙为县，五县为遂。"遂有遂大夫，以下各级有长。由于野人属于在野庶人，且多为土著居民，属于被监管的对象，所以野人不当兵，"战争时期只在军中从事配合性的

---

① 孙诒让：《周礼正义》卷五十四；官长为编：《李学勤说先秦》，上海科学技术文献出版社2011年，第194页

杂务"①。

"八师",又称为"殷八师""成周八师"等,见于禹鼎、曶壶铭文。李学勤先生指出:"八师以成周为中心,在故殷之地,所以称为'殷八师',又名'成周八师'。近年洛阳北窑出土青铜器中有伯懋父之物,可为旁证。西周时期在六师之外另有八师,是金文对现存文献的一项重大补充。西周前期,当东夷作叛时,伯懋父率领八师去征伐;晚期,噩侯驭方率南淮夷、东夷侵犯周朝的南国、东国,周王又命令六师、八师一起出征。这说明八师的军队主要用以对付东方的敌人。成周建成后,周朝把殷遗民迁到那里,居于成周东郊。八师自然不是殷的后裔,而是由周人组成的。既然六师取自六乡,八师也应有八乡或类似的组织,曶壶铭文已经表明了这一点。六乡是由大司徒统管的,成周的八乡也应有官员统辖,这就是壶铭所说的'冢司徒'"②。

除六师、八师之外,周王朝还有一种军事力量,叫"虎臣",也即《周礼》所谓的虎贲氏。虎臣是周王的禁卫部队,由国中贵族子弟中精选的勇士组成。虎臣有"左右虎臣"(师衰簋)、"正侧虎臣"(无叀鼎)、"邑人虎臣"(师酉簋)、"师氏虎臣"(毛公鼎)等多种③。"师氏虎臣侍卫国王,护守王宫,从属者有少数民族的奴隶"④。

据《周礼》,周的军队编制为军、师、旅、卒、两、伍。《周礼·地官·小司徒》云:"五人为伍,五伍为两,四两为卒,五卒为旅,五旅为师,五师为军,以起军旅,以作田役,以比追胥,以令贡赋。"

---

① 刘起釪等:《先秦史》,中国大百科全书出版社2012年,第80页。

② 李学勤著,宫长为编:《李学勤说先秦》上海科学技术文献出版社2011年,第196页。

③ 晁福林:《夏商西周社会史》,北京师范大学出版社2010年,第275页。

④ 刘起釪等:《先秦史》,中国大百科全书出版社2012年,第81页。

周的军事组织与乡的行政制度相对应,寓将于卿,军政合一。如清代学者江永《周礼疑义举要》所说:"五家为比,故五人为伍,伍长下士即比长也。闾出二十五人为两,两司马中士即闾胥也。族出百人为卒,卒长上士即族师也。党出五百人为旅,旅帅下大夫即党正也。州出二千五百人为师,师帅中大夫即州长也。乡出万二千五百人为军,军帅命卿即乡大夫,亦即王朝之六卿也。《大司马》之序官与《大司徒》六乡之官正相合。"

西周时期的战争主要是车战,与车配合的有徒兵。张广志先生说:"一车有多少甲士(车兵)、徒兵(步兵)呢?诸书所言颇不一致。《周礼·地官·小司徒》郑玄注引《司马法》:'革车一乘,士十人,徒二十人。'《左传》成公元年孔颖达疏引《司马法》:'长毂一乘……甲士三人,步卒七十二人。'同引《司马法》,一言每乘'士十人,徒二十人',共三十人;一言'甲士三人,步卒七十二人',共七十五人。对每乘甲士人数的不同,清儒金鹗及近今学者童书业等的解释是每乘甲士总数为十人,然车上仅三人,多者四人,即所谓'驷乘',余在车下,甲士有所谓车上甲士与车下甲士之分①。对每乘总人数的不同,过去学者或解释为'畿外邦国法'与'畿内采地法'两种军赋制度的不同②,或解释为三十人制为最大限度的出军法,即实战调发通制,而七十五人制并不是指兵车一乘之人数,而是任民之法,即正常情况下通行的军乘之本法③,或解

---

① 金鹗:《求古录礼说》十五《军制车乘士卒考》;童书业:《春秋左传研究》,上海人民出版社1980年,第198、201、305页。——原文注。

② 见贾公彦:《周礼·地官·小司徒》疏;孔颖达:《礼记·孔子闲居》疏;王鸣盛:《蛾术编》卷六十五《说制三》;刘文淇:《春秋左氏传旧注疏证》成公元年注。——原文注。

③ 见江永:《周礼疑义举要·地官一》;金榜:《礼笺》卷一《周官军赋》;孙诒让:《周礼正义》卷二〇、五十四;刘宝楠:《论语正义》卷一。——原文注。

释为平地作战，车为主，'宜甲士多，步卒少，固用革车之法，一乘士十人，徒二十人矣'，山地作战人为主，'宜甲士少，步卒多'，则'惟用长毂之法，一乘甲士三人，步卒七十二人也'①。此外，尚有其他一些说法②，兹不备举。当代学者陈恩林在蓝永蔚研究的基础上提出：'三十人制'是殷、周和春秋初期的制度，'七十五人制'则是春秋中期以后的编制③。"而实际上，诸儒关于一乘编制究竟为多少人的看法分歧，远远不止此。'三十人''七十五人'说外，尚有'二十五人'说。""大体说，一乘有十个左右的甲士，三个在车上（中主驭，左主射，右主击刺），余在车下（甲士受过专门训练，是"乘"这个战斗组合的核心，其在车下，既可作徒兵的中坚，又可随时补充战斗中车上甲士因伤亡造成的空缺，否则，若一乘仅配备三名甲士，一旦有伤亡，这一个"乘"的战斗组合便完全瘫痪了），有二三十个或更多一些的徒兵（随着时间的推移，徒兵人数呈渐增趋势），应是可信的。"④

军队所需车辆牛马等由庶民按"井"缴纳，称为军赋。但军赋如何征缴，也存在说法不一的记载。如《周礼·地官·小司徒》郑玄注引《司马法》云："六尺为步，步百为亩，亩百为夫，夫三为屋，屋三为井，井十为通。通为匹马，三十家，士一人，徒二人。通十为成，成百井，三百家，革车一乘，士十人，徒二十人。十成为终，终千井，三千家，革车十乘，士百人，徒二百人。十终为同，同方百里，万井，三万家，革车百乘，士千人，徒二千人。"而《春秋经》成公元年杜注引《周礼》

---

① 黄以周：《礼书通故·军礼一》。——原文注。

② 详见蓝永蔚：《春秋时期的步兵》，中华书局 1979 年，第 84—89 页。——原文注。

③ 陈恩林：《先秦军事制度研究》，吉林文史出版社 1991 年，第 140—142 页。——原文注。

④ 张广志：《西周史与西周文明》，上海科学技术文献出版社 2012 年，第 205—206 页。

则云:"九夫为井,四井为邑。丘十六井,出戎马一匹、牛三头。四丘为甸,甸六十四井,出长毂一乘,戎马四匹,牛十二头,甲士三人,步卒七十二人。"郑、杜注引应有所本,但哪个更近于西周实情,尚难判断。

除出车马外,作战所需的武器盔甲、干粮草料等也需要将士自备。《尚书·费誓》载:"公曰:'嗟!人无哗,听命!徂兹,淮夷徐戎并兴。善敹乃甲胄,敿乃干,无敢不吊!备乃弓矢,锻乃戈矛,砺乃锋刃,无敢不善!……甲戌,我惟征徐戎。峙乃糗粮,无敢不逮,汝则有大刑!鲁人三郊三遂,峙乃桢榦。甲戌,我惟筑,无敢不供,汝则有无余刑,非杀。鲁人三郊三遂,峙乃刍茭,无敢不多;汝则有大刑!'"

据孔子说,西周时期,国家向鳏寡孤疾者征收军赋只在战时征收,平时则无,即所谓"有军旅之出则征之,无则已"。战时以"井"为单位,征收一定数额的粮草,"其岁,收田一井,出稯禾、秉刍、缶米,不是过也"(《国语·鲁语下》)。

六、法制

相传西周的法律名为《九刑》,或称"《刑书》九篇"。《左传·昭公六年》说:"夏有乱政而作《禹刑》,商有乱政而作《汤刑》,周有乱政而作《九刑》,三辟之兴,皆叔世也。"《九刑》可能就是《逸周书·尝麦》中所说的"《刑书》九篇"。《逸周书·尝麦》说:"维四年孟夏,王初祈祷于宗庙,乃尝麦于太祖。是月,王命大正正《刑书》。……太史筴《刑书》九篇,以升,授大正,乃左还自两柱之间。□筴大正曰:钦之哉,诸正!敬功尔颂,审三节,无思民因顺,尔临狱无颇,正刑有掇。夫循乃德,式监不远。以有此人,保宁尔国,克戒尔服,世世是其不殆,维公咸若。太史乃降。大正坐，举书，乃中降，再拜稽首。"①《九刑》之书今已亡佚。朱右曾说：《左传·文公十八年》载"毁则为贼，掩贼为藏，窃贿为盗，盗器为奸。主藏之名，赖奸之用，为大凶德，有常无赦，在《九刑》不忘"，即其逸文②。

今天所见的西周法律条款主要散见在《尚书·吕刑》和《史记·周本纪》等古文献中。《史记·周本纪》说："诸侯有不睦者，甫侯言于王，作修刑辟。王曰：'吁，来！有国有土，告汝祥刑。在今尔安百姓，何择非其人，何敬非其刑，何居非其宜与？两造具备，师听五辞。五辞简信，正于五刑。五刑不简，正于五罚。五罚不服，正于五过。五过之疵，官狱内狱，阅实其罪，惟钧其过。五刑之疑有赦，五罚之疑有赦，其审克之。简信有众，惟讯有稽。无简不疑，共严天威。黥辟疑赦，其罚百率，阅实其罪。劓辟疑赦，其罚倍洒，阅实其罪。膑辟疑赦，其罚倍差，阅实其罪。宫辟疑赦，其罚五百率，阅实其罪。大辟疑赦，其罚千率，阅实其罪。墨罚之属千，劓罚之属千，膑罚之属五百，宫罚之属三百，大辟之罚其属二百：五刑之属三千。'命曰《甫刑》。"甫侯，又作吕侯，为周穆王的大臣。

司马迁上述所言，当本于《尚书·吕刑》。

《吕刑》，又称《甫刑》，按《史记》所说，《吕刑》作于周穆王时，为吕侯所作，是一篇西周时期法律制度、法律思想的重要文献。《吕刑》记述当时有墨（刻面）、劓（割鼻）、剕（断足）、宫（去生殖器）、大辟（死）五刑。适用五刑的罪行有3000条，即"墨罚之属千，劓罚之属千，剕罚之属五百，宫罚之属三百，大辟之罚其属二百：五刑之属三千"。五刑如有疑赦时改判五罚，"五罚不服，正于五过"。并规定了罚金的数额，

---

① 黄怀信：《逸周书汇校集注》（修订本），上海古籍出版社2007年，第720—744页。

② 黄怀信：《逸周书汇校集注》（修订本），上海古籍出版社2007年，第742页。

"墨辟疑赦，其罚百锾"，"劓辟疑赦，其罚惟倍"，"剕辟疑赦，其罚倍差"，"宫辟疑赦，其罚六百锾"。锾是重量单位，相当六两。陕西岐山出土的西周晚期㝬匜金文记录了管理狱讼的伯扬父对牧牛一案的判决，所叙述的法律程序和刑罚，大体和《吕刑》一致①。《吕刑》内容丰富，蕴含了许多重要法律思想，如"祥刑"、敬刑、明德、慎罚、"疑赦"等，指出："苗民弗用灵，制以刑，惟作五虐之刑曰法。杀戮无辜，爰始淫为劓、刵、椓、黥，越兹丽刑，并制罔差有辞。民兴胥渐，泯泯棼棼，罔中于信，以覆诅盟。虐威庶戮方告无辜于上。上帝监民，罔有馨香德刑，发闻惟腥。皇帝哀矜庶戮之不辜，报虐以威，遏绝苗民，无世在下。乃命重黎绝地天通，罔有降格。群后之逮在下，明明棐常，鳏寡无盖"。主张："德威惟畏，德明惟明"，"非讫于威，惟讫于富"；"惟敬五刑，以成三德"；"五刑之疑有赦，五罚之疑有赦，其审克之。简孚有众，惟貌有稽，无简不听"；"上下比罪，无僭乱辞，勿用不行，惟察惟法，其审克之。上刑适轻下服，下刑适重上服。轻重诸罚有权。刑罚世轻世重，惟齐非齐，有伦有要"；"非佞折狱，惟良折狱，罔非在中。察辞于差，非从惟从，哀敬折狱。明启刑书胥占，咸庶中正。其刑其罚，其审克之，狱成而孚。输而孚。其刑上备，有并两刑"。警告："官伯族姓，朕言多惧。朕敬于刑，有德惟刑。今天相民，作配在下。明清于单辞。民之乱，罔不中听狱之两辞，无或私家于狱之两辞。狱货非宝，惟府辜功，报以庶尤。永畏惟罚，非天不中，惟人在命。天罚不极，庶民罔有令政在于天下"；这些思想和主张都对后世影响很大。

"八议之法"是西周刑罚的重要内容。《周礼·小司寇》云："以五刑听万民之狱讼，附于刑，用情讯之。……凡命夫命妇不躬坐狱讼。凡王之同族有罪不即市。……以八辟丽邦法，附刑罚：一曰议亲之辟，二

---

① 刘起釪等：《先秦史》，中国大百科全书出版社2012年，第82页。

曰议故之辟,三曰议贤之辟,四曰议能之辟,五曰议功之辟,六曰议贵之辟,七曰议勤之辟,八曰议宾之辟。"文中的"亲"指王的亲族,"故"指王的故旧,"贤"指廉吏,"能"指有道艺者,"功"指有功勋者,"贵"指大夫以上,"勤"指勤劳国事者,"宾"指继承先代之后为国宾者。这是说,凡"亲""故""贤""能""功""贵""勤""宾"这八种人,犯法时要特别审议,尽量予以减免。即使死刑,也要特别交由甸人执行。只要是有官爵的命夫、命妇,狱讼时不必亲自出庭对坐受审。"'八议之法'在中国法制史上影响极为深远,自魏晋至隋,皆载于律,甚至《唐律》《宋刑统》《大元通制》《大明律》《大清律例》等亦均有'八议'的规定"①。

其实"八议之法"也是"刑不上大夫"的礼制原则在刑罚适用上的具体体现。"刑不上大夫"出自于《礼记·曲礼上》,前后文为"礼不下庶人,刑不上大夫。刑人不在君侧",是后人对西周法权观念的总结。所谓"刑不上大夫",是指墨、劓、剕、宫等"肉刑不上大夫,并非死刑也不上大夫"。因为"刑不上大夫"的"刑"是指肉刑而非死刑。"古人使用刑字这个概念,有时外延包括极广,一切刑罚均在内,如《国语·鲁语上》说'大刑用甲兵,其次用斧钺。中刑用刀锯,其次用钻笮。薄刑用鞭扑',即是证明。而在更多的情况下,刑字的外延是有限的,往往只有肉刑一义。肉刑称刑或刑罪,死刑称杀或称死罪。刑不含杀义,杀亦不称刑,刑杀有别,各有所指,这几乎是古人行文的通例。"② 当然,肉刑不施于大夫也并非绝对,文献和彝铭中就发现有例外的案例。

"明德慎罚"是西周法律的突出特点。"西周统治者鉴于殷恃力而亡的教训,特别强调'敬德'二字,在处理'德'与'刑'的关系时,始

---

① 李衡眉:《先秦史论集》,齐鲁书社1999年,第573—574页。

② 李衡眉:《先秦史论集》,齐鲁书社1999年,第571页。

终把'德'摆在第一位，推行所谓'明德慎罚'、以刑辅德、德主刑辅的治国方针。所谓'明德'，就是崇尚德治，提倡德教；所谓'慎罚'，就是对刑罚的施用采取审慎和宽缓的态度。'明德慎罚'，就是将教化与刑罚结合起来，先德后罚，德主刑辅。这是周人比殷人的高明之处。"①

七、井田制

井田制是农村公社土地制度，产生的历史很早，或曰夏商以来就实行了这种田制，西周时趋于完备。

关于井田制，古文献中记述较多，其中以《孟子》的记述较早、也比较集中。《孟子·滕文公上》说："夏后氏五十而贡，殷人七十而助，周人百亩而彻，其实皆什一也。彻者，彻也；助者，藉也。龙子曰：'治地莫善于助，莫不善于贡。'贡者，校数岁之中以为常。乐岁，粒米狼戾，多取之而不为虐，则寡取之；凶年，粪其田而不足，则必取盈焉。为民父母，使民盻盻然，将终岁勤动，不得以养其父母，又称贷而益之，使老稚转乎沟壑，恶在其为民父母也？夫世禄，滕固行之矣。《诗》云：'雨我公田，遂及我私。'惟助为有公田。由此观之，虽周亦助也。""夫仁政，必自经界始。经界不正，井地不钧，谷禄不平，是故暴君污吏必慢其经界。经界既正，分田制禄可坐而定也。""请野九一而助，国中什一使自赋。卿以下必有圭田，圭田五十亩，余夫二十五亩。死徙无出乡，乡田同井，出入相友，守望相助，疾病相扶持，则百姓亲睦。方里而井，井九百亩，其中为公田，八家皆私百亩，同养公田。公事毕，然后敢治私事，所以别野人也。"

此后比较系统记述西周井田制的是《汉书》，《汉书·食货志上》说：

---

① 张广志：《西周史与西周文明》，上海科学技术文献出版社2012年，第217页。

"理民之道，地著为本。故必建步立亩，正其经界。六尺为步，步百为亩，亩百为夫，夫三为屋，屋三为井，井方一里，是为九夫。八家共之，各受私田百亩，公田十亩，是为八百八十亩，余二十亩以为庐舍。出入相友，守望相助，疾病相救，民是以和睦，而教化齐同，力役生产可得而平也。民受田，上田夫百亩，中田夫二百亩，下田夫三百亩。岁耕种者为不易上田，休一岁者为一易中田，休二岁者为再易下田。三岁更耕之，自爰其处。农民户人已受田，其家众男为余夫，亦以口受田如比。士工商家受田，五口乃当农夫一人。此谓平土可以为法者也。若山林薮泽原陵淳卤之地，各以肥硗多少为差。有赋有税。税谓公田什一及工商衡虞之入也。赋共车马甲兵士徒之役，充实府库赐予之用。税给郊社宗庙百神之祀，天子奉养百官禄食庶事之费。民年二十受田，六十归田。七十以上，上所养也；十岁以下，上所长也；十一以上，上所强也。"

又，《汉书·刑法志》说：殷、周"因井田而制军赋。地方一里为井，井十为通，通十为成，成方十里；成十为终，终十为同，同方百里；同十为封，封十为畿，畿方千里。有税有（租）〔赋〕。税以足食，赋以足兵。故四井为邑，四邑为丘。丘，十六井也，有戎马一匹，牛三头。四丘为甸。甸，六十四井也，有戎马四匹，兵车一乘，牛十二头，甲士三人，卒七十二人，干戈备具，是谓乘马之法"。

由《孟子》和《汉书》的记载可知，所谓"井田"，是指地方一里900亩的田地，以"井"字形进行均分，当中100亩是公田，以外800亩分给八家作私田。公田，也就是公有田，又称"籍田"，是村社或国家保留的"公有地"，由集体共同耕种，收获归村社或国家。私田，也即私有田，是村社或国家平分给各家的份地，由各家独立耕作，收获归各家，土地公有，不能买卖，但需定期重新分配，有所谓"三年一换主（土）

易居"之说，为的是"财均力平"①。

井田之所以被称为井田，用郑玄的话说是因为"其制似井之字，因取名焉"（《周礼·小司徒》郑注），但不必全如孟子所说当中100亩为公田、以外800亩为私田如此整齐划一。百亩是西周授给一夫份地的基本单位，称为一田。古时六尺为步，步百为亩。百亩，即长百步、宽百步大小的田地。杨宽先生说，"根据洛阳金村出土战国铜尺和商鞅量来推算，当时一尺合今零点二三公尺，六尺为步，步百为亩，百亩合今三十一点二亩，大概这样大的面积，正适合当时生产力条件下一家农户耕作"②。

井田之间的"经界"是通过道路和沟洫来划分的。《周礼·地官·遂人》说："凡治野，夫间有遂，遂上有径；十夫有沟，沟上有畛；百夫有洫，洫上有涂；千夫有浍，浍上有道；万夫有川，川上有路，以达于畿。"所谓"径""畛""涂""道""路"等，指的就是道路，"遂""沟""洫""浍""川"指的就是沟洫，也即水道。古代道路与沟洫合一，沟洫的堤岸就是道路，也即古人所说的阡陌。所谓阡陌，"盖陌之为言，百也，遂洫从（纵）而径涂亦从（纵），则遂间百亩，洫间百夫，而径涂为陌矣。阡之为言，千也，沟浍横而畛道亦横，则沟间千亩，浍间千夫，而畛道为阡矣。阡陌之名，由此而得"③。是说阡陌之名，由《遂人》百亩千亩百夫千夫生义，径、涂为陌，畛、道为阡。

井田制的性质是农村公社土地所有制。农村公社主要处在从公有制到私有制、从原生形态到次生形态的过渡阶段，但在中国，农村公社却持续时间很长，一直存在到商周时代。"井田制正是从公有向私有过渡的

---

① 《公羊传·宣公十五年》何休注。

② 杨宽：《西周史》，上海人民出版社2003年，第187页。

③ 《文献通考·田赋考一》引朱熹《开阡陌辨》；转引自白寿彝总主编：《中国通史》第三卷《上古时代》（上），上海人民出版社1994年，第823页。

中间形态。"① "建立在村社井田制基础之上的西周社会，只能是封建性质的。"张广志先生说，这种封建制可名之为"村社封建制"，以区别于封建制的另外两种类型——欧洲的"农奴制"和战国、秦汉以来的"地主制"②。此言甚确。

马克思认为，农业公社（即农村公社）解体后，有两种前途，或者走向奴隶制，或者走向农奴制。他指出："农业公社既然是原生的社会形态的最后阶段，所以它同时也是向次生的形态过渡的阶段，即以公有制为基础的社会向以私有制为基础的社会的过渡。不言而喻，次生的形态包括建立在奴隶制上和农奴制上的一系列社会。"③

至于为什么会从村社制度中自然而然地衍生出农奴制即封建制，马克思也有精辟的论述，他说："在多瑙河各公国，徭役劳动是同实物地租和其他农奴制义务结合在一起的，但徭役劳动是交纳给统治阶级的最主要的贡赋。凡是存在这种情形的地方，徭役劳动很少是由农奴制产生的，相反，农奴制倒多半是由徭役劳动产生的。罗马尼亚各州的情形就是这样。那里原来的生产方式是建立在公社所有制的基础上的，但这种公社所有制不同于斯拉夫的形式，也完全不同于印度的形式。一部分土地是自由的私田，由公社成员各自耕种；另一部分土地是公田，由公社成员共同耕种。这种共同劳动的产品，一部分作为储备金用于防灾备荒和应付其他意外情况；一部分作为国家储备用于战争和宗教方面的开支以及其他的公用开支。久而久之，军队和宗教的头面人物侵占了公社的地产，从而也就侵占了花在公田上的劳动。自由农民在公田上的劳动变成了为

---

① 詹子庆、田泽滨：《中国古代史》（上册），高等教育出版社1986年，第75页。
② 张广志：《西周史与西周文明》，上海科学技术文献出版社2012年，第113页。
③ 马克思：《给维·伊·查苏里奇的复信草稿——三稿》，《马克思恩格斯全集》第19卷405页。

公田掠夺者而进行的徭役劳动。于是农奴制关系随着发展起来……"①

关于井田制的存续时代，学者多认为其下限到商鞅第二次变法是毫无疑问的，但对上限则分歧很大，或曰"实始于禹"②，存续于"三代"；或曰始于周初，仅存于周代③。晁福林先生说："周代的井田制可以说是一种'前不见古人，后不见来者'的独特的土地制度。它与氏族土地公有制有着渊源联系，但又不等于这种土地公有制；它与战国以降的国家授田制有着源流关系，但又与授田制有较大的区别。""井田制的特征应当在于其对于田地的'井'字形的区划。当然，我们也不应拘泥于孟子之语，似乎周代所有的田地都划出一个'井'字来。然而，就周王朝立国的广大的平原地区而言，井田区划应当说是一种主要的区划方式。""'方里而井'的井田区划，对于土地制度的演进有很大作用。夏商时代的土地可能是有疆界的，氏族所拥有的田地也有公田与私田的区分，但却没有整齐的疆界，这应当是夏商两代去古未远，土地私有观念还相当淡薄的缘故。在周代分封制度下，情况有所变化，分封'土田陪敦'的本身，就意味经过赏赐后的土地占有权的确立。这里需要指出的是，分封后所形成的土地占有权在很大程度上属于宗族的土地占有权，还不能算是严格意义上的贵族土地占有权。周代各级贵族的土地私有，是在西周中、后期才逐渐出现的。"④

---

① 《资本论》第1卷，人民出版社1975年，第265页。
② 顾炎武：《日知录·其实皆什一也》条。
③ 晁福林：《夏商西周社会生活史》，北京师范大学出版社2010年，第187页。
④ 晁福林：《夏商西周社会生活史》，北京师范大学出版社2010年，第186—190页。

第十一章　西周农业、手工业及商业的发展

一、农业的发展

周人以擅长农业著称。相传其始祖弃在尧舜时任农师之职，号后稷。弃死后，子孙世代为夏朝农官。灭商前，其农业发展已达一定水平，建周后，农业又有较大发展。

西周时期的农业工具，虽然仍以木、石、蚌、骨等材质为主，但青铜农具较商代有所增多。如《诗经·周颂·臣工》所说："庤乃钱镈，奄观铚艾。"钱是铲，用来挖土；镈是锄，用于锄草；铚、艾类似镰刀，用以收获。考古发掘中也常有此期青铜农具的发现，如河南洛阳下窑西周早期墓中发现一件青铜镈，三门峡上村岭虢国墓发现一件西周晚期青铜畬，陕西临潼零口一处西周窖藏中一次出土铜铲4件，这些都说明西周时期青铜工具在农业中的使用已比较常见。

粮食作物种类也较商代有所增加。粮食作物，古代称为谷。由于谷的品种很多，所以在《诗经·小雅·大田》《周颂·噫嘻》《载芟》《良耜》等篇中有"百谷"称谓。西周时期主要作物是黍、稷，其次是水稻、小麦、大豆和粱、麻。有《诗》为证，《豳风·七月》说："九月筑场圃，十月纳禾稼。黍稷重穋，禾麻菽麦。"《论语·微子》《孟子·告子》

《逸周书·职方》等所谓的"五谷",西周时业已出现。

大豆和粱,虽不是西周最主要的作物,但却是西周培育出来的优良品种,在此特作简要介绍。

关于大豆,借引李根蟠先生的话说,是这样的:"我国是世界公认的大豆原产地。大豆在先秦称菽。菽字始见于金文。在《大雅·生民》中,周人追述其先祖后稷从小种植'荏菽',亦即大豆。这意味着我国原始社会末期可能已有大豆的栽培。但目前最早的大豆实物遗存,是山西侯马出土的春秋时期大豆。《豳风·七月》及《小雅》一些篇章中谈到烹菽、采菽和获菽。除栽培大豆外,似乎还在采集野生大豆。东北地区诸侯似乎很早就种大豆。《逸周书·五令解》记载山戎(山戎是与东胡有密切关系的少数民族,春秋时在燕国之北)向周成王贡献特产'戎菽'。《管子·戎》说:'(齐桓公)北伐山戎,出冬葱及戎菽,布之天下。'这大概是一种优良的大豆品种,进入中原后,深得中原人民珍爱,获得迅速推广。春秋末年及战国时代,诸子书言民食多把菽粟并提,说明菽已居主要粮食地位①。从睡虎地秦简有关资料看,菽、麦的价钱比禾(粟)贱,说明大豆生产直到战国末期仍然是很普遍的。"② 战国去西周不远,战国的情况从一个侧面说明西周在大豆培育和推广中所起的关键作用。

粱,是粟的一个品种,好粟为粱。《史记·太史公自序·索隐》引《三仓》说:"粱,好粟也。"《汉书·食货志》颜师古注也说:"粱,好粟也,即今粱米。"李时珍《本草纲目》云:"粱者,良也,谷之良者也。"杨宽先生说:粱"大穗,长芒,粒扁长","胡道静在《我国古代

---

① 如《墨子·尚贤中》:"贤者之治邑也,蚤出暮入,耕种树艺,聚菽粟,是以菽粟多而民足乎食。"《荀子·王荆》:"工贾不耕田而足菽粟。"——原注。

② 白寿彝总主编:《中国通史》第三卷《上古时代》(上),上海人民出版社1994年,第609页。

农艺史上的几个问题》一文中,有'梁为周氏族所植粟之优良品种说'①,我们认为是正确的"②。就是说,梁是西周时期栽培出来的稷(稷实为粟)的优良品种。

农作物的收获量也很大。《诗》云:"获之挃挃,积之栗栗。其崇如墉,其比如栉"(《周颂·良耜》);"载获济济,有实其积,万亿及秭"(《周颂·载芟》);"曾孙之稼,如茨如梁。曾孙之庾,如坻如京。乃求千斯仓,乃求万斯箱"(《小雅·甫田》)。前者是记述丰收时的景象,说"那高高的谷堆像城墙,堆堆紧挨像篦齿一样",后二者是对丰年的祈祷或展望。

西周主要用耜进行耕作,流行耦耕。耜是翻土工具,类似于今天的铲或锹,平刃,其头部宽度约为当时五寸。耦耕,是两人各执一耜,并排而耕,所成的耕沟称为畎或甽,畎与畎之间的高畦称为亩或垄。正如《周礼·考工记》所说:"匠人为沟洫,耜广五寸,二耜为耦,一耦之伐,广尺深尺,谓之甽。"

畎、亩的存在,说明西周时已出现了垄作。垄作的妙处在于"上田弃亩,下田弃甽"(《吕氏春秋·任地》),即地势高的田地,不要把庄稼种在田垄上,而是种在畎沟里,有利于抗旱保墒;地势低洼的田地,不要把庄稼种在畎沟里,而是种在田垄上,有利于排水防涝。垄作的妙处还不仅如此,还有通风、透光、利灌溉、抗倒伏等功效,是耕作技术上的一大进步。至于垄作时的技术要求,正如《吕氏春秋·辩土》所说:"亩欲广以平,甽欲小以深,下得阴,上得阳,然后咸生。"即田垄应该又宽又平,垄沟应该又小又深,这样,庄稼下得水分,上得阳光,才能苗全苗壮。

---

① 见《新建设》1954年第12期。——原文注。

② 杨宽:《西周史》,上海人民出版社2003年,第242页。

西周农业的进步还表现在土地休耕制上。当时的农田,《诗经》有菑田、新田、畬田之分。《小雅·采芑》:"薄言采芑,于彼新田,于此菑亩。……薄言采芑,于彼新田,于此中乡。"《周颂·臣工》:"嗟嗟保介,维莫之春,亦有何求?如何新畬?"所谓菑田、新田、畬田,《尔雅·释地》解释说:"田一岁曰菑,二岁曰新田,三岁曰畬。"

对于《释地》的解释,学者又有不同的认识,或曰菑田、新田、畬田分别是指垦种一年、二年、三年的田;或曰初开垦的田地为菑田,才开始耕种的田地为新田,去年已耕种过今年又耕的田地为畬田。杨宽和晁福林先生就持后一种说法。晁福林先生说:"周代称初开垦的田地为菑田。《尚书·大诰》:'厥父菑,厥子乃弗肯播,矧肯获?'意谓父亲开垦了田地,其子却不肯播种,怎么会有收获?《尚书·梓材》:'若稽田,既勤敷菑,惟其陈修,为厥疆畎。'意谓治理田地,既然辛勤地开垦出来,就要继续整理,做出疆界和水沟。《说文》:'菑,不耕田也。'菑指初垦辟而尚不可播种之田。菑田经过整治到第二年已经可以种植,便称为'新田'。这两种田里常常有许多野菜,所以《诗经·采芑》说'薄言采芑,于彼新田,于此菑亩'。开垦历时三年之田称为畬田,《说文》谓'畬,三岁治田也',是正确的说法。《诗经·臣工》是和籍礼有关的诗篇,其中云'嗟嗟保介,维莫之春,亦有何求?如何新畬',从诗句看来,成王对新田、畬田的收成相当关心。《尔雅·释地》:'田一岁曰菑,二岁曰新田,三岁曰畬。'这正反映了周代田地开垦的情况。"[①] 可见对"菑"的解读成为正确解释菑田、新田、畬田的关键。

关于菑,杨宽先生说:"菑字的原义,无非是开垦时'杀草'和'反

---

① 晁福林:《夏商西周社会史》,北京师范大学出版社2010年,第128—129页。

草'的意思①。徐灏《说文解字注笺》说:'菑者初垦辟之谓也,田久汙莱,必先除其草木,然后可耕。田之灾杀草木谓之菑。'这个说法,我们认为是正确的。《周易·无妄》说:'不耕获,不菑畬,则利有攸往。'②王弼注解释'不耕获,不菑畬'是:'不耕而获,不菑而畬',可知田地必须经过'菑'的阶段才能达到'畬'的阶段,如果要'不菑而畬'就如同想'不耕而获'一样。……'菑'是指垦荒工作,'菑田'就是初开垦的荒田。古时开垦荒田因为技术水平低,不是当年就能播种的。"③杨先生对"菑"的解读应当是正确的。

但杨宽先生对"菑田"的解释则有失偏颇。实际上,菑田不仅包括初开垦的荒田,而且还主要包括休耕中的熟田即休耕田。休耕田的存在表明,西周已有了休耕制。

休耕制,是休闲耕作制的简称,或称撩(抛)荒休耕制,是把一定比例的耕地休闲一两年再进行种植,目的是依靠自然过程恢复地力。西周实行的休耕制是三田制。"具体办法是,把一定面积的土地划为三块。第一年休耕的,叫做'菑';去年休耕过,今年新耕的叫'新';去年已耕种过,今年连耕者叫做'畬'。这样做,三年一循环,保证三分之二的面积耕作,三分之一的面积休耕。"④

三田制是一种典型的休耕制,除这种制度以外,西周可能还存在其他形式的休耕制。《周礼·地官·大司徒》:"凡造都鄙,制其地域而封沟

---

① 《诗经·采芑·正义》引孙炎说:"菑,始灾杀其草木也。"《诗经·皇矣》释文引韩诗说:"反草曰菑。"《周易·无妄》释文引董遇说:"菑,反草也。"《尔雅·释地》郭璞注说:"今江东呼初耕地反草曰菑。"——原注。

② 《礼记·坊记》引作"不耕获,不菑畬,凶"。——原注。

③ 杨宽:《西周史》,上海人民出版社2003年,第234页—235页。

④ 詹子庆、田泽滨:《中国古代史》(上册),高等教育出版社1986年,第77页。

之，以其室数制之。不易之地家百亩，一易之地家二百亩，再易之地家三百亩。"郑玄注引郑司农云："不易之地，岁耕之，地美，故家百晦。一易之地，休一岁乃复耕种，地薄，故家二百晦。再易之地，休二岁乃复耕种，故家三百晦。"就是说，田有年年耕种的，也有休耕一年、二年的，休耕与否以及休耕时间的长短，主要视土地肥薄而定。这一现象说明，西周的休耕制度在各地的实行过程中存在着差异。

西周中期以后出现了土地转让现象。李学勤先生说："西周中期以下的金文，出现有土地转让的事例，有的是交易或互换，有的是赔偿。前者如卫盉所记，矩伯以田为代价，从裘卫那里两次交换礼玉和皮币，交换以贝朋为价值尺度，田价分别为八朋一田和六朋多一田；或如五祀卫鼎所载，裘卫以五田换取邦君厉的四田。所谓'田'，均指百亩的一夫之田。后者如散氏盘所述，矢王因为攻击了散氏，被迫割让一部分土地给散。为了取得土地转让的法律效力，交易者有时要向执政大臣报告，如裘卫的两次交易，都得到大臣们的允可；有时采取析券的形式；有时采用立誓的形式。土地转让时必须由双方人员到场。丈量有关土地，称为'履'。确定了的地界，用封树的方法作出表识，加以记录，有时还要绘成地图。转让的契券，双方分别保存，并将副本上交官府收藏，以备查考。这种土地转让，尚未具备完全自由买卖的性质，但可视为后世买卖的滥觞。"[①]

此外，西周时已有了人工灌溉、以火治虫、用镈除草、播前选种等技术。

[①] 刘起釪等：《先秦史》，中国大百科图书出版社2012年，第87页。

二、"工商食官"和工商业的发展

"工商食官"一语,出自《国语·晋语四》:"公食贡,大夫食邑,士食田,庶人食力,工商食官,皂隶食职,官宰食加。"其中工指百工,商指商贾,食官的意思是食用官禄。西周时,百工和商贾都在国中居住。百工多在司空所属的官府手工业中工作,身份卑微,在金文中往往与臣妾奴隶并列。商贾多在司市所属的官府商业中工作,生活费用也由官府供给,其地位较百工为高。但他们和百工一样,世代被束缚在特定的行业中,不许自由迁居,不能改变职业,正如《左传·襄公九年》所说"商工皂隶,不知迁业"。

"工商食官"的实质是工商业由官府垄断,统一经营和管理,即由官府供给原料、场地,由官府手工作坊加工生产,产品由官府贾人核价出售,连工商业者的生活费用也由官府供给。

西周的手工业发展很快,和商代相比,其手工业作坊规模大、分工细,产品的种类多、数量大,在一些主要的生产部门都有比较明显的进步。

青铜铸造业是当时最重要的手工业部门。青铜器不仅数量多,而且还出现了许多新器物,如乐器中的钟、镈,食器中的簠、盨、匜,兵器中的钩、戟等。从铸造技术看,这时已经摆脱了商代的铸铜工艺,发明了一模翻制数范的技术。

制陶业在西周也有大的发展。瓦的发明,是这一时期的突出成就。在陕西西安客家庄、河南洛阳王湾、北京房山董家林等地,都发现了西周后期的瓦。瓦在我国建筑史上具有重大意义,它的出现表明当时的建筑技术已有很大的进步。

西周的车辆制造也颇具特色,形制巧,种类多,水平较高。车辆制造涉及多个手工业部门,如木工、金工、漆工、皮革工等,因此也最能体现手工业的发展水平。《礼记·考工记》在总结先秦不同时期手工业的特征时说:"有虞氏上陶,夏后氏上匠,殷人上梓,周人上舆。"说周人最擅长于造车。今河南洛阳、三门峡,陕西宝鸡、长安,北京琉璃河等地都发现了西周时期随葬的车马坑。"当时的车,包括辕、衡、轭、轴、舆等部分,采用坚实木料和铜制配件制成。车舆呈圆角长方形,车舆之门在后部。每辆车一般用两马或四马,马头有当卢、兽面、铜泡、衔等铜饰"[1]。周天子的车用六匹马,今洛阳市西工区已发现多处"天子驾六"遗址。

西周时期,商业也有了一定程度的发展,在较大的都邑都出现了比较固定的交易场所——市。市,也称集市、市集、市场。市已纳入了城市布局规划。《周礼·考工记·匠人》:"匠人营国,方九里,旁三门。国中九经九纬,经涂九轨。左祖右社,面朝后市。市、朝一夫。"这是国都中的布局。封国、采邑内市的布局基本与此相仿,只是规模小了许多。除"国"中有市以外,通往"野"的道路上也设有市。《地官·遗人》:"凡国野之道,十里有庐,庐有饮食。三十里有宿,宿有路室,路室有委。五十里有市,市有候馆,候馆有积。"

据《周礼》,市有"三时市",即大市、朝市、夕市。《地官·司市》:"大市日昃而市,百族为主;朝市朝时而市,商贾为主;夕市夕时而市,贩夫贩妇为主。"这是说,大市在午后开市,入市的人以百姓为主;朝市在早晨买卖,以商贾为主;夕市在傍晚交易,以男女小商贩为主。

据《周礼》,西周可能已经有了一套较为系统的市场管理制度,对于上市的货物种类、质地等都有明确的规定。《周礼·地官·质人》说"货

---

[1] 晁福林:《夏商西周社会生活史》,北京师范大学出版社2010年,第136页。

贿、人民、牛马、兵器、珍异"，都可上市交易。货贿即货物，人民指奴婢。但上市商品也不是毫无限制。《地官·司市》中说"以政令禁物靡而均市"、"以贾民禁伪而除诈"，即奢侈、伪劣商品都在禁止之列。《礼记·王制》云："有圭璧金璋，不鬻于市。命服命车，不鬻于市。宗庙之器，不鬻于市。牺牲不鬻于市。戎器不鬻于市。用器不中度，不鬻于市。兵车不中度，不鬻于市。布帛精粗不中数，幅广狭不中量，不鬻于市。奸色乱正色，不鬻于市。锦文珠玉成器，不鬻于市。衣服饮食，不鬻于市。五谷不时，果实未熟，不鬻于市。木不中伐，不鬻于市。禽兽鱼鳖不中杀，不鬻于市。"《礼记·王制》所说虽与《地官》所记存在差异，但不合格的产品严禁上市却是一样的。

对上市交易的商品的价格，官府也有严格的控制。《地官·贾师》："辨其物而均平之，展其成而奠其贾，然后令市。凡天患，禁贵儥者，使有恒贾。四时之珍异，亦如之。"货物由贾师核定等级、价格之后才能上市交易，目的是调节物价，互通有无。

据《周礼·地官》，周人有一支市场管理队伍，包括司市、质人、廛人、胥师、贾师、司暴、司稽、胥、肆长、泉府、司门、司关等，其中司市为主管，"掌市之治、教、政、刑、量度、禁令"，各官员之间都有明确的分工，每个官吏都有明确的职责，共同管理市场。当然，"这些职官可能不尽为西周时期所有，或者有东周时期的职官情况参与其中，但是在西周时期官府之人参与和控制商业贸易却仍是事实"[①]。

官府对商业贸易的控制，在金文中也有记载。宣王时期兮甲盘铭说，淮夷与周的诸侯百姓贸易，都必须到指定的市场进行，即所谓"毋敢不即次即市"。可见，当时对商业贸易控制之严格。

也正是由于官府垄断，民间贸易的数量很小，且大多停留在以物易

[①] 晁福林：《夏商西周社会生活史》，北京师范大学出版社2010年，第137页。

物的商品交换的初级阶段。《诗经·卫风·氓》："氓之蚩蚩，抱布贸丝。"《小雅·小宛》："握粟出卜，自何能榖？"前者是说，一个憨厚的小伙子，抱着布来买丝；后者是言，抓把米出门去求卜问吉，咋能指望有好的结果？用布来换丝和以粟支付占卜的费用都是以物易物的实例。

西周的货币主要还是贝，单位为朋；其次是金，即铜，单位是锊，重约六两。由于铜本身就是一种贵重商品，因此，后来逐渐取代了贝的货币职能。事实上，铜作为货币，西周已比商代流行。

第十二章　西周的文化

一、学校

早在夏代，就有了学校。到西周时，学校又有大的发展，出现了小学和大学。

西周的学校有乡遂（即地方）与王朝（即中央）之分。笔者以王朝主管的学校为例展开论述。

西周时期，学校教育主要由师氏和保氏两官负责。师氏主管德、行，保氏职掌技艺和仪容。《周礼·师氏》："以三德教国子：一曰至德，以为道本；二曰敏德，以为行本；三曰孝德，以知逆恶。教三行：一曰孝行，以亲父母；二曰友行以尊贤良；三曰顺行，以事师长。"郑《注》："国子，公卿大夫之子弟。"《周礼·保氏》："教之六艺：一曰五礼，二曰六乐，三曰五射，四曰五驭，五曰六书，六曰九数。乃教之六仪：一曰祭祀之容，二曰宾客之容，三曰朝廷之容，四曰丧纪之容，五曰军旅之容，六曰车马之容。"六艺是当时学校教育的主要内容，兼及文武，包括礼仪、乐舞、射箭、驾车、文字、算术等。

孟子说西周的学校叫庠。《孟子·滕文公上》："设为庠序学校以教之。庠者，养也；校者，教也；序者，射也。夏曰校，殷曰序，周曰庠，学则三代共之，皆所以明人伦也。人伦明于上，小民亲于下。有王者起，必来取法，是为王者师也。"

周王朝的大学称辟雍，诸侯的大学叫泮宫。辟雍在王城南郊，位"五学"中央，有水池环绕。《礼记·王制》云："天子命之教，然后为学。小学在公宫南之左，大学在郊，天子曰辟雍，诸侯曰泮宫。"孙诒让《周礼正义》说："周大学之名，见此经者，唯成均。见于《礼记》者，则又有辟雍、上庠、东序、瞽宗。东序亦曰东胶，与成均为五学，皆大学也。其制度及所在之地，诸家之说纷异殊甚。今通校诸经涉学之制文，知周制国中为小学，在王宫之左。南郊为五学，是为大学。至五学方位，北上庠，东东序，西瞽宗，古无异说。唯成均、辟雍众说不同。郑锷云：周五学，中曰辟雍，环之以水。水南为成均，水北为上庠，水东为东序，水西为瞽宗。其义最确。"

辟雍既是贵族子弟学习礼、乐、射等技艺的场所，也是贵族成员举行乡、射、庆典等公共活动的中心。《韩诗说》："辟雍者，天子之学。……所以教天下春射秋飨，事三老五更。"《白虎通·辟雍》："大学者，辟雍，乡射之宫。"飨或乡，是指乡饮酒礼，《说文》云"飨，乡饮酒也"。射，即射礼，也称乡射礼。

西周的小学、大学是为贵族子弟专设的。庶人子弟则与学校无缘。孙诒让《周礼正义》说："周制大学所教有三：一为国子，即王太子以下至元士之子，由小学而升者也。二为乡、遂大夫所兴贤者能者，司徒论其秀者入大学是也。三为侯国所贡士。"一般来说，贵族子弟是8岁入小学，到15岁成童时入大学。《大戴礼记·保傅》说："古者年八岁而出就外舍，学小艺焉，履小节焉；束发而就大学，学大艺焉，履大节焉。"所谓"出就外舍"，就是入小学；"束发"，卢《注》谓成童；成童，郑玄说十五岁以上。《白虎通·辟雍》也说："八岁入小学，学书计，十五成童志明，入大学，学经籍。"

由于"国子入学之年《礼》经无文"（孙诒让《周礼正义》语），所以诸书所言也有所不同，如《尚书大传》："王太子、王子、群后之子以至卿大夫、元士之適子，十有三年始入小学"，"年二十入大学"。事实上，入学年龄也并非绝对，因地因时因人都可能存在差异。

二、典籍

西周时期文献流传至今的为数不多，主要有《尚书》《逸周书》《诗经》《周易》等。

（一）、《尚书》

《尚书》，先秦时但称《书》，至西汉司马迁《史记·五帝本纪》中始有《尚书》之称。东汉马融解释说："上古有虞氏之书，故曰《尚书》。"唐孔颖达《尚书正义》云："尚者，上也。言此上代以来之书。"

相传古时《尚书》有3000多篇，至孔子删定为百篇，成为"独载尧以来"（《史记·五帝本纪》）的《尚书》。但经过焚书坑儒，《尚书》几乎损失殆尽，仅有山东伏生（或曰伏声）藏于壁中的《尚书》保存下来。伏生传的《尚书》共28篇。因用汉代通行文字隶书写成，故名《今文尚书》。但《今文尚书》传至西晋永嘉年间却毁于战乱，亡佚失传了。

与《今文尚书》相对，还有《古文尚书》。《汉书·艺文志》说："武帝末，鲁共王坏孔子宅，欲以广其宫，而得古文《尚书》及《礼记》、《论语》、《孝经》凡数十篇，皆古字也。"孔子第十一世孙汉博士孔安国将这部《尚书》改写成隶书，被称作"隶古定"本。"孔本《古文尚书》实际上比伏生系《今文尚书》多出十六篇，孔安国没有解说，东汉时马融、郑玄也只是注释与今文本相应的二十多篇，其余各篇没有解说，便亡佚了。"东晋元帝时，"豫章内史梅赜向元帝献上了一部《孔传古文尚书》（'传'就是注解），说是魏末晋初的学者郑冲传下来的。这部《古文尚书》号称就是当年孔安国得自孔壁后加以整理注解的那个本子"。这部书共五十八篇，除了把《今文尚书》28篇析为33篇以外，又新增了25篇经文。"除了《舜典》以外，其他都有注释，书前还有一篇孔安国的《序》，说明他得书和作传的情况。这篇序收在梁萧统所编《昭明文选》中。""梅赜献的这部'古文'，在梁朝开始流行起来，北朝大儒刘炫、刘焯为之作了详备的《义疏》，其后，陆德明作《经典释文》，《尚书》也是以此书为底本。唐太宗初年，命大儒颜师古校正五经文字，《尚书》依的也是这个本子。稍后，孔颖达作《五经正义》，又以此书为工作底本，采集二刘的义疏加以发挥，终于成了终唐之世无异辞的定本。从此，梅赜所献的《古文尚书》树立了正统地位，压倒了郑玄的《古文尚书》注本，成为《尚书》的唯一传本。"① 但到宋代，就有不少学者陆续开始怀疑这部书的真伪，先是两宋之交的吴棫，稍后是朱熹，"疑孔安国《书》是假书"。明人梅鷟作《尚书考异》，始明斥其为伪作，但论证还不充分。"清初阎若璩作《古文尚书疏证》八卷，列举一百二十八证，以明此二十五篇为伪书，于是遂成定谳。"②

今传《尚书》，多据清阮元编刻的《十三经注疏》中孔颖达的《尚书正义》。《十三经注疏》本《尚书》，共58篇，是《今文尚书》和《古文尚书》的合编本。其中《今文尚书》28篇（注疏本析为33篇），有《尧典》《皋陶谟》《禹贡》《甘誓》《汤誓》《盘庚》《高宗肜日》《西伯戡黎》《微子》《牧誓》《洪范》《金縢》《大诰》《康诰》《酒诰》《梓材》《召诰》《洛诰》《多士》《无逸》《君奭》《多方》《立政》《顾命》《费誓》《吕刑》《文侯之命》《秦誓》。《今文尚书》有《周书》19篇。《周书》19篇中，除《文侯之命》《秦誓》二篇出自春秋外，其余各篇都

---

① 慕平译注：《尚书》，中华书局出版社2009年，前言第3—4页。
② 白寿彝总主编：《中国通史》第三卷《上古时代》（上），上海人民出版社1994年，第3页。

出自周初，且以成王时期居多。《今文尚书》诸篇，虽出自不同的时代，但内容大多是历代君王言行的记载，涉及社会制度、政治经济、天文地理诸方面，因此篇篇都是上古时代重要的历史文献，都有很高的史料价值。

《古文尚书》多出的 25 篇和孔国安《序》，也并非一无是处，仍有一定的参考价值。黄季刚先生说："伪《古文尚书》，一文字古，二文采高，三取材广博，四训诂不谬，故在今日言之，仍可作'准康成'观之。"又说："用孔《传》讲《尚书》，于文理终不谬。若用孙星衍之说，往往文理不通。"①

(二)、《逸周书》

《逸周书》，原名《周书》，传为孔子删《尚书》之余，是我国先秦时期非常重要的一部典籍，被《汉书·艺文志》列为六艺。今传本《逸周书》共 71 篇（含序 1 篇），其中 10 篇仅有篇名存世。

对于《逸周书》，李学勤先生在为《逸周书汇校集注》所作的序言中有过系统的论述，现摘录如下："《逸周书》之名，最早见于许慎《说文解字》，《汉书·艺文志》则称做《周书》。如谢墉为抱经堂本作序所说，'"周书"本以总名一代之书，犹之"尚书"、"夏书"也'。由于《尚书》中已有《周书》，把《汉志》著录的《周书》七十一篇改称《逸周书》，是比较方便的。今传本《逸周书》末有序，列举七十篇标题，加上序本身，恰合七十一篇之数。蔡邕《明堂月令论》云'《周书》七十篇，《月令》第五十三'，今本仍在第五十三。

"《汉志》自注言《周书》为'周史记'，颜师古注则说：'刘向云：周时诰誓号令也。盖孔子所论百篇之余也。今之存者四十五篇矣。''盖孔子所论百篇之余'一句，究竟是刘向所讲，还是颜师古所说，前人有

---

① 《量守庐论学札记》；引自慕平译注：《尚书》，中华书局 2009 年，前言第 5 页。

不同意见。至于篇数，同属唐代的刘知几《史通》不言有所阙佚，颜师古所见恐系不完之本。朱右曾《逸周书集训校释》认为亡十一篇在唐以后，看其所辑佚文多出自唐宋人书，应该是可信的。

"今本《逸周书》是否与汲冢有关，是一个值得推求的问题。按《晋书·束皙传》记汲冢竹书共七十五篇，其中有'杂书十九篇：《周食田法》《周书》《论楚事》《周穆王美人盛姬死事》'。或以《周书论楚事》连读为一，恐怕是不对的，因为汲冢发现后不久所立《太公吕望表》引竹书《周志》即《周书》，内容并非专论楚事。不过《周书》既列于杂书十九篇中，则其篇数不可能多是可以肯定的。《隋志》把《周书》十卷统指为'汲冢书'，实系误解。有学者提出今本《逸周书》内无注诸篇来自汲冢，也缺乏根据。孙诒让《周书斠补》说《太公吕望表》所引《周志》与七十一篇书文例殊异，可知今传《逸周书》同汲冢'实不相涉'，可能是正确的。

"《逸周书》各篇不出一手，年代不同。朱右曾以为'《克殷》篇所叙，非亲见者不能；《商誓》《度邑》《皇门》《芮良夫》诸篇，大似今文《尚书》，非伪古文所能仿佛'。郭沫若先生《中国古代社会研究》主张'《逸周书》中可信为周初文字的仅有三二篇，《世俘解》即其一，最为可信。《克殷解》及《商誓解》次之'。现在看来，《世俘》《商誓》《皇门》《尝麦》《祭公》《芮良夫》等篇，均可信为西周作品。其余诸篇，我在黄怀信《逸周书源流考辨》[①] 序中讲过，《度训》《命训》等多篇文例相似，可视为一组，而《左传》《战国策》所载春秋时荀息、狼瞫、魏绛等所引《武称》《大匡》《程典》等篇，皆属于这一组。由此足见在书中占较大比例的这一组，时代也不会很迟。"

"《逸周书》中有一些篇确系'史记'或'诰誓号令'之类，也有若

[①] 西北大学出版社，一九九二年。——原文注。

干篇，如上述的一组，颇富于思想性，其体裁又与《左传》《国语》所记春秋时人所论近似，其思想内涵很值得探索分析。我们研究中国学术史，对此似不宜忽略。"①

（三）、《诗经》

《诗经》，古时但称《诗》，是我国最早的具有史诗般的诗歌总集，有极高的文学和史学价值。现存305篇，分风、雅、颂三部分。其中《风》诗160篇，分《周南》（11篇）、《召南》（14篇）、《邶风》（19篇）、《鄘风》（10篇）、《卫风》（10篇）、《王风》（10篇）、《郑风》（21篇）、《齐风》（11篇）、《魏风》（7篇）、《唐风》（12篇）、《秦风》（10篇）、《陈风》（10篇）、《桧风》（4篇）、《曹风》（4篇）、《豳风》（7篇）等十五国风，基本上是民歌，多为西周末期和春秋初期的作品。《雅》诗105篇，分《大雅》（31篇）、《小雅》（74篇），是宫廷和朝官的乐歌，多言王朝兴废事。《颂》诗40篇，分《周颂》（31篇）、《鲁颂》（4篇）、《商颂》（5篇），是宗庙祭祀的乐歌。其中《周颂》时代较早，多为西周中期的作品。《鲁颂》为春秋初期的作品。《商颂》是春秋时期宋人祭祀先祖商人的诗。《诗经》诗篇所产生的地域，大略在今山东、河南、山西、陕西，及甘肃南部、河北西南部、湖北北部、安徽北部等地，其中尤以河南、陕西为中心。

今传本《诗经》是《毛诗》，《毛诗》就是《毛传》本，由汉代传诗者毛亨、毛苌所撰，全称叫《毛诗故训传》。郑玄曾为《毛传》作注，书名叫《毛诗作笺》，简称《郑笺》。今传本《毛诗传笺》包括了《毛传》和《郑笺》。孔颖达曾为《毛诗》注疏，书名叫《毛诗正义》或《毛诗注疏》，共40卷，现存于中华书局影印的阮刻《十三经注疏》中，是最

---

① 黄怀信等：《逸周书汇校集注》（修订本），上海古籍出版社2007年，《序言》第1—3页。

权威的《毛诗》版本。

(四)、《周易》

《周易》，古时但称《易》，自汉代始又称为《易经》，本是一种古老的占卜用书，逐渐演绎成一部特殊的哲学专著，极富思想和哲理。

《周易》分经、传两部分。经由卦画、卦辞、爻辞组成，共六十四卦、三百八十四爻。每卦都有个卦的形象、名称及说明本卦性质的卦辞。卦有六爻，爻分阳爻、阴爻，有爻辞说明这一爻在卦中的性质。

对经的解释是传，称为《易传》，现存的《易传》共7种10篇，又称"十翼"，即《文言》、《彖》上下、《象》上下、《系辞》上下、《说卦》、《序卦》、《杂卦》等。"《文言》分前后两节，分别解说《乾》、《坤》两卦的象征意旨，故前节称《乾文言》，后节称《坤文言》。《彖》随上下经分为上下两篇，共六十四节，分释六十四卦卦名、卦辞及一卦大旨。《象》亦随上下经分上下两篇，阐释各卦的卦象及各爻的爻象，其中释卦象者六十四则，称《大象传》，释爻象者三百八十四则，称《小象传》。《系辞》因自身篇幅较长分为上下两篇，可视为早期的《易》义通论，对《易经》的各方面内容作了较为全面、可取的辨析、阐发，有助于后人理解八卦、六十四卦及卦爻辞的大义，简言之，其要义在于发《易》义之深微，示读《易》之范例。《说卦》是阐说八卦象例的专论。《序卦》旨在解说《周易》六十四卦的编排次序，揭示诸卦相承的意义。《杂卦》即打散《序卦》所揭示的卦序，把六十四卦重新分成三十二组，两两对举，以精要的语言概括卦旨。"①

卦画出现较早。相传伏羲"观物取象"画出了八卦。《周易·系辞下》说："古者包牺氏之王天下也，仰则观象于天，俯则观法于地，观鸟兽之文，与地之宜，近取诸身，远取诸物，于是始作八卦，以通神明之

---

① 杨天才、张善文译注：《周易》，中华书局2011年，前言第2—3页。

德，以类万物之情。"

卦爻辞形成于周初。或曰卦辞为文王所作，爻辞为周公所写。卦辞、爻辞中的一些内容与周人的历史有关，涉及到的一些历史故事也都不晚于西周初年。

《易传》成书较晚，或曰作于春秋战国间。《史记·孔子世家》："孔子晚而喜《易》，序《彖》、《系》、《象》、《说卦》、《文言》。读《易》，韦编三绝。曰：'假我数年，若是，我于《易》则彬彬矣。'"《汉书·艺文志》亦云："《易》曰：'宓戏氏仰观象于天，俯观法于地，观鸟兽之文，兴地之宜，近取诸身，远取诸物，于是始作八卦，以通神明之德，以类万物之情。'至于殷、周之际，纣在上位，逆天暴物，文王以诸侯顺命而行道，天人之占可得而效，于是重《易》六爻，作上下篇。孔氏为之《彖》《象》《系辞》《文言》《序卦》之属十篇。故曰《易》道深矣，人更三圣，世历三古。"其中的"三圣""三古"，颜师古注曰："伏羲为上古，文王为中古，孔子为下古。"司马迁、班固的意思是说孔子作《易传》。但此说，自北宋欧阳修以来屡遭质疑，认为《十翼》并非出自一人之手，孔子可能是《易传》的主要作者，但不是唯一作者。如今《易传》成于众手的说法逐渐为大多数人所接受。

三、礼乐

(一)、礼仪

礼乐是西周文化最重要的特征，它几乎存在于当时社会的方方面面。

相传周公制礼作乐。《左传·鲁文公十八年》载太史克之言说："先君周公制《周礼》曰：'则以观德，德以处事，事以度功，功以食民。'"这是关于周公制礼的最早记述。《礼记·明堂位》说："武王崩，成王幼弱，周公践天子之位以治天下。六年朝诸侯于明堂，制礼作乐，颁度量而天下大服。"《尚书大传》也说:"周公摄政,一年救乱,二年克殷,三年践奄,四年建侯卫,五年营成周,六年制礼作乐,七年致政成王。"二者都说摄政六年(即成王六年)周公制礼作乐。周公制礼虽不可能在一年内全部完成,但六年制礼作乐还是基本符合历史实际的。因为此时叛乱已彻底平定、大的分封已基本就绪、成周建设已粗具规模,周公才可能静下来心来"制礼作乐",正所谓"功成作乐,治定制礼"(《史记·乐书》)。现存的西周文献,内容的时代多为西周初期,尤以成王时期最多,其中的不少篇目当出自政治家、军事家、思想家、诗人、孔子最崇敬的古代圣人周公之手,这也为"周公制礼作乐"说提供了佐证。

周公所制之礼,"内容非常广泛,包括政治、经济、军事、宗教、婚姻家庭、伦理道德等方面的规章制度和行为规范,以及吉、凶、军、宾、嘉礼等不同的礼节仪式"①。正由于周公在克商、平叛、分封、营洛、制礼等方面,尤其是在大的制度层面建设上作出的巨大贡献,后人给予了极高评价,如近代学者夏曾佑说:"孔子之前,黄帝之后,于中国有大关系者,周公一人而已。"② 从中国传统文化的角度看,周公既是始祖,又是集大成者。儒学、道学、程朱理学等皆与周公相关联。当然,这并不是说周礼为周公独创、成于一时一人,而是"因于殷礼"(《论语·为政》),有所损益,由周公初制,后又经过历代充实完善而成。

由于"五年营成周""六年制礼作乐""七年致政成王",营建成周时周公亲临洛邑坐镇指挥,还政成王后周公又定居洛邑分管东都政务,因此多认为周公制礼作乐主要是在洛邑完成的。

上古所谓的"礼",含义极广,举凡典章制度、礼节仪式、道德规范等都包括其中,属广义的礼。今之谓"礼",仅指礼节仪式,属狭义的

---

① 商国君:《略论周公对历史的贡献》,《松辽学刊》,1994年第2期。
② 夏曾佑:《中国古代史》,生活·读书·新知三联书店1995年,第31页。

礼。此节所谓的礼，即指后者而言。

周礼非常繁缛，据《周礼·春官·大宗伯》记载，有吉、凶、军、宾、嘉五礼。"大宗伯之职，掌建邦之天神、人鬼、地示之礼，以佐王建保邦国。以吉礼事邦国之鬼神示。以禋祀祀昊天上帝，以实柴祀日、月、星、辰，以槱燎祀司中、司命、风师、雨师。以血祭祭社稷、五祀、五岳，以貍沉祭山林、川泽，以疈辜祭四方、百物。以肆、献、祼享先王，以馈食享先王，以祠春享先王，以禴夏享先王，以尝秋享先王，以烝冬享先王。以凶礼哀邦国之忧：以丧礼哀死亡，以荒礼哀凶札，以吊礼哀祸灾，以禬礼哀围败，以恤礼哀寇乱。以宾礼亲邦国：春见曰朝，夏见曰宗，秋见曰觐，冬见曰遇，时见曰会，殷见曰同，时聘曰问，殷覜曰视。以军礼同邦国：大师之礼用众也，大均之礼恤众也，大田之礼简众也，大役之礼任众也，大封之礼合众也。以嘉礼亲万民：以饮食之礼亲宗族兄弟，以昏冠之礼亲成男女，以宾射之礼亲故旧朋友，以飨燕之礼亲四方之宾客，以脤膰之礼亲兄弟之国，以贺庆之礼亲异姓之国。"

可见，吉礼是祭祀之礼，祭祀天地神祇和先祖神灵。凶礼是哀吊之礼，主要指丧葬，还包括对天灾人祸的哀吊。军礼是出师征伐之礼，主要用于出兵打仗、征调军赋、田猎、筑城等大的劳役和封建活动。宾礼是邦国外交与朋友宾客往来之礼，主要指诸侯朝见天子、诸侯间的聘问和会盟等。嘉礼是沟通情感、和合关系的礼节，具体礼节较多，如冠礼、婚礼、燕礼、射礼、乡饮酒礼等。

《仪礼》和《礼记》中有上述礼节的详细记述。它们和《周礼》一起被称为"三礼"。"三礼"中，《仪礼》成书最早，是礼的本经，因此又称为《礼经》。

由"三礼"可知，冠礼，即加冠礼，是古代男子20岁时举行的成人礼，仪式在宗庙进行，由乡中有德行的人主持。《仪礼·士冠礼》中记述有若干仪节，如筮日（即使用蓍草占问吉日）、筮宾（即使用蓍草占问冠礼嘉宾，嘉宾从主人僚友中薪择，此宾作为冠礼的正宾）、冠于阼（即冠礼在阼阶上举行，阼指东阶）、命字（字即表字。冠礼后，由宾为冠者取表字。从此，除君、父之外，不得直呼其名，而只能称呼表字）、见母与兄弟、见君（即国君）卿大夫乡先生（指已致仕回乡的卿大夫）等，整个过程充满着对冠者的教诲和期望。冠礼之后的男子，从此成年，可以参加社交活动，社会也要用成人之礼来约束他的思想和行为。正如《礼记·冠义》所说："成人之者，将责成人礼焉也。责成人礼焉者，将责为人子、为人弟、为人臣、为人少者之礼行焉。将责四者之行于人，其礼可不重与？"也由于"冠者，礼之始也，嘉事之重者也"，因此古代圣王都重视冠礼。《冠义》之所以说冠礼是一切礼的开始，是因为"礼义之始，在于正容体、齐颜色、顺辞令。容体正，颜色齐，辞令顺，而后礼仪备"，加冠礼之后的男子，服装就会完备，服装完备之后，才能容貌体态端正，才能神色表情得体恰当，才能言谈辞令合宜顺畅。

昏礼，即婚礼，因在黄昏时举行而得名。据《仪礼·士昏礼》，士娶妻要经过纳采、问名、纳吉、纳征、请期、亲迎等六个主要仪节，故又称为六礼。在举行六礼之前还必须先"下达"，即男家请媒人至女家表达提亲之意，女家同意后方可"纳采"。纳采是指男家用雁作为礼物派人至女家表示已选择其女为婚配对象，正式请女家接受此选择。《士昏礼》说"纳采用雁"，郑玄注云"纳采而用雁为挚者，取其顺阴阳往来"。问名，即询问女方的名字，以便占卜婚事吉凶。问名是在纳采之后紧接着进行的，男家使者纳采后走出女方家门但并未远离，等待问名。《士昏礼》云："摈者出请，宾执雁，请问名。主人许。宾入，授，如初礼。"纳吉，是指男家问得女方名字后占卜于祖庙，得到吉兆后，则派使者告知女家，婚姻之事由此而定。纳征，又称纳币，纳吉后，男家派使者至女家致送聘礼，女家纳聘后，婚姻之事乃成。征，即聘礼。据《士昏礼》，聘礼为帛五匹、鹿皮两张。请期，是指纳征后，男家卜得婚礼吉日，不直接告诉女家，而是派使者带雁到女家，请女家指定婚期，女家主人推辞后，男家使者才将已卜定的吉日告诉女家主人，以示尊重。《士昏礼》载："请期，用雁。主人辞。宾许，告期，如纳征礼。"亲迎是指结婚之日新郎亲自到女家迎娶新娘。

"六礼"仪节繁缛，在此仅以亲迎为例稍加说明。据《仪礼·士昏礼》，娶妻之日，新郎身穿爵弁服，纁裳有黑色的镶边，随从们都穿玄端服。新郎乘坐漆车，随行者分乘两辆副车，从役们手持烛炬，在马前开道照明。迎接新娘的车，与新郎的一样，只是车上有帷幕。新郎来到女家大门外。女家在祢庙的室户之西为神设席，席头朝西，右面放着几。新娘戴着发饰，身穿有黑色镶边的纯玄色衣裳，站立在房中，面朝南。姆（德行能为女子师表的老妇，一般由女子的乳母，或老而无夫、老而无子者担任）用帛束发，再加簪绐髽，身穿黑色的衣，站在新娘右边。陪嫁者都穿纯玄色的衣裳，用帛束发，再加簪绐髽，身披绘有黑白相间的斧形花纹的单层披肩，站在新娘后面。新娘的父亲身穿玄端服，到大门外迎接女婿，面朝西，对女婿行再拜之礼，女婿面朝东答拜还礼。新娘的父亲拱手行礼，请女婿进门，女婿拿着雁跟随其后入门。走到庙门前，双方再次拱手行礼后入内。入庙后双方三次拱手行礼后来到阶前，又三次互相谦让，请对方先登阶。于是，新娘的父亲先登阶上堂，在阼阶上面朝西而立。宾登上西阶后，到东房前面朝北将雁放在地上，行再拜叩首之礼，然后走下西阶，出门。新娘跟从新郎，从西阶下堂。新娘的父亲不下堂送别。新郎为新娘驾车，把登车的引绳交给新娘，姆代新娘辞谢。新娘踩上专设的矮几登车，姆为她披上避风尘用的罩衣。新郎驱车前进，车轮滚动三圈后，由车夫代替新郎驾车。新郎乘自己的漆车先走，并在自己的家门外等候新娘的车。新娘到达婆家大门外，新郎拱手行礼，请新娘进门①。"六礼"仪节之繁缛可见一斑。"后代嫌'六礼'过于繁缛，时又减省。如宋代规定'士庶人婚礼，并问名于纳采，并请期于纳征'（《宋史·礼志》）。朱熹作《朱子家礼》，再作减省，仅存三礼，即纳采、纳征、亲迎。"②

丧礼，即丧葬之礼，因死者身份、地位的不同，丧仪也有繁简和等级的差异。据《仪礼·士丧礼》《既夕礼》，自死者新亡起，至下葬止，主要的仪节有招魂、报丧、致襚（即宾客等赠送敛尸用的衣被）、沐浴、饭含、袭尸（即为死者穿衣）、小敛、大敛、设奠、朝夕哭、筮宅（即筮择墓地）、卜葬日、启殡、迁柩（即迁柩于祖庙）、朝祖庙、载柩、饰车（即饰柩车）、陈明器（即陈放随葬器物）、来宾助丧、大遣奠等。

射礼，即射箭之礼，分为"乡射""大射""燕射""宾射"四种。乡射是由乡大夫、士召集乡中成员在行乡饮酒礼之后于乡学举行的，大射是天子或诸侯会集臣下在大学举行的，燕射是大夫以上贵族在闲暇之时与下属行燕礼（宴饮之礼）之后于路寝举行的，宾射是天子或诸侯为招待贵宾举行的。前两种着重过程，带有军事训练和选拔人才的性质；后两种则着重娱乐，主要是为了联络感情、增进友谊。乡射和大射的主要内容都是三番射，其步骤和内容也基本相同，区别在于大射礼的主持者和参加者身份较高，礼节也更为繁复。据《礼仪·乡射礼》，三番射中的第一番射侧重于射的教练，司射挑选六名弟子（指众宾中的年轻人），按能力分为三组（能力相近为一组），称为三耦（上耦、次耦、下耦），每耦有上射、下射各一名；第二番射侧重于比赛，参加者除三耦外，还有主人、宾和众宾，根据射的成绩，分别胜负。第三番射的内容与二番射基本一样，但射箭时须按音乐节奏进行，不按节奏射箭的，即使射中

---

① 参阅彭林译注：《仪礼》，中华书局2012年，第46、50页。

② 许结：《中国文化史》，花城出版社2006年，第95页。

也不计数①。

乡饮酒礼,也单称"乡"或"飨",是乡学中举行酒会的礼节。"古代诸侯之乡有乡学,学制三年,学成者推荐给诸侯。为此,每隔三年的正月,乡大夫都要作为主人举行乡饮酒礼,招待乡中的贤能之士和年高德劭者。乡大夫和乡先生从学成者中选择最贤能者一人作为宾,其次者一人为介,又次者三人为众宾,与他们共饮,然后举荐给诸侯。"② 据《仪礼·乡饮酒礼》,乡饮酒礼的主要仪节有谋宾(即由乡大夫与乡学的教师乡先生商定宾、介、众宾人选)、迎宾(即乡大夫等在乡学庠门外迎接,经过三揖三让,把宾迎入庠中堂上)、献宾(即主人向宾敬酒。古代主人向宾敬酒曰"献",宾取酒爵到主人席还敬叫"酢",主人执酒觯先自饮再劝宾饮为"酬","献""酢""酬"合称为"一献"之礼)、乐宾(有升歌、笙奏、间歌、合乐四节)、旅酬(即按顺序酬酒,其顺序是宾酬主人,主人酬介,介酬众宾,再由众宾按年齿依次相酬)、无算爵乐(即饮酒、奏乐不限次数,尽兴为止。算,即计算次数。无算爵是指宾主频频举爵饮酒,不计次数,醉而后止。无算乐是指乐工奏乐不再按献酬之节,或用间歌,或用合乐,不限次数,兴尽而止)以及宾返拜(次日,宾前来拜谢主人昨天赐予的款待)等。"乡饮酒礼在各州每年春秋习射时,以及各党每年十二月蜡祭序齿位时也使用,但仪节不尽相同。"③

觐礼是诸侯朝见天子的礼节。"觐"是见的意思,古或称"朝",或合称"朝觐"。聘礼是诸侯之间相互聘问的礼节。"聘"的意思是问候。据《仪礼·聘礼》,卿大夫作为使者前往他诸侯国聘问,带有玉、帛、禽等礼物,并有执玉、郊劳(聘往国卿等在近郊慰劳使者)、辞玉、受玉、

---

① 参阅彭林译注:《仪礼》,中华书局2012年,第117页。

② 彭林译注:《仪礼》,中华书局2012年,第87页。

③ 彭林译注:《仪礼》,中华书局2012年,第87页。

私觌（即私见国君。使者向国君聘享，是奉行公事，无法表达本人的敬意，因此又私下求见国君）、问卿（即使者问候卿）、还玉（玉即玉璋。依礼，使者来聘问时，主人要受玉，使者返回时，主人要还玉）等一系列仪节。

《礼记·昏义》云："夫礼，始于冠，本于昏，重于丧祭，尊于朝聘，和于乡射，此礼之大体也。"意思是说，礼，冠礼是起始，婚礼是根本，丧礼、祭礼最隆重，朝礼、聘礼最尊贵，乡饮酒礼和乡射礼最和谐，这是礼的主要内容。

值得说明的是，由于"三礼"成书年代较晚，所载多为后人追述，并有所损益，所以其中的一些仪节并非是西周礼乐的实际，但大的基干或者说大部分内容属于西周甚至更早则不会有虚，金文中的一些内容也印证了这一点。

礼作为人的行为规范和做事准则，对社会有很强的教化作用，正如《礼记·曲礼上》所说的那样："夫礼者，所以定亲疏、决嫌疑、别同异、明是非也。"《礼记·经解》亦云："故朝觐之礼，所以明君臣之义也。聘问之礼，所以使诸侯相尊敬也。丧祭之礼，所以明臣子之恩也。乡饮酒之礼，所以明长幼之序也。昏姻之礼，所以明男女之别也。"若"昏姻之礼废，则夫妇之道苦，而淫辟之罪多矣。乡饮酒之礼废，则长幼之序失，而争斗之狱繁矣。丧祭之礼废，则臣子之思薄，而倍死忘生者众矣。聘觐之礼废，则君臣之位失，诸侯之行恶，而倍畔侵陵之败起矣"。礼的作用就在于消除分歧，防微杜渐。

（二）、音乐

音乐的历史非常悠久，正如《吕氏春秋·古乐》所说"乐所由来者尚也"。据《世本·作篇》[①]：三皇时代就有了琴瑟，"伏牺作琴"（《山海

[①] 佚名撰，周渭卿点校：《世本》，齐鲁书社2010年版。

经·海内经》注），"神农作瑟"（《山海经·海内经》注）；黄帝时，"伶伦造律吕"（《史记·历书·索隐》），"女娲作簧"（《风俗通义》、《北堂书钞》乐部、《文选·长笛赋》注、《御览》五百八十一），"隋作笙"（《汉书·律历志》注应劭说、《北堂书钞》乐部、《艺文类聚》四十四、《初学记》十六、释元应《大哀经》六音义、《通典》乐十四）、"筝"（《广韵》十虞、《文选·吴都赋》注、《御览》五百八十一），"夷作鼓"（《玉海》一百十），"黄帝乐名咸池"（《礼记·乐记·正义》）；尧、舜时，"巫咸作鼓"（《玉海》一百十），"无（或作毋）句作磬"（《礼记·明堂位》郑注、《周礼·考工记》疏、《风俗通义》、《山海经·海内经》注、《一切经四分律》十一音义、《初学记》十六、《御览》五百七十六、《玉海》一百九），"夔作乐"（《通典》乐四、《初学记》）。《世本·作篇》所记虽多为传说，甚至是神话，不可全信，但三皇时期已有了音乐当不会有虚，五帝时对乐律的认识更进了一步。

夏商以后，音乐又有新发展。《吕氏春秋·古乐》云：夏禹"命皋陶作为《夏籥》九成，以昭其功"；殷汤"命伊尹作为《大护》，歌《晨露》，修《九招》《六列》，以见其善"。《夏籥》，即《大夏》，传说乐舞《大夏》用籥伴奏，故又名《夏籥》。《九招》《六列》，歌曲名，传说为帝喾时咸黑所作。《古乐》又云："武王即位，以六师伐殷。六师未至，以锐兵克之于牧野。归，乃荐俘馘于京太室，乃命周公作为《大武》。成王立，殷民反，王命周公践伐之。商人服象，为虐于东夷。周公遂以师逐之，至于江南。乃为《三象》，以嘉其德。"

《大武》，又称《武》，是西周时期乐舞中的经典曲目。据《礼记·乐记》说，"《武》乐六成"，后人多有考证，各家意见不一，但其中的五章的歌辞《武》《酌》《赉》《般》《桓》，俱见于《诗经·周颂》，则没有什么分歧。《大武》曾在武王克商凯旋告于周庙的盛大典礼时表演过。

乐在西周的使用相当广泛，不仅王国的祭祀、战争、朝会等重大典礼需要有乐舞，而且在一般的贵族社交宴享中也要演唱一定的乐章，所以乐在西周很受重视，有专门的职官管理。

当时的乐器的种类已比较齐全，有编钟、编镈、编磬、鼓等打击乐器，也有琴瑟等弦乐器和笙、竽等管乐器。《吕氏春秋·古乐》："有倕作为鼙、鼓、钟、磬、吹苓、管、埙、篪、鼗、椎、钟。帝喾乃令人抃，或鼓鼙，击钟磬，吹苓，展管篪。"其中"鼙"为小鼓；"吹苓"的"吹"可能是衍文，"苓"为"竽"之讹，即笙；"埙"为吹奏乐器，陶制；"篪"是管乐器，竹制，单管，横吹；"鼗"为长柄摇鼓，是打击乐器。"椎"是锤击乐器的工具。帝喾时倕制这些乐器，可能是基于传说，不可全信，但这些乐器在周时已经存在或出现过，当是事实。

相传早已产生的十二律，名称也在《国语·周语下》伶州鸠答周景王问中出现。"律所以立均出度也。古之神瞽考中声而量之以制，度律均钟，百官轨仪，纪之以三，平之以六，成于十二，天之道也。夫六，中之色也，故名之曰黄钟，所以宣养六气、九德也。由是第之：二曰太蔟，所以金奏赞阳出滞也。三曰姑洗，所以修洁百物，考神纳宾也。四曰蕤宾，所以安靖神人，献酬交酢也。五曰夷则，所以咏歌九则，平民无贰也。六曰无射，所以宣布哲人之令德，亦民轨仪也。为之六间，以扬沉伏，而黜散越也。元间大吕，助宣物也。二间夹钟，出四隙之细也。三间仲吕，宣中气也。四间林钟，和展百事，俾莫不任肃纯恪也。五间南吕，赞阳秀也。六间应钟，均利器用，俾应复也。吕律不易，无奸物也。细钧有钟无镈，昭其大也。大钧有镈无钟，甚大无镈，鸣其细也。大昭小鸣，和之道也。和平则久，久固则钝，纯明则终，终复则乐，所以成政也，故先王贵之。"乐官州鸠的意思是说，六律六吕是用来确立音声大小清浊和度量衡的标准。上古乐官神瞽合中和之声加以考量，以制音乐，考察律吕的长短，以平其钟，建立百事的法则，纪声合乐，以舞天神、地祇、人鬼，以六律平声，形成六律六吕，因而符合上天之道。六，是天地之中，其色为黄，因此叫黄钟，用来遍养六气、九德。从黄钟依次排序：第二律是太蔟，第三律是姑洗，第四律是蕤宾，第五律是夷则，第六律为无射。六律之间还插入六吕，用来发滞去积，除去散逸之气。首先间入的是大吕，其次是夹钟，第三是仲吕，第四是林钟，第五是南吕，最后间入的是应钟。州鸠是景王时期（前544—前520年）的乐官，他的话虽不能判定十二律（也即十二调）究竟产生于何时，但可以说明至迟在春秋时期，我国传统的十二乐律已趋于成熟。

乐属于与礼结合在一起的仪，因此"礼乐"常常连称。乐又常与礼配合，即行什么样的礼，就配什么样的乐。但礼乐的作用不一，礼强调的是"别"，即所谓"尊尊"（即尊其所尊者）；乐的作用是"和"，即所谓"亲亲"（即亲其所亲者）。正如《礼记·乐记》所说："乐者，天地之和也。礼者，天地之序也。和，故百物皆化；序，故群物皆别。""乐者为同，礼者为异。同则相亲，异则相敬。"

参考书目

〔汉〕司马迁:《史记》,中华书局1982年版。

〔汉〕班固:《汉书》,中华书局1962年版。

慕平 译注:《尚书》,中华书局2009年版。

王世舜、王翠叶译注:《尚书》,中华书局2012年版。

杨天才、张善文译注:《周易》,中华书局2011年版。

刘毓庆、李蹊译注:《诗经》,中华书局2011年版。

方勇译注:《孟子》,中华书局2010年版。

杨伯峻:《孟子译注》(简体字本),中华书局2008年版

陆玖译注:《吕氏春秋》,中华书局2011年版。

陈桐生译注:《国语》,中华书局2013年版。

彭林译注:《仪礼》,中华书局2012年版。

林家骊译注:《楚辞》,中华书局2010年版。

李学勤:《通向文明之路》,商务印书馆2010年版。

詹子庆:《夏史与夏代文明》,上海科学技术文献出版社2012年版。

白寿彝总主编:《中国通史》第一、二、三卷,上海人民出版社1994年版。

杨伯峻、徐提:《白话左传》,岳麓书社1993年版。

邹 衡:《夏商周文化考古学论文集》,文物出版社1982年版。

王国维:《观堂集林》,中华书局1984年版。

张光直：《中国青铜器时代》二集，三联书店1990年版。

顾颉刚：《顾颉刚选集》，天津人民出版社1988年版。

陈梦家：《殷墟卜辞综述》，中华书局1988年版。

孙星衍：《问字堂集》，中华书局1996年版。

杨希枚：《先秦文化史论集》，中国社会科学出版社1995年版。

袁　珂：《山海经校注》上海人民出版社1980年版。

宋镇豪：《夏商社会生活史》，中国社会科学出版社1994年版。

徐中舒：《先秦史论集》，巴蜀书社1992年版。

丁　山：《商周史料考证》，中华书局1988年版。

〔英〕李约瑟：《中国科学技术史》，中国科学技术史翻译小组译，科学出版社1975年版。

许倬云：《西周史》（增订本），三联书店1995年版。

杨伯峻：《春秋左传注》，中华书局1995年版。

〔清〕顾炎武著，黄汝成集释：《日知录集释》，岳麓书社1994年版。

杨向奎：《宗周社会与礼乐文明》人民出版社1992年版。

童书业：《春秋左传研究》，上海人民出版社1980年版。

李学勤：《失落的文明》，上海文艺出版社1998年版。

王宇信：《西周甲骨探论》，中国社会科学出版社1984年版。

常玉芝：《商代周祭制度》，中国社会科学出版社1983年版。

于省吾：《甲骨文字释林》，中华书局1983年版。

王国维：《古史新证—王国维最后的讲义》，清华大学出版社1996年版。

高　亨：《周易古经今注》，中华书局1991年版。

王国维：《王国维文集》，北京燕山出版社1997年版。

唐　兰：《古文字学导论》，齐鲁书社1981年版。

张光直：《中国青铜时代》，三联书店1983年版。

裘锡圭：《古文字论集》，中华书局1992年版。

赵世超：《周代国野制度研究》，陕西人民出版社1991年版。

杨树达：《杨树达文集》，上海古籍出版社1986年版。

段玉裁：《说文解字注》，上海古籍出版社1981年版。

童书业：《春秋史》，上海古籍出版社2012年版。

刘起釪：《古史续辨》，中国社会科学出版社1997年版。

钱　穆：《国学概论》，商务印书馆1997年版。

史念海：《中国古都和文化》，中华书局1998年版。

徐金星等：《洛阳五千年》，光明日报出版社2006年版。

薛瑞泽、许智银：《河洛文化研究》，民族出版社2007年版。

王　晖：《商周文化比较研究》，人民出版社2001年版。

郑杰祥：《夏史初探》，中州古籍出版社1988年版。

张广志：《西周史与西周文明》，上海科学技术文献出版社2012年版。

程有为：《河洛文化概论》，河南人民出版社2007年版。

李学勤著，宫长为编：《李学勤说先秦》，上海科学技术文献出版社2011年版。

李　山：《先秦文化史讲义》，中华书局2008年版。

晁福林：《夏商西周社会史》，北京师范大学出版社2010年版。

张仲清：《越绝书校注》，国家图书馆出版社2009年版。

陈义初：《根在河洛——第四届河洛文化国际研讨会论文集》，大象出版社2004年版。

孙亚冰、林欢：《商代地理与方国》，中国社会科学出版社2010年版。

詹子庆、田泽滨：《中国古代史》（上），高等教育出版社1986年版。

李衡眉：《先秦史论集》，齐鲁书社1999年版。

李民等:《殷商社会生活史》,河南人民出版社1993年版。

李学勤:《中国古代文明十讲》,复旦大学出版社2003年版。

朱绍侯:《中国古代史》,福建人民出版社1985年版。

吕思勉:《先秦史》,上海古籍出版社2005年版。

柳诒徵:《中国文化史》,上海科学技术文献出版社2008年版。

胡振宇、胡厚宣:《殷商史》,上海人民出版社2003年版。

王震中:《商代都邑》,中国社会科学出版社2010年版。

〔晋〕杜预:《春秋经传集解》,上海古籍出版社1978年版。

黄怀信等:《逸周书汇校集注》(修订本),上海古籍出版社2007年版。

许 结:《中国文化史》,花城出版社2006年版。

杨 宽:《西周史》,上海人民出版社2003年版。

周文顺、徐宁生:《河洛文化》,五洲传播出版社1998年版。

刘起釪等:《先秦史》,中国大百科全书出版社2012年版。

〔清〕孙星衍:《尚书今古文注疏》,中华书局1986年版。

黄怀信:《尚书注训》,齐鲁书社2009年版。

孟世凯:《商史与商代文明》,上海科学技术文献出版社2012年版。

王美凤等:《春秋史与春秋文明》,上海科学技术文献出版社2012年版。

韩兆琦:《史记(评注本)》,岳麓书社2004年版。

晁福林:《夏商西周的社会变迁》,中国人民大学出版社2010年版。

江晓原、钮卫星:《中国天学史》,上海人民出版社2005年版。

〔晋〕皇甫谧撰,陆吉点校:《帝王世纪》,齐鲁书社2010年版。

佚名撰,周渭卿点校:《世本》,齐鲁书社2010年版。

佚名撰,张洁、戴和冰点校:《古本竹书纪年》,齐鲁书社2010年版。

后　记

　　写这本小册子的动议较早，大约是在 2006 年，但真正着手是在 2012 年，至今已两年有余。

　　两年多才完稿，最深的感受是难。难在原始材料少，甚至是匮乏，许多问题史籍失载，考古发现也比较有限。好在现有的材料多已定性定论，且定性者都是泰斗级的大家，对许多问题的论述大多为学界所公认，因此在撰写过程中根据内容需要，有些是引述其观点，有些就直接引用了他们的研究成果。但都一一注明出处，以示尊重。

　　关于书名，原本想叫《夏商西周河洛地区史》，但来学斋先生建议，名字不要太大，不如叫《夏商西周时期的洛阳》好，于是《夏商西周时期的洛阳》遂成书名。但这个洛阳，属于广义，有大洛阳（即河洛地）的概念。

　　由于洛阳曾为夏商西周的都城，所以"三代"的历史多与洛阳紧密相关，为了凸显洛阳历史的全貌，不被横向或纵向割裂，因此在撰写过程中，将之置于夏、商、西周王朝历史的大的背景之中，于是便有了"夏朝兴亡""商朝兴亡""西周兴亡"等章节。

　　拙作中引用了《尚书》《逸周书》《诗经》《周易》《左传》等先秦文献。由于这些文献大都深奥难懂，为了便于一般读者的阅读，在引文的后面多附有注解或译文。也为了更好地理解引文的语境及原义，引用时往往多引了一些看似不相干的上下文辞句。

这本小册子的问世,得到了洛阳理工学院领导、同仁及众多亲朋好友的鼓舞和支持,河南省社会科学院历史研究所原所长程有为研究员在百忙中拨冗作序,中州古籍出版社王小方先生鼎力相助,谨在此一并致以最诚挚的谢意!

由于学力所限,书中的错误和不妥之处一定不少,敬请专家和读者批评指教。

郑福才

2014. 11. 26